제2판

자본주의와 민주주의,
상생(相生)의
정치경제학을
위하여

김성수

박영사

처음에 이 책의 출판을 결심하게 된 동기는 성장과 분배를 둘러싼 우리 사회의 경제정책 논쟁갈등을 보면서 이러한 갈등과 대립구도 자체가 너무나 이분법적 접근에 빠진 것이 아닌가라는 우려에서 시작했다. 사실 근대 이후에 체계적인 이념으로 등장한 보수주의, 자유주의, 사회주의, 자본주의, 민주주의 등의 발전 역시 서로 충돌하면서도 상호 침투와 영향을 받으며 진화해 온 것이다. 마찬가지로 자유시장경제와 중앙계획경제에 대한 고민 역시 기실 '정치'가 생기면서부터 시작된 인류의 고민이었고 순수한 이념형 그대로 진화한 것이 아니라 역사적 맥락 속에서 서로 영향을 주면서 노동의 분배는 시장에서 이루어진다는 공통점 아래 상호구성적으로 발전해 온 것이다. 인류 역사와 지성자의 발전 과정에서도 이러한 논쟁과 절충이 그대로 아로새겨져 있다. 이러한 인류의 고민을 구체적인 사례를 통해서 독자 여러분과 공유하면서 좀더 현명한 해결책을 모색하고 싶었다. 다행히 많은 분들이 이 책의 취지와 의미를 이해해 주시고 기꺼이 책을 구입해 주셨다. 머리 숙여 감사드리며 제2판을 낸다.

'책을 쓰는 작업은 늦가을 낙엽 쓸기와 같다'는 말이 있다. 오랫동안 고민하고 공을 들여 책을 출판하더라도 막상 출판된 책을 보면 여러 아쉬움이 낙엽처럼 남는다는 의미다. 이 책 역시 다르지 않다. 초판 원고를 보낸 이후 아쉬운 마음에 조금씩 원고를 수정하고 보완하였다. 초판 원고 작성에 몰두하느라 미처 그 중요성을 깨닫지 못했던 부분에 대한 설명을 보완하거나 간과했던 새로운 내용을 추가하였다. 문장의 난맥을 바로잡아 읽기에 편하도록 수정하였고 이해를 돕기 위해 도표와 설명도 추가하였다. 결론 부분에서 우리나라의 경제적 구조 및 상황에 맞추어 새로운 제안을 포함하였다.

　수정된 부분은 초기 자유주의자들인 홉스(Hobbes), 로크(Locke), 루소(Rousseau)에 대한 부분이었다. 홉스에 대한 부분에서는 절대권력자인 지배자(리바이어던)가 피지배자들과의 관계에서 절대권력을 가진다 하더라도 피지배자를 무조건적으로 복종시킬 수 없다는 리바이어던의 창조정신을 강조했다. 특히 지배자와 피지배자와의 관계에서 지배자는 계약의 당사자가 될 수 없다는 점을 부각시켜 자유주의적 전통에 대한 이해를 돕도록 수정하였다. 로크(Locke)의 자연 상태 1단계의 소유경제 그리고 2단계의 자본가경제를 명확하게 분리하여 왜 로크의 주장이 급진주의자에서 보수주의자로 그리고 자유주의자로 전개되었는지를 이해하도록 노력했다. 아울러 세 가지 얼굴의 로크에 대한 명확한 이해 및 정리를 위해 주요주장에 대한 비교도표를 추가하였다. 아울러 로크가 주장한 제한정부에서 입법부의 권한과 권한 제한의 개념을 정리하였고 행정부와의 관계도 추가했다. 로크가 주장하는 혁명의 권리를 부연설명하면서 전쟁에 대한 두려움으로 결국 혁명이 쉽게 일어날 수 없다는 논리 구조를 명확히 했다. 그리고 루소의 자연 상태를 보다 구체적으로 설명하면서 왜 루소가 홉스와 로크가 주장하는 목적에 의한 자발적 결합체인 시민사회를 거부하며 우애를 바탕으로 한 공동체를 주장했는지도 추가설명하였다. 또한 현대 사회사상에도 직접적으로 영향을 미치고 있는 존 스튜어트 밀(John Stuart Mill)의 자본주의 개혁사상을 도표와 함께 심도 있게 설명하였다.

　이 책의 독창적인 내용이라고 볼 수 있는 시장주도적 경제와 비(非)시장주도적 경제를 명확하게 구분하기 위하여 '마르크스적 구분(Marxist Typology)'을 사용하여 다양한 형태의 정치경제구조를 도표와 함께 설명하였고 마르크스의 주장에서 자본가의 잉여가치 창출에 절대적 영향을 미치는 노동자의 역할에 대한 설명을 추가하였다. 미국의 역사적 배경을 포함해서 미국의 정치사상 태동과 전개도 상세하게 설명했다.

제2판을 위하여 수고해주신 박영사의 임재무 상무와 오치웅 대리, 편집을 깔끔하게 해주신 박송이 대리에게 감사드린다.

원고 수정에서 일관된 원칙은 객관성을 유지하는 것이었다. 특정한 입장을 견지하기보다는 최대한 주관적인 편견을 빼고 다양하고 풍부한 논의를 형식적으로나 내용적으로나 객관적으로 서술하고자 최대한 노력했다. 그럼에도 불구하고 여전히 '낙엽 쓸기'의 아쉬움이 남는다. 독자들의 넓은 이해와 질책을 고대한다.

상생할 수 있는 보편적 가치가 중심이 되는 시대를 꿈꾸며

2020년 8월 15일
행당동산 연구실에서

  이 책은 정치와 경제(시장), 민주주의와 자본주의의 관계와 상호
작용에 초점을 맞추어 주요 정치경제학자들의 쟁점과 흐름을 고찰하
였다. 정치경제학의 시각에서 플라톤(Plato), 아리스토텔레스(Aristotle)
부터 홉스(Hobbes), 로크(Locke), 루소(Rousseau) 등과 같은 대표적인
근대적 자유주의자들 그리고 벤담(Bentham)과 밀(Mill) 등의 공리주의
자, 미국 건국의 아버지들(Founding Fathers)을 거쳐 롤스(Rawls)와 좌파
자유주의자에 이르기까지 정치경제학과 관련한 다양한 쟁점과 주요
흐름들을 성찰하였다. 사실 '정치경제학'이라는 용어는 1760년대 리
카도(Ricardo) 등으로 상징되는 영국 고전학파가 가장 먼저 사용한 학
문 분과의 이름이었다. 정치경제학은 원래 자본주의 경제 발전을 위
한 국가 개입 또는 자본주의 발전이 요구하는 국가의 역할을 다룬 학
문으로 '경제학'의 모태라고 볼 수 있다. 비록 마르크스(Marx)가『정치
경제학 비판(A Contribution to the Critique of Political Economy)』을 통해
자본주의 지배계급과 질서 유지에 기여하는 정치경제학을 비판했지
만, 정치경제학의 근본 취지는 경제와 정치의 밀접한 관계에 주목하
여 자본주의와 민주주의의 상호보완적 발전을 모색했다는 것이다. 더
불어 정치경제학의 역사는 보다 살기 좋고 질서 잡힌 정의로운 공동
체를 향한 학문적 노력이었다는 점도 분명하다.

  정치경제학의 흐름을 살펴보면 정치에 대한 정의와 역할이 상이
하였으며, 민주주의를 바라보는 시각도 서로 달랐고, 대립적이었으
며, 때로는 양립 불가능한 측면도 있다는 사실을 발견해왔다. 고전적
으로 정치에 대한 개념은 현실적으로 아주 제한된 사회적 가치들 —
부, 지위, 명예, 기회 등 — 에 대한 경쟁과 권위적인 배분으로 정의되

었다. 정치는 희소한 자원을 둘러싼 '게임의 규칙(the rules of the game)'을 결정하고 관리하는 것이며 개인과 집단들 사이의 갈등을 조절하고 통합하는 기술로서 규정된다. 그러나 정치에 대한 이런 정의는 현실적인 설명력은 있지만 정치를 지나치게 협소하게 규정한다는 비판도 만만치 않다. 예컨대, 아리스토텔레스 이래로 중요한 흐름 중하나는 정치는 단순히 개인의 부, 명예, 이익 등의 가치를 추구하는 수단으로서가 아니라 공동체의 다양한 의사결정에 적극적으로 참여함으로써 자신의 도덕과 인간성, 자유와 능력의 잠재력을 최대한 발휘하고 함양할 수 있는 근본적인 가치를 갖는다는 주장이었다. 정치는 그 자체로서 가치를 갖는다는 것이다. 이런 맥락에서 신자유주의 시대에 맹목적으로 질주하는 자본주의와 민주주의의 관계를 어떻게 설정하느냐가 정치경제학뿐만 아니라 정치발전에 있어서도 매우 중요한 과제가 된다.

정치의 중요한 구성 요소로서 국가의 역할 또한 대단히 논쟁적인 주제이다. 이 주제는 정치철학적으로 우파 자유주의와 좌파 자유주의 혹은 급진적인 정치경제학의 논쟁과도 깊은 관련이 있다. 우파 자유주의는 사회계약설에 기반하여 '국가의 중요한 역할은 개인의 자유와 권리를 보장하고 질서와 평화를 유지하는 것'이라고 강조한다. 이에 비해 좌파 정치경제학은 '평등이나 유대감, 혹은 공공선과 같은 특정한 가치를 함양하는 국가의 역할'을 강조한다. 우파 자유주의가 시장자본주의와 개인의 능력, 경쟁 등을 배타적으로 강조하고 있다면 좌파 정치경제학은 개개인의 덕성 함양과 복지 등을 강조하고 있다. 이것은 근본적으로 국가의 존재목적과도 깊은 연관을 가지고 있으며 민주주의를 과연 절차적으로 보느냐 실질적인 참여의 평등으로 보느냐의 문제와도 긴밀하게 연관되어 있다.

주지하듯이, 지금 우리가 살고 있는 현대 정치경제의 지배적인 사상적 기조는 신자유주의이다. 신자유주의적 세계화는 시장의 경쟁 원리와 이윤 추구의 논리를 일국적 차원은 말할 것도 없고 세계적 차원에서 전면적으로 확산시킨다는 점에서 가히 세계적인 문명이 되었다고 볼 수 있다. 우리나라의 경우에도 1997년 외환위기 이후 IMF와 세계은행 등 국제금융기관의 구조조정 프로그램을 통해 명실공히 신자유주의 패러다임에 속하게 되었다고 볼 수 있다. 신자유주의가 경제 성장만큼이나 빈부격차 및 양극화를 심화시키고 공동체의 연대와 유대의 토대를 붕괴시키면서 민주주의를 위축시킨다는 비판도 세계 곳곳에서 제기되고 있다.

이 책의 맥락에서 보면, 한국뿐 아니라 세계적으로 주된 흐름은 '자본주의 시장의 우선성과 민주주의의 위축'이라고 볼 수 있을 것이다. 물론 지난 2016년 광장을 뜨겁게 달군 촛불 집회처럼 상황과 맥락에 따라 민주주의가 분출하는 시기도 있었지만 전반적인 흐름은 민주주의 발전에 필요한 시민적 덕성과 공동체 의식이 많이 위축되어 있다는 것이 학계의 일반적인 평가이다.

그런데 고대부터 현대까지 정치경제학의 일관된 흐름을 살펴보면 결국 '경제성장 및 부의 분배와 정치권력의 균형과 조화를 어떤 수준에서 어떻게 달성하는가가 오랜 과제였다'는 것을 발견하게 된다. 즉, '지금 여기'의 문제는 이미 기원전 아리스토텔레스부터 고민하고 해결하려고 했던 인류의 공통된 과제였다는 것이다. 대표적으로, 아리스토텔레스는 경제적 부의 문제는 정치적 독립성과 밀접한 연관을 가지기 때문에 시민적 덕성은 단지 정치적 제도나 교육만이 아니라 경제적 조건에 의해서도 영향을 받는다고 강조했다. 아리스토텔레스는 경제적 불평등의 조건은 제한되어야 하고 광범위한 중산층이 중요한 정치적 공동체의 중추가 되어야 한다고 보았다. 때문에 이를 위해 토지 소유에서 일정한 한도의 제한을 부여하고 가난한 이들의 독립을 보장할 수 있도록 고용과 토지를 부여해야 한다고 주장했다. 이러한 아리스토텔레스의 주장은 재산 역시 사적 소유뿐만 아니라 공공선의 관점에서 다스려져야 한다는 것이다. 이 원칙은 공화주의, 사회주의 및 현대의 민주주의자들에게 근본적인 영향을 미치고 있다. 부의 불평등을 당연한 것으로 간주했던 자유주의자들 역시 부의 격차가 공화국의 치명적인 위험이 된다는 경고에 나름대로 대응하면서 시장과 정치, 자본주의와 민주주의 관계에 대한 다양한 입장들이 발전해 온 것이다.

미국 건국에 영향을 미친 해링턴(Harrington) 역시 아리스토텔레스의 영향을 받아 극심한 경제적 불평등은 자유로운 공화국에 암적인 요소임을 강조하면서 적절한 규모의 소유를 통해 독립성을 구가할 수 있는 중산층 계급의 중요성을 강조했다. 특히 해링턴은 역작 『오세아나 공화국(The Commonwealth of Oceana)』에서 다수 인민이 공평한 토지 소유로 인해 진정한 주권자가 되는 공화국은 재산의 균형 위에 수립됨으로써 안전하고 완전한 공화국이 될 것이며 이와 함께 직접민주적인 아이디어 즉, 공직의 순환적 교체의 중요성을 강조했다. 17세기 초의 이러한 고민과 이상적인 원리들이 지금 우리가 살고 있는 시대에도 여전히 빛을 발하는 고전적인 혜안이 될 수 있다. 이런 고전의 힘을 재해석하고 현대화시켜 현대 정치경제학의 발전뿐만 아니라 이 시대의 과제를 해결하는 데 기여할 수 있다는 것이 이 책의 근본적인 집필 동기이며 플라톤, 아리스토텔레스라는 고전 사상가에서 논의를 출발하는 이유이기도 하다.

그러므로 이 책에서 다루는 시대와 사상가들의 문제의식을 관통하는 키워드는 다음과 같이 거칠게 정리될 수 있다. 첫째, 정치와 경제는 어떤 상호작용 관계에 있는가? 둘째, 부의 분배를 정당화하는 논거는 무엇인가? 셋째, 용인될 수 있는 불평등은 어느 정도인가? 넷째, 집단의 의사결정에 참여할 수 있는 자격과 범주는 어떻게 정당화되는가? 다섯째, 정치공동체의 주체는 엘리트인가? 대중인가? 여섯째, 국가(정치권력)은 시장에 대해 무엇을 해야 하고 무엇을 하지 말아야 하는가? 일곱째, 현대 정치사회의 가장 중요한 제도인 시장과 민주주의 중에서 어떤 제도가 우선적인 중요성을 갖는가? 여덟째, 자본주의와 민주주의는 상생적인 발전이 가능한가? 물론 이런 질문 외에도 정치공동체와 경제적 토대를 둘러싼 다양한 세부적인 주제들이 논의될 것이다.

이 책은 필자가 미국 University of Southern California (USC) 에서 유학하던 시절 박사과정 지도 교수 중 한 명이셨던 경제사상사의 권위자이자 USC Political Economy and Public Policy Program 창립자인 2001년 작고하신 Raubenheimer Distinguished John Elliott 교수님의 수업에서 영감을 받아 구성되기 시작하였다. 그리고 귀국 이후 지금까지 현대 정치경제학의 흐름들을 틈틈이 공부하면서 관련된 내용들과 『새로운 패러다임의 비교정치』를 집필하면서 정리한 내용들을 인용 또는 참고하였다. 비록 완전하지는 않더라도 정치와 경제, 민주주의와 자본주의 관계를 중심으로 고대부터 현대까지의 쟁점과 흐름들을 일관되게 정리하고 비판적으로 재구성한 책으로서 분명하게 희소성의 가치를 갖는다고 자부한다. 이 책이 모든 사상가와 쟁점을 다루고 있지는 않지만 자본주의와 민주주의의 병행 발전을 고민하는 일반 시민, 학생과 교수, 지식인들에게는 유용한 나침판이 될 것으로 믿는다. 개인적으로는 우리 사회의 부의 불평등, 양극화의 심화로 고통받는 공동체의 발전에 이론적이며 무엇보다도 현실적으로 도움이 되기를 간절히 바라는 바이다.

이 책이 나오기까지 많은 분들의 수고와 도움이 있었다. 먼저 산만한 초고와 참고문헌을 정리해준 신도, 정유진, 안호찬 대학원생들과 특히 출판 원고로서 완성도를 높여준 심승우, 전영선, 신정섭, 이충희, 심성은 박사에게 고마움을 전한다. 그리고 여전히 투박하고 난해한 수준의 원고 내용을 세련되게 편집해주고 디자인해준 박영사의 송병민, 조혜인 선생님에게 감사드린다. 많은 분들의 노고가 있었지만 책의 내용과 편집의 흠결은 전적으로 저자의 몫임을 다시 한번 강조한다.

마음에서 떠나지 않는 두 분의 어른이 계신다. 아버지를 보낸 지도 여러 해가 지났지만 생전의 모습과 말씀은 내 마음속을 떠나지 않는다. 아버지의 정치적 소신과 현실 정치의 경험은 나에게 많은 영감을 주었고 졸작이라도 이렇게 나의 생각을 담아 글로 표현할 수 있었다. 함께하는 시간이 조금이라도 더 있었다면 하는 아쉬움이 너무나도 많이 남는다. 또 한 분이 계시다. 힘들 때마다 옆에서 격려해주시며 아버지의 빈자리를 채워주신 의사 선생님 같지 않으신 배포가 남다르신 장인어른이다. 두 분의 아버지께 책의 서두에 이렇게 이름이라도 올리는 것이 자식된 도리가 아닌가 싶다. 감사한 마음을 올린다.

계령 그리고 용권

Ⅰ.
정치경제적 사유의 기원

1. 플라톤(Plato)과 아리스토텔레스(Aristotle)의 인간관

1) 진정한 시민의 자격

오늘날 중요한 정치적·경제적 문제들 혹은 정치와 경제의 상호관계에 대한 문제들은 거의 대부분 민주주의(Democracy)라는 정치제도와 자본주의(Capitalism)라는 경제제도의 관계에 대한 것들이다. 특히 정치와 경제, 민주주의와 자본주의의 관계에 있어 어떤 영역이 더욱 근본적이며 우선시되는가, 서로 어떤 상호적 영향을 주고받는가, 양자의 바람직한 관계는 어떠해야 하는가 등이 현대의 정치경제적 문제의 핵심이라고 할 수 있다. 이 문제를 어떻게 인식하고 어떤 해결 방향과 방안을 모색하고 제시하느냐에 따라 한 국가 혹은 정치공동체의 미래도 달라질 수 있다.

사실 민주주의와 자본주의 모두 16세기 이후 근대에 들어와서 형성되고 정착된 제도들이기 때문에 대부분의 정치·경제학 문헌들은 아담 스미스(Adam Smith)의 국부론에서부터 출발하거나 좀 더 거슬러 올라가 중상주의와 중농주의자들의 논의에서 시작하는 것이 일반적이다.

그러나 비록 현대 민주주의와 자본주의 제도가 모두 근대적 발전의 산물이라 할지라도 민주주의라는 개념은 고대 그리스에서 이미 형성되었으며 시장 원리와 부의 분배라는 자본주의의 원형적 개념 역시 인류의 역사만큼 오래되었다는 점에 주목할 필요가 있다. 민주주의는 그리스 아테네 이후로 사라지고 나서 근대 이전까지 공식적인 통치이념으로 등장하지는 않았지만 로마를 거쳐 중세시대 때에도 정치적 정당성과 제도에 근원적인 원리와 개념으로 영향력을 미쳐왔다. 민주주의와 자본주의 이념을 정립한 많은 사상가들 역시 고대의 위대한 철학자인 플라톤과 아리스토텔레스로부터 근원적인 영감과 영향을 받았다. 따라서 오늘날 민주주의와 자본주의의 관계, 즉 정치경제학을 역사적으로 이해하기 위해서는 고대 그리스 도시국가(Polis) 시기의 정치경제적 상황과 플라톤·아리스토텔레스의 시대 인식과 대안을 이해하는 것에서 시작해야 한다.

물론 차이는 있다. 무엇보다도 돈과 경제활동에 대한 인식 자체가 오늘날과 매우 달랐다. 현대 자본주의 시대에 가장 많은 영향력을 행사하는 집단은 기업과 기업을 이끄는 최고경영자들(CEO 혹은 자본가)이다. 그러나 고대·중세에 오늘날 자본가와 비슷한 경제적 의미인 상업 혹은 상업에 종사하는 사람들은 높은 사회적 지위와 평판을 얻기 힘들었다. 고대 그리스의 계급질서에서 상인들은 공식적으로 진정한 시민의 범주에서 배제되었기 때문이다. 고대 그리스에서는 다음과 같이 계급을 위계적으로 설정하였다. 최상위에는 정치·경제적으로 참정권과 자주권을 보유한 토지소유자로서의 진정한 시민이 있었다. 이 외에 직접적인 금전적 이익을 추구하는 상인은 외국인 거주자와 함께 경제적으로는 자주권을 보유했지만 정치적 참정권은 인정받지 못하였다. 외국인과 여성, 어린이를 제외한다면 상인들은 국내인이자 성인으로서 시민의 자격을 인정받지 못했던 것이다. 그리고 맨 아래 계급은 노예였다. 노예들은 정치·경제적 자주권을 모두 부여받지 못하였다.

고대 그리스인에게 토지의 소유자인 시민이 된다는 것은 공동체의 정치적 주체로 인정받는다는 의미로 굉장히 명예로운 일이었다. 반면 상업적 이윤을 추구하는 상인은 공동체의 의사결정에 참여할 수 있는 자격을 인정받지 못하는 계급이었다. 흥미로운 사실은 상업과 상인에 대한 고대 동양의 인식도 이와 유사했다는 점이다. 동시대의 우리나라와 중국 역시도 상인 계층은 상대적으로 낮은 사회적 지위였다. 때문에 부유한 상인의 자식들은 부모처럼 상업에 종사하는 것보다 과거시험에 합격해서 정부 관료로 출세하는 것을 갈망했다. 상업과 상인 계층에 대한 공공연한 비판과 평가절하는 현대까지 이어지는 정치경제 사상의 흐름과 맥락을 이해하는 데 중요하다.

플라톤과 아리스토텔레스도 당대의 일반적인 사고와 다르지 않게 상업을 비판하였다. 이는 상업 및 경제적 이윤 추구를 긍정적으로 바라본 홉스나 로크 같은 17세기 사상가들과는 확실히 다른 입장이었다. 플라톤과 아리스토텔레스는 정치공동체, 즉 도시국가의 경제적 기초를 제공하는 농업과 토지를 중요한 정치적 토대로 간주하였다. 농업은 통렬한 비판을 받는 상업과 달리 중요성을 인정받고 우호적으로 인식되었다. 이런 대조는 플라톤과 아리스토텔레스로부터 유래한 정치·경제학 사상을 이해하는 중요한 토대가 되었다. 그렇다면 상업에 대한 상이한 시각 및 정치·경제 사상의 차이는 어디에서 출발한 것일까? 이 질문에 대답하기 위해서는 우선 플라톤·아리스토텔레스의 사상과 근대이론가의 사상 사이에 존재하는 이론의 간극을 살펴볼 필요가 있다.

2) 인간의 정치·사회적 본성

우선 인간 존재와 본성에 대한 가정이 달랐다. 플라톤과 아리스토텔레스에게 인간이란 태생적으로 사회적이며 정치적인 동물이었다. 플라톤과 아리스토텔레스의 인간관은 존재론적으로 두 가지 의미를 가졌다.

첫째, 각각의 사람들은 자신들이 속한 사회적 환경과 정치적 실천으로부터 자유로울 수 없다. 때문에 어떤 사회 속에서 살고 있는가에 따라 그의 태도와 가치, 그리고 행동은 달라진다고 보았다. 예를 들어, 학자는 자신이 속한 학문공동체나 대학이라는 '사회'로부터 자유로울 수 없다. 반면 영화배우는 학계와는 무관한 삶을 영위할 수는 있다. 그러나 이것이 곧 영화배우가 사회적으로 독립적인 존재임을 의미하는 것은 아니다. 영화배우도 영화계라는 '사회'로부터 자유로울 수 없기 때문이다. 즉, 학자와 영화배우는 서로 다른 모양의 삶을 살아가지만 자신이 속한 사회에 구속된다는 점에서는 다르지 않다.

그러므로 플라톤, 아리스토텔레스의 관점에서 인간의 사회적, 정치적인 본성을 부정하거나 간과하는 이론적 가정은 필연적으로 잘못된 결론에 도달하게 된다. 그것은 잘못된 가정에서 출발되었기 때문에 당연히 현실과 괴리된 대안으로 귀결된다고 보기 때문이다. 플라톤과 아리스토텔레스의 가정에 담긴 중요한 함축은 '관계성'을 강조한다는 점이다. 즉, 특정한 사회 속에서 인간이 공적인 삶을 살아가는 과정에서 필연적으로 다른 인간들과 맺게 되는 관계와 그러한 관계의 특징이 그들의 인간성에 근본적인 영향을 미친다고 본다. 또한 각각의 인간이 맺고 있는 관계는 유대감의 기반이 되며 그들의 사고와 행동, 정향 등에 큰 영향을 미치게 된다는 시각이다.

이 문제는 좀 더 자세히 살펴볼 필요가 있다. 인간의 사회적 본성에 대한 논의는 두 가지의 극단적 관점을 대비시킬 수 있다. 먼저, 홉스식의 인간관과 유사하게 인간은 전혀 정치적이지도, 사회적이지도 않다는 입장이 있다. 인간은 완전히 고립되어 있다. 또 다른 하나는 정치·사회적, 제도적, 그리고 정서적으로도 다른 이들과 전혀 연결되어 있지 않다는 입장이 있다. 19세기에 마르크스는 이런 인간관의 전형을 통렬하게 비판하였다. 홉스(Thomas Hobbes)는 사회 속의 인간을 분리된 마침표들같이 고립된 개인들로 보았다. 이들이 다른 사람과 맺는 유일한 관계는 "교환을 통한 이익의 거래와 상호 착취의 관계 혹은 전쟁"이라고 보았으나 이러한 관점은 인간을 완전히 고립된 은둔자 이미지로 설정하며 상호 간에 절연된 개인으로 보게 한다.

이러한 관점과 정반대인 입장은 개개인은 오직 국가에 기반할 때만 진정한 인간이 될 수 있다는 입장이다. 개별적인 존재로서의 인간은 국가로부터 분리된다면 의미 없는 존재가 된다. 국가는 개인들을 교육하고 구성적, 규범적 기능을 수행하면서 인간이 성장하고 발전할 수 있는 관계들을 제공해 준다. 오직 국가적 삶을 통해서만 개인은 온전한 인간이 될 수 있으며 공동체와 분리된다면 인간은 야생 동물에 불과하다고 본다. 아리스토텔레스가 말한 바, "인간은 정치적 동물"이라는 말은 홀로 있을 때 인간은 야수에 불과하며 자신의 인간성을 온전하게 실현하기 위해서는 공동체적 존재가 되어야 한다는 것이다.

그런데 이런 관점을 극단화시키면, 정치와 사회의 영향력을 절대적으로 부정하거나 제거하는 홉스식의 관점과 대비되어 사회(국가)의 영향력을 절대적인 것으로 받아들일 위험성이 있다. 그 결과는 개인을 전체성으로 흡수해버릴 수 있다는 것이다. 아리스토텔레스나 마르크스는 두 극단의 사이에서 사회적, 정치적 영향력을 중시하는 동시에 개별적으로 다양한 특성과 행동이 나타날 수 있다고 분석했다.

플라톤, 아리스토텔레스의 인간관이 갖는 두 번째 고유한 특징은 사회와 정치는 그 자체로 목적이며 선(Good)이라는 입장이다. 인간이 공적인 삶에 참여하는 것은 어떠한 목적을 위한 것이 아니라 그 자체로 바람직한 것이며 인간성의 근원적인 핵심이기 때문이다. 이에 비해 홉스는 인간에게 정치는 이익 추구나 안전, 질서 유지 등 다른 목적을 얻기 위한 수단에 불과했으며 정치나 사회는 고립된 개인들이 어쩔 수 없이 선택해야 하는 필요악이거나 혹은 없으면 더욱 좋은 것이었다. 때문에 정치적 참여와 공적인 삶은 의무적인 것도 아니며 바람직한 것으로 간주하지 않았다. 기껏해야 인간은 준 사회적, 준 정치적 존재였다. 이렇듯 아리스토텔레스 등의 고대 사상과 홉스 등의 근대사상의 이론적 전제는 근본적으로 상이했다.

2. 플라톤(Plato)의 정치경제학: 노동분업과 계급론

1) 노동의 분업화와 결핍의 사회

플라톤은 자신의 스승 소크라테스(Socrates)와의 대화에 기반하여 '노동의 분업화(Division of Labor)'에 대한 자신의 주장을 펼쳤다. 첫 번째 질문은 도시국가의 기원에 대한 물음이었다. 소크라테스는 도시국가의 기원은 끝없는 욕망과 제한된 자원 사이에 존재하는 모순과 깊은 연관이 있다고 보았다. 플라톤은 오늘날의 경제학이 제시하는 대안, 즉 효율적 분배를 통해 이 문제를 해결할 수 있다는 것과는 다른 대안을 제시한다.

플라톤 Plato (BC 427~BC 347)

고대 그리스 아테네 출신의 철학자이다. 플라톤은 아테네의 상류층 가문에서 태어났다. 그의 외가 역시 아테네를 이끄는 엘리트들을 배출한 유력가문이었다. 이러한 가풍 속에서 플라톤이 정치가를 꿈꾸는 것은 당연한 일이었을 것이다.

그러나 그의 스승이자 거리의 철학자인 소크라테스가 부당하게 처형당하는 것을 목격하면서 철학자로서의 삶을 모색하기 시작하였다. 이집트, 이탈리아 남부, 시칠리아 등지를 여행한 후, 아테나로 다시 돌아와 철학학원 '아카데메이아'를 건립하여 연구, 강의 그리고 후학 양성에 매진하였다. 아카데메이아 출신의 철학자로 아리스토텔레스, 에우독소스, 크세노크라테스 등이 있다.

플라톤의 이름인 Plato는 '넓다'라는 뜻을 가진 그리스의 어휘이다. 그리스의 어법은 소박하고 직설적인 것으로 유명한데, 플라톤 역시 자신의 이름처럼 문학, 수사학, 윤리학, 형이상학, 인식론, 정치학 등 다양한 분야에서 폭넓은 지적 활동을 왕성하게 했다. 그의 사유는 큰 샘

물처럼 고여서 서양 철학을 관류하는 큰 물줄기가 되었다.

　　정치학 역시 마찬가지이다. 소크라테스의 처형 이후, 플라톤은 현실 정치에 좌절하고 분노하며 올바른 정치가 무엇인지 철학적으로 탐색한다. 그 긴 사유의 결정물이 바로 『국가론』였다. 그는 『국가론』에서 정치의 제 1덕목으로 '정의'를 꼽고, 국가의 본질을 고찰하며 이상적인 국가를 그린다. 그리고 그의 저작은 후세대의 정치학자들로 하여금 옹호와 반박을 이끌었고, 그 긴 논쟁의 역사는 정치학의 토대를 축조하는 데에 기여하였다.

　　주요 저서로 「소크라테스의 변론」 「향연」, 「국가」, 「법률」 등이 있다.

　　플라톤은 인간 본성에 기반한 노동의 분업화를 제시했다. 플라톤에 의하면, 인간은 필연적으로 자신이 가장 잘할 수 있는 일에 집중할 수 있으며 그런 일에 종사함으로써 자신의 능력을 최대한 발휘해서 발생하는 잉여 생산물은 도시국가의 부를 축적하는 기초가 되고 교환의 대상이 된다는 의견이다. 이는 개인들이 각자의 적성과 능력에 맞는 다양한 영역에서 생산성을 향상시키며 생산량을 늘릴 수 있고 개인 간 필요에 따라 교환하면 된다는 것이다. 이러한 공동체 차원의 생산은 질 높은 다양한 물건을 효율적으로 생산할 수 있다는 점에서 개개인의 독자적인 생산에 기초한 공동체보다 더 풍요롭고 발전된 공동체를 만들 수 있다는 것이 플라톤의 생각이었다. 나아가 그런 생산의 결과로 상품의 교환과 같은 상업적 활동이 자연스럽게 일어나게 된다. 다만 상업적 활동은 도시공동체의 생산에 따른 부차적인 결과일 뿐이라는 점에서 생산에 종속적인 활동이다. 만약 우리의 욕망이 소박한 수준이라면 분업화된 노동에 기초한 생산물과 자원으로도 충분히 행복할 수 있을 것이다. 즉, 자원과 기술을 향상시키면서도, 소박한 욕망을 유지한다면 공동체의 복리를 충족시킬 수 있다는 것이다.

　　그런데 플라톤의 사유는 공동체의 풍요로움과 관련하여 인구의 증가라는 새로운 문제를 제기했다. 한 공동체의 인구가 늘어난다면 노동의 분업은 훨씬 더 복잡해지고 전문화될 가능성이 높아지게 된다. 그 결과, 생산하는 재화는 다양해지며 풍요로움을 판단할 수 있는 지표 역시 복잡해질 수밖에 없다. 결국 이러한 과정이 반복된다면 도시국가의 소비가 증가하면서 사람들의 행복 욕구를 충족시키고 있는 자원의 한계가 드러나게 될 것이다. 욕망을 충족시키는 상품 생산의 한계에 직면해서 현대 무역학의 아버지인 데이비드 리카도(David Ricardo)라면 '비교우위에 기초한 국제무역'을 대안으로 제시했을 것이다. 예를 든다면 영국은 부족한 와인을 와인이 풍부한 프랑스로부터 수입하고 프랑스는 부족한 면직물을 기계화로 면직물의 물량이 풍부한 영국으로부터 수입하면 서로 자원의 부족한 문제를 해결할 수 있을 뿐 아니라 저렴한 가격에 소비자에게 공급할 수 있다.

이런 자원의 한계 상황 속에서 플라톤이 예상한 시나리오는 국가 간 전쟁 혹은 내전이 발생할 가능성이 높다는 것이었다. 즉, 인접한 국가와 전쟁을 치러 국내적으로 부족한 상품과 자원을 강탈하게 된다는 것이다. 기본적으로 전쟁은 전쟁에 참여하는 국가의 연속성과 사회적 안정성을 악화시킨다. 전쟁에 참가하는 당사국 모두에게 손해를 가져올 수밖에 없다. 내전도 마찬가지이다. 부자와 빈자 사이에서 내전이 발생한다는 것이다. 플라톤은 모든 폴리스(도시국가)에는 부자와 빈자의 두 개의 폴리스가 공존하고 있다고 분석했으며 이 두 집단의 관계를 평화롭게 유지하는 것이 중요하다고 주장했다. 부자는 빈자를 두려워하는데, 빈자가 부자를 질투하여 반란을 일으켜서 부자의 재산을 빼앗으려 하기 때문이다. 그래서 부자는 빈자가 자신의 안온한 일상을 공격하거나, 혹은 재산을 침범할 가능성이 있다고 판단하면 빈자를 감옥에 가두는 선택을 한다. 그러나 이는 임시방편일 수밖에 없다. 부자와 빈자 사이에 발생하는 근본적인 부(富)의 갈등은 여전하기 때문이다. 결국 내전은 피할 수 없게 되며 이로 인해 풍요로운 사회는 내전을 치르기 이전보다 더욱 많은 결핍을 경험하게 된다.

플라톤은 폴리스의 안정적 발전을 위해 이 문제를 중요하게 생각했으며 이에 대해 제안한 기발하고 이상적인 해결책이 바로 『국가론(The Republic)』이었다. 『국가론』은 정치의 중요성과 고결함을 강조한 고전으로 이후의 정치 사상가들에게 심오한 영향을 미쳤다.

2) 경제와 정치의 분리

플라톤은 『국가론』에서 부의 추구가 정치를 타락시킨다고 주장하였다. 예컨대 정치인이 부의 축적을 추구한다면 그들은 분명 공적인 사안을 사적 이익 추구의 기준에서 판단하고 실행하여 공동체를 부패하게 만들 것이다. 그렇다면 이를 해결할 수 있는 근본적인 해결책은 있을까? 플라톤이 제시한 가장 근본적이면서도 명쾌한 해결책은 바로 부와 권력을 분리시키는 것이었다. 다시 말해, '경제'와 '정치'를 분리시킴으로써 부의 창출을 위한 생산에 종사하는 집단과 국가 전체를 위해 종사하는 집단을 분리시키는 것이다. 공적 업무를 전문적으로 담당하는 관리자 계층이 정치를 독점하면서 공적 영역을 보호하는 한편, 생산자 계층은 부를 창출하고 축적하는 일에 집중함으로써 공동체 전체도 부유해질 수 있다. 플라톤은 정치를 담당하는 두 개의 주요 집단으로 수호자(guardians)와 군인을 지목했다.

플라톤의 계급론을 정확히 이해하기 위해서는 그의 수사법인 '고상한 거짓말(a noble lie)'과 이중주의(Dualism)를 이해할 필요가 있다. 인간은 신체(Body)와 정신(Soul)으로 구성되어 있기에 정신세계를 구성하는 지식과 환경을 완벽하게 갖게 된다면 신체는 정신세계에 의해 제어되어 자신의 본분과 의무에 어긋나는 행동은 하지 않는다는 것이다. 이러한 신념 속에서 플라톤은 교육과 훈련을 통해 책임있는 수호자들을 키워내는 교육철학이 확고했고 '아카데미아'를 세워 스스로 실천하였다.

플라톤은 좋은 공동체의 기초가 되는 계급 구조를 설명하기 위해서 '금', '은', '동'으로 선천적인 직업을 비유하였다. 생산자 계급은

'동의 후손(children of copper)'으로 그들의 본분은 근면하게 재화를 생산해내는 것으로서 이 계급은 노동과 경제에 종사하기 위해 태어난다. '은의 후손(children of silver)'은 군인들이며 이 계급은 폴리스의 질서를 안전하게 보호할 의무와 본분을 가지고 태어난다. 마지막으로 '금의 후손(children of gold)'은 통치자이다. 통치자는 폴리스를 지배하기 위해 태어난 사람들이다. 언뜻 보면 동의 후손으로 태어난 이들은 불공정하다고 느낄 것 같다. 금의 후손이나 은의 후손처럼 명예로운 직책에 오를 가능성이 타고난 신분에 의해 원천적으로 봉쇄된 것 아닌가? 그러나 그에 대한 반대급부가 명확하기 때문에 마냥 불공정한 것만은 아니다. 동의 후손은 부를 축적할 수 있는 유일한 계급이다. 반대로 공적 영역에 헌신해야 하는 금의 후손과 은의 후손은 모든 사유재산을 포기해야 한다. 부와 사치로부터의 유혹에 빠지지 않아야 하기 때문이다. 물론 그들도 사람이기에 기본적인 욕구를 충족할 필요가 있으며 이를 충당하기 위한 조세제도가 필요하다. 그러나 이는 어디까지나 생계를 위한 음식과 거처를 공급하는 수준에 그쳐야 한다. 플라톤은 자신의 독특한 계급론에 기반하여 최고의 정치는 완벽한 지식체인 철인들(Philosophers)이 수행해야 할 과업으로 규정하였다고 보았다. 이들은 큰 배의 항해를 책임지는 선장과 같이 목적지를 정확히 알고 있는 존재라는 것이다.

결국, 플라톤은 인구의 증가와 희소한 자원, 부의 증식이 이루어지는 사회의 필연적인 문제, 즉 부를 둘러싼 갈등과 혼란, 충돌을 해결하기 위해 부를 정치로부터 분리시켜야 한다고 보았다. 이것은 농민이나 상인, 제조업자 등 경제종사자들은 정치에 참여해서는 안 된다는 결론과 크게 다르지 않다.

3. 아리스토텔레스(Aristotle): 고상한 정치와 저열한 경제

1) 사악한 상업과 도덕적 타락

아리스토텔레스는 그의 스승 플라톤의 이중주의를 비판하면서 인간의 신체와 정신은 하나(one-being)라고 주장하였다. 간단하게 말해서 아무리 완벽한 지식과 환경을 가지고 있다고 하더라도 배고픔을 느끼면 도둑질도 할 수 있다는 것이다. 여기서 우리는 아리스토텔레스가 교육보다는 체제, 인치(人治)보다는 법치(法治)를 선호하리라는 예측을 할 수 있을 것이다. 그 결과, 플라톤이 바라는 정의를 수호할 목적의 책임과 윤리에 기반을 둔 교육철학의 한계점을 분명하게 밝히고 있다. 아리스토텔레스는 플라톤보다 더욱 직설적으로 상업에 대해 비판을 가했다. 그는 가계의 소박한 재무관리와 상업적 영리를 명확하게 구분하였다. 아리스토텔레스는 '폴리스는 모든 가계의 집합으로 이루어졌으며 폴리스의 정치·경제는 가계에 기반한 체제'라고 정의하였다. 아리스토텔레스는 일반적으로 성인 남성인 가구주(家主)가 순조롭게 운영하는 가계는 가정의 안녕을 위해 필요한 자원을 획득하고 현명하게 소비하는 반면에 가구주가 분에 넘치는 향락에 탐닉하고 소비 혹은 돈벌이에 집중하게 되면, 고리대금에 집착하거나 자신이 가진 본연의 재능을 오용할 수밖에 없다고 생각하였다. 결국 가구주가 평온한 일상을 유지하기 위한 재산 관리를 넘어서 부를 축적하는 경제활동에 몰입하게 된다면 시민으로서의 고결함은 사라질 수밖에 없다는 주장이다. 아리스토텔레스는 양극단 사이의 균형을 이루는 황금률(golden mean)이 가계 운영에도 적용될 수 있다고 보았다. 황금률은 이성을 일깨워서 극도의 절약과 극도의 사치 사이에 적절한 균형을 이루게 하고 삶을 안온하게 유지할 수 있게 해주는 재화와 여가, 그리고 향락을 제공한다고 생각하였다.

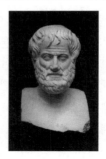

   고대 그리스 마케도니아 출신의 철학자이다. 의사의 아들로 태어난 아리스토텔레스는 플라톤이 세운 아카데메이아에 입학해서 20년간 배우고 연구하였다. 플라톤이 타계한 후, 이른바 '소요학파'의 본산인 리케이온 학교를 세웠다. 아리스토텔레스의 방대한 철학을 체계적으로 이해하기 위한 가장 좋은 방법은 그의 스승인 플라톤의 철학과 비교하는 것이다. 플라톤과 같이 아리스토텔레스도 형이상학, 윤리학, 정치학, 논리학 등의 방대한 분야에서 치열하게 사유한 대가였다. 그러나 스승의 철학을 단순히 계승한 것은 아니었다. 아리스토텔레스는 자신만의 독자적인 존재론과 인식론을 설계하였다.

   요컨대 플라톤이 하늘의 철학자였다면, 아리스토텔레스는 지상의 철학자였다. 플라톤은 오직 이데아만이 실재하며 이를 이성의 빛으로 추적할 것을 주문했다면, 아리스토텔레스는 우리 눈앞에 있는 사물을 먼저 관찰할 것을 주문했다. 아리스토텔레스에게 이성을 통한 추상과 통찰은 집요한 관찰 이후에 후행되어야 할 절차였으며, 이러한 사조는 그의 정치학 연구에도 계승된다.

   아리스토텔레스가 최선의 정치가 무엇인지를 대답하기 위해서 먼저 시작한 일은 그리스 주변국들이 어떤 제도를 가지고 있는지 샅샅이 탐색하는 것이었다. 플라톤이 선의 이데아로부터 최선의 정치를 모색하였다면, 아리스토텔레스는 먼저 현실의 제도를 탐색하며 최선의 정치를 모색한 것이다.

   스승 플라톤은 철인왕의 통치를 최선의 정체로 이해했지만, 아리스토텔레스는 '제한적 민주정체'가 가장 훌륭한 정치제도라고 결론을 내렸다. 아리스토텔레스가 결론에 도달하는 과정에서 활용한 유형학적 접근은 이후 정부형태에 대한 비교분석에도 큰 영향을 미쳤다.

   주요 저서로 「니코마코스 윤리학」, 「형이상학」, 「시학」, 「정치학」 등이 있다.

또한 아리스토텔레스는 부를 축척하기 위한 상업적 행위 특히 대부업에 대해 비판을 가했다. 농업사회에서 대부업은 전혀 도덕적이지 않은 것이었다. 어떻게 돈이 돈을 벌 수 있다는 말인가? 이런 비판은 마르크스의 자본론 내용과 유사한 측면이 있다. 칼 마르크스(Karl Marx)는 상품(Commodity) → 돈(Money) → 상품(Commodity) 경제에서 재화는 필요한 다른 재화를 얻기 위해 생산되며 돈은 단지 상품 교환을 위한 도구적인 목적으로 사용된다고 정의했다. 그러나 자본가들은 돈을 가지고 돈을 벌려는 돈 → 상품 → 돈을 추구한다. 즉, 자본가들에게 화폐는 어떤 상품을 얻기 위한 수단이 아니라 부의 증식을 위해 돈을 가지고 상품을 사고 팔아 이윤을 남기기 위한 것이다. 이러한 자본의 원리는 고대사회적 맥락에서는 돈을 빌려주고 이자를 받아 최초의 빌려준 돈보다 더 많은 돈을 번다는 것을 의미한다. 아리스토텔레스는 돈은 영원히 끝나지 않는 욕망의 추구이며 돈으로 시작해서 돈으로 끝나는 거래는 올바른 순환관계가 아니라고 보았다. 궁극적으로 이런 상업적 행위를 하는 사람들과 부의 증식은 사람들을 부도덕하게 만들고 공동체를 타락시킬 것이다. 더구나 자본을 가지고 투자를 하는 근대의 산업자본가와 달리 농업사회에서는 돈을 빌려주고 받는 어떠한 이자도 결국 고리대금업에 불과했다. 또한 돈을 빌린 많은 사람들은 돈을 갚을 능력이 없기에 체납을 하고 돈을 빌려준 사람들은 파산한 사람의 재산을 몰수했기 때문에 아리스토텔레스는 대부업은 사악한 행위이자 범죄라고 규정하였다.

아리스토텔레스는 돈이 돈을 버는 것을 죄악시하면서 의사의 재능에 비유하여 상업을 비판하였다. 의사는 아픈 사람을 치료할 수 있는 재능을 가진 전문가이다. 치료비를 낼 수 없는 환자를 치료하지 않는 의사가 있다면, 그는 자신의 재능을 타락시킨 사람이며 지탄을 받아 마땅하다. 오로지 부의 축적을 강조하는 상업사회에서 의사들은 부를 축적하고 명예를 높이기 위해 자신의 재능을 오용하게 될 것이다. 이러한 부의 논리가 만연한 사회에서는 비단 의사뿐만이 아니라 재능을 가진 누구도 자신의 본성을 왜곡시키기 때문에 상업은 공동체 타락을 촉진하는 근본적인 문제를 내포하고 있다.

2) 중산층 민주주의

아리스토텔레스는 상업적 가치가 건강한 사회를 교란하고 타락시키는 것을 막기 위한 몇 가지 제안을 제시하였다. 첫 번째는 부를 분배하는 방법에 관한 것이다. 부의 분배가 다음 〈그림 1-1〉과 같은 분포로 이루어진다고 가정하자.

〈그림 1-1〉에서 제시한 사회는 부유층과 중산층은 적은 반면에 빈곤층은 매우 많은 사회이다. 즉, 부의 분배가 심각하게 불평등한 사회이다. 이러한 사회에는 부자와 빈자 사이에 항상적인 갈등이 있을 것이며 상황에 따라 내전으로 격화될 수 있다. 갈등과 충돌의 승패가 어떻게 되든 부의 분포가 불평등하게 유지되는 한, 다른 집단을 파괴할 이유는 언제나 있을 것이기에 공동체는 혼란과 파괴의 운명에 노정될 것이다.

반면에 부의 분배가 〈그림 1-2〉와 같이 다이아몬드의 형태로 되어 있는 사회를 떠올려보자. 이 사회는 중산층이 폭넓게 고르게 분

그림 I 1-1

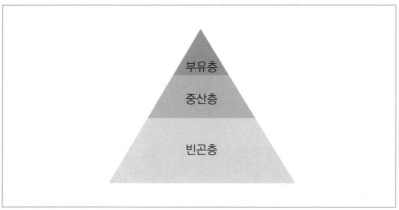

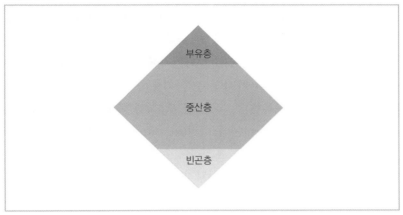

포되어 있으면서 부자와 빈자의 수는 상대적으로 매우 적은 부의 구조를 가지고 있다. 〈그림 1-1〉의 사회보다 명확하게 부의 분배가 평등하게 이루어졌다.

아리스토텔레스는 다이아몬드 모양처럼 부가 분배된 사회가 평화롭고 공동체의 질서와 미덕을 유지할 수 있다고 주장하였다. 그러므로 통치자들은 사회의 부가 다이아몬드 모양처럼 분포가 될 수 있도록 할 수 있는 모든 역량을 집중해야 한다. 참고로, 1950년대의 미국사회에는 상대적으로 〈그림 1-2〉처럼 부가 비교적 공평하게 분배된 공동체였지만 안타깝게도 현재 미국 사회는 〈그림 1-1〉로 변하는 것 같다.

그런데 아리스토텔레스는 부의 분포를 평등하게 조정할 수 있는 특별한 방법까지는 언급하지 않았다. 그러나 정치의 영역, 즉 공적 영역에 관해서는 부자와 빈자 모두 평등하게 접근할 수 있어야 한다고 주장하였다. 이러한 생각은 아리스토텔레스가 『정치학(Politics)』에서 구분한 정부형태 체계에서 구체적으로 반영되어 있다. 정부 형태를 구분하면서 아리스토텔레스는 두 가지의 핵심적인 기준을 가지고 있었다. 하나는 지배층의 숫자였다. 공동체를 운영하는 통치자의 숫자가 한 명인지, 소수인지, 아니면 다수인지에 따라 정부 형태를 나눌 수 있다는 것이었다. 두 번째 기준은 정부가 공익을 위하여 헌신하는지 혹은 사익에 매몰되어 운영되는지에 관한 것이었다.

아리스토텔레스는 두 가지 기준을 적용하여 이상형과 타락형 등 대조적인 유형으로 구분했다. 우선 한 명의 통치자가 공익을 위하여 국가를 운영하는 정부 형태는 군주정(Monarch)이며, 반면 한 명의 통치자가 사익을 위하여 국가를 운영하는 것은 독재정(Tyrant)으로 규정하였다. 또한 현명한 소수의 통치자가 공익을 위하여 국가를 운영하는 것은 귀족정(Aristocracy)이고 소수의 통치자가 사익을 위해 국가를 운영하는 것은 과두정(Oligarchy)으로 구분하였다. 특히 과두정은 금권정치(plutocracy: 부자에 의해서 지배되는 사회)의 형태로서 부자들은 정치권력에 막강한 영향력을 행사하고 정치인들은 부자가 되기 위해 자신의 권력을 사용한다고 규정했다. 때문에 아리스토텔레스는 매우 부유한 소수는 정치권력을 가진 과두정의 소수와 밀접한 관계를 가지면서 정치부패와 공동체 타락을 가져올 것이라고 우려했다.

마지막 경우는 헌법적 정부와 민주적 정부이다. 흥미롭게도 아리스토텔레스는 민주정(Democracy)을 다수의 이익을 추구하는 정부로 규정했기에 민주주의는 다른 사익 추구 정부와 마찬가지로 부정적인 의미가 강했다. 이런 규정은 훗날에도 영향을 미쳐 민주주의는 빈민들의 지배라는 부정적인 이미지를 형성하게 만들었다. 이에 따라 19세기와 20세기까지도 민주적이라는 용어는 긍정적이고 고귀한 단어라기보다는 부정적이거나 경멸적인 의미로 사용되었다. 사실 20세기 영국의 총리였던 윈스턴 처칠(Winston Churchill)도 자격 없는 인민들이 정치에 나서는 민주주의를 결코 좋아하지 않았으며 어떤 곳에서는 최악의 통치형태로 비난하기도 했다. 이들에게 민주주의는 질투심 많은 빈자들이 부자에게서 재산을 빼앗고 정부를 차지해서 자신들의 이익을 위하여 다스리는 것을 의미했다. 아리스토텔레스는 정부 구성에서 통치의 균형도 중요하게 여겼다. 폴리스의 통치에는 빈자가 주도해야하는 국면과 부자가 주도해야하는 국면이 각각 존재한다고 보았다. 대표적인 사례가 의회의 구성이었다. 아리스토텔레스는 하원은 빈자가, 상원은 부자가 선출하는 것이 합당하다고 보았다. 이러한 조합이 빈자와 부자가 가지는 이해관계의 균형을 맞추면서 모두를 보호할 수 있다고 생각했다. 경제적 차원에서는 비교적 평등한 부의 분포를 유지하면서 정치적 차원에서는 부자와 빈자 모두를 아우를 수 있는 정부 형태(Polity)를 갖춘다면 공동체는 안정과 균형을 유지할 수 있다고 본 것이다. 이러한 정치·경제의 지형에서 중요한 역할을 수행할 수 있는 계급은 중산층이다. 중산층은 부자와 빈자, 즉 양극단으로부터 중립적인 집단들이기 때문에 중용과 균형에 기반한 안정과 번영을 유지하는 데 훌륭한 역할을 할 수 있다.

아리스토텔레스의 이런 분석과 주장은 현대 사회에도 중요한 영향을 미치고 있다. 특히, 아리스토텔레스는 경제적 부의 분배 문제를 정치적 독립성과 연관시키는바, 폴리스의 시민적 덕성을 위해서는 자립적인 경제적 조건을 갖춘 중산층이 중추가 되어야 한다고 강조했다. 때문에 아리스토텔레스가 빈민들의 정치참여를 부정적으로 평가했지만 기본적으로는 가난한 이들의 독립을 보장할 수 있도록 고용과 토지를 부여해야 한다고 주장하기도 했다. 이런 아리스토텔레스의 주장의 영향을 받아 해링턴(James Harrington)은 극심한 경제적 불평등은 자유로운 공화국에 암적인 요소라고 강하게 비판했다.

상업사회의 문제점들을 해결하기 위한 아리스토텔레스의 모든 논의들은 도시국가의 시민들에 해당하는 것이었으며 노예나 외국인들에게는 해당되지 않았다. 폴리스에 거주하는 인구 중 다수를 차지한 노예를 무시하였으며 주인과 노예 사이의 균형에 대해서도 아무런 언급도 하지 않았다. 아리스토텔레스는 지배받는 것이 적합한 사람들(노예들)은 정치체계에 입장해서는 안 되며 노동을 해야 하는 운명을 가지고 태어났다고 생각했다. 그는 또한 고리대금업 등 맹목적인 부를 추구하는 사람들은 결코 시민이 되어서는 안 된다고 생각했다. 또한 정치에 참여하고 공적인 사안을 고민할 수 있는 충분한 시간을 가질 수 없는 가난한 소농들은 시민에서 배제할 수 있다고 생각했다. 때문에 아리스토텔레스는 시민의 자격을 가르는 가장 큰 기준을 일정 이상의 토지를 보유하고 가계에 충분히 경제적 여유가 있어 정치 참여의 시간을 확보할 수 있는지 여부를 중요한 기준으로 삼았다. 그러므로 일반적인 빈농이 시민권을 보유하지 못한 것은 당연한 귀결이었다. 현대적 관점에서 보자면 아테네 민주정이 가장 발달한 페리클레스(Perikles) 시대의 민주주의조차 전체 인구와 대비하자면 소수의 민주주의였다. 그러나 시대적 한계 속에서는 대단히 평등주의적인 정부였으며 현대의 민주적 사고와 제도에도 지대한 영향을 미쳤다.

Ⅱ.
민주주의와 자본주의의 사상적 토대

1. 자유와 평등의 길항 관계: 홉스(Hobbes), 로크(Locke), 루소(Rousseau)

1) 시대적 배경

이 장에서는 정치와 경제, 시장과 국가의 관계에 대해 특히 상업자본주의와 19세기 산업자본주의 이전의 고전적 정치경제학자들의 논의를 살펴볼 것이다. 그리고 다음 장에서 우리는 산업자본주의 시대의 정치와 경제의 관계에 대한 지배적인 이론에 대해 살펴볼 것이다. 이는 벤담(Bentham) 등의 공리주의로 대표될 수 있다. 공리주의는 자본주의와 민주주의 이론을 결합하려는 노력을 하였다. 19세기 전 17, 18세기의 사상가들에게는 자본주의가 민주주의를 위협하거나 민주주의가 자본주의를 위협한다는 양가적인 담론이 지배적이었다. 이런 사상사적, 시대적 맥락을 배경으로 우리는 홉스(Thomas Hobbes), 로크(John Locke), 보딘(Jean Bodin), 수평파들(the Levellers), 제퍼슨(Thomas Jefferson), 매디슨(James Madison), 해밀턴(Alexander Hamilton) 등을 고찰할 것이다.

먼저 근대정치사상의 기원지인 영국을 중심으로 시대적 배경을 살펴보고 그 다음 정치경제학 사상의 흐름과 궤적, 발전을 살펴볼 것이다. 15세기의 장미전쟁부터 17세기 명예혁명까지 지속된 영국 내전은 영국의 초기 자본주의로서 중상주의 발전과 정치 발전에 있어 역사적인 시기를 열게 했다. 중상주의 및 중앙집권국가를 기반으로 왕에 승리를 거둔 신흥 중산계급 기반의 의회파가 사실상 자본주의 발전을 촉진시키는 정치경제적 환경을 조성한 것이다.

장미전쟁은 1450년에 흰 장미를 문장으로 하는 요크가(家)와 빨간 장미를 문장으로 한 랭커스터가(家) 사이에 벌어진 전쟁이다. 에드워드 3세의 손자 랭커스터와 요크를 각각 지지하는 귀족들 간에 30년 내전이 있었다. 내전은 요크가의 승리로 끝나면서 에드워드 4세, 에드워드 5세 그리고 리차드로 이어졌지만 그 역시 튜더가의 헨리에게 패하면서 튜더왕조가 시작되었다. 헨리 튜더는 화합을 위해 요크 가문의 딸 엘리자베스를 왕후로 맞아 들였으며, 붉은 장미와 흰 장미를 합쳐 왕가의 표시로 삼았다. 이후 장미는 영국의 왕실을 상징하는 국화(國花)가 되었으며, 지금도 붉은 장미와 흰 장미를 합하면 화합의 표시를 의미한다. 이러한 내전의 중요한 결과는 영국의 왕위 계승 전쟁을 계기로 귀족들이 쇠퇴하거나 몰락하게 되었으며 근대적인 중앙집권 국가로 발전하는 기반이 되었다는 점이다.

장미전쟁 이후 헨리 7세는 귀족의 특권을 박탈하고 일반 시민들을 의회에 끌어들였으며 해운법을 제정하여 상인을 규제하고 왕실재정을 단단히 하는 등 절대주의 정권의 기초를 확립하였다. 이어 헨리 8세는 교회까지 장악하였고 이에 복종하지 않는 수도원을 해산시키고 그 영지를 몰수하였다. 메리의 사후에 즉위한 엘리자베스 1세 역시 에드워드 6세 시대의 정책을 부활시켰으며 여왕은 종교 세력과 귀족 세력을 위축시키면서 동인도회사의 독점권을 설정하는 등 중상주의 정책을 밀고나가면서 절대왕정의 정치적, 경제적 기반을 완성하였다.

그러나 절대주의는 엘리자베스시대를 정점으로 하여 쇠퇴하기 시작하였다. 여왕은 독신으로 자식이 없었기 때문에, 사후에는 스코틀랜드왕 제임스가 혈연에 따라 잉글랜드왕을 겸하여 제임스 1세가 되고 스튜어트 왕조가 시작되었다. 완고한 왕권신수설의 제창자인 스코틀랜드 왕 제임스 1세가 새로운 영국의 국왕으로 즉위하면서 영국의 정치적 변화가 더욱 격화되었다. 사실 이전의 튜더왕조에 있어서는 절대주의와 근대적 요소와의 대립관계가 아직 잠재적이었으나, 스튜어트 왕조에 이르면서 사회경제구조가 현저히 변하면서 양자 사이의 대립관계가 표면화되기 시작했다. 상인으로 상징되는 신흥중산계급은 자유로운 경제활동을 원했기 때문에 더 이상 왕의 자의적인 지배를 감내할 수 없었던 것이다.

설상가상으로 제임스 1세와 찰스 1세는 의회의 동의도 없이 새로운 세금을 부과했다. 그런 조치는 신흥 중산계급의 불만을 더욱 고조시킨 결과를 불러일으켰다. 더구나 당시의 중산계급은 하원의 대다수를 구성하고 있었기 때문에 의회가 정부의 행동을 통제할 수만 있게 된다면 두려울 것이 하나도 없다고 생각하고 있었다. 그러므로 그들은 의회를 거점으로 하여 왕의 정책에 노골적인 저항을 하기 시작했다.

마침내 의회는 1628년 왕에게 권리청원을 요구했다. 왕은 형식상 승인하긴 했지만 왕과 의회의 대립은 계속되었다. 특히 왕은 권리청원에 세목이 명시되지 않은 것을 이용하여 관세를 부과하였는데 이는 의회와의 갈등을 더욱 첨예하게 만들어, 결국 왕은 11년 동안이나 의회를 소집하지 않고 전제정치를 감행하게 되었다.

그러자 11년간의 종교적·정치적 억압에 대해 반항심을 키워오고 있었던 스코틀랜드의 장로파가 먼저 무기를 들고 일어났다. 이에 놀란 국왕은 의회의 동의 없이는 절대로 새로운 세금을 거두지 않겠다고 약속했다. 그러나 의회는 한 걸음 더 나아가 국왕은 의회의 동의 없이는 관료를 임명하지 않을 것에 더하여 군대에 대한 국왕의 절대적 지배를 포기할 것을 요구하게 되었다. 이에 국왕은 권력을 포기하느니 차라리 투쟁을 택하게 되었고 의회 역시 단호한 결의 하에 전쟁을 택하게 되었다. 1642년과 1649년 사이의 내란은 이렇게 해서 시작되었다.

전쟁은 결국 도시의 중산계급과 청교도의 지지를 받지 못한 국왕 측의 패전으로 끝났다. 의회의 승리에 힘입어 일시적으로 크롬웰이 통치하는 공화정을 수립할 수 있었다. 그러나 적절한 형태의 의회와 행정부를 찾지 못하고 결국 군주제의 부활로 이어졌다. 군주제는 부활하였지만 영국 왕권의 권력은 다시는 회복이 불가능할 정도로 결정적인 타격을 입은 상태였다. 찰스 2세는 왕위를 다시 얻는 대가로 의회를 정부진영과 어느 정도 대등한 상대자로 인정하지 않을 수 없었다.

그 후 찰스 2세의 뒤를 이은 제임스 2세가 군주의 전통적인 권위를 회복하고자 시도하는 한편 노골적인 가톨릭 편애 정책을 폈다. 그러나 명예혁명이 일어나 여왕 메리(Mary)와 그의 부군인 네덜란드의 오렌지 공 윌리엄 3세가 1689년 1월 컨벤션 회의를 거쳐 영국 왕이 되면서 영국은 이제 전제군주정으로의 회귀가능성이 사라지게 되었다.

이것이 영국혁명의 배경과 결과에 대한 대략적인 설명이다. 영국혁명의 직접적인 이유와 그 결과를 살펴보면 우리는 영국혁명을 통해 자유주의, 민주주의를 향한 중대한 진전이 있었음을 발견하게 된다. 그것은 크게 두 가지 측면으로 나눠서 생각해볼 수 있다.

첫 번째는 영국의 정치사회적, 경제적 문화 및 가치관이 크게 변화했다는 것이다. 기독교 인문주의와 기사도, 그리고 전통과 관습을 숭상하는 태도들이 사라지고, 실용주의와 개인주의 시대가 막을 올리기 시작했다. 지식인들의 사고는 더욱 더 합리적이게 되었으며 인간의 이기적인 속성을 자연스럽고 정당한 것으로 인정하는 경향도 확산되었다.

우리는 이런 변화를 로크가 『통치론(Second Treaties of Government)』에 쓴 다음과 같은 구절 속에서 확연히 읽을 수 있다. "모든 사람은 어떤 다른 사람의 뜻을 따르지 않고서, 자기가 맞다고 생각하는 대로 자신의 행동을 스스로 결정하고 자신의 재산과 인신(人身)을 처분할 완벽한 자유를 천부적으로 타고났다"고 주장하였다. 개인의 신체와 소유물에 대한 권리관은 근대인들의 도덕적 특성을 규정했던 것이다.

영국혁명을 통해 확립된 두 번째 귀중한 민주적 원리는 입헌주의이다. 입헌주의 원리는 멀리는 1215년의 대헌장(Magna Carta)으로부터 그 기원을 찾을 수 있지만 그 원리가 완전한 하나의 정치원리로서 수립된 것은 1689년의 권리장전의 선언과 승인이었다. 1689년 1월 소집된 컨벤션 회의는 왕녀 메리와 윌리엄 공에게 권리선언을 받아들이도록 했는데 이는 곧 내용이 보완되어 권리장전으로 바뀌었다. 권리장전 중 가장 중요한 내용은 "국왕의 법률효력 정지권한은 폐지된다.""법률에 구애되지 않은 국왕의 특권은 폐지된다.""의회를 자주 소집하고 자유선거를 보장한다."는 것이다. 이상의 사항을 주된 내용으로 하는 권리장전의 선포는 근대 자유민주주의의 한 기둥이라 할 수 있는 입헌주의 원리를 확립시켰다. 이제 국왕은 군림하나 통치하지 않게 된 것이다. 이 원리는 절대 권력을 제한하고 인민의 자유를 보장하는 가장 중요한 보장책이 됨으로써 근대적 정치 발전에 지대한 공헌을 했다. 입헌주의는 곧이어 삼권 분립론과 권력간 견제와 균형의 논리에 의해 보완되어 근대 자유민주주의를 지탱하는 굳건한 원칙이 되었다.

영국 혁명을 계기로 근대적 의미의 정치와 경제, 자본주의와 민주주의 사이의 관계를 본격적으로 살펴보기 위해 우리는 먼저 17세기 중엽의 사회적 효용에 기초하여 신성한 권리에 도전한 홉스의 이론에 대해서 살펴볼 것이다. 그리고 중도의 전형을 보여주는 로크를 이야기 할 것이다. 로크는 종교·정치적 관용에 호소하여 자유주의, 보수주의, 그리고 급진주의적 접근을 시도하였다. 마지막으로 우리는 루소를 통해 자본에 대한 낭만적 비판과 질적인 민주주의 아이디어를 발견하게 될 것이다.

2) 두 얼굴을 가진 홉스(Hobbes)의 리바이어던

홉스 이론이 가진 절대주권 옹호가 일견 절대군주에 대한 옹호로 해석될 수도 있다. 그러나 홉스의 이론은 사실상 사회적 필요(효용)에 기반하여 절대왕권을 옹호한 것이었지 영국의 국왕들이 원했던 왕권신수설에 기반한 것이 아니었다. 홉스가 제임스 2세의 왕권을 옹호하기 위해 제임스 2세의 면담을 요청했지만 거절당한 것도 결국 홉스가 주장하는 절대권력이 본질적으로 영국의 자유주의와 자본주의 발전을 위한 것임을 간파했기 때문이었을 것이다.

자유주의는 홉스(Thomas Hobbes), 로크(John Locke), 스미스(Adam Smith)로부터 시작하여 하이예크(Friedrich Hayek)와 노직(Robert Nozick) 등의 학자에 의해서 발전되었다. 자유주의 이론적 시작은 홉스 사상의 논리적 전제들로부터 시작했다고 하여도 무방하다.

홉스 역시 자연 상태(State of Nature)를 가정하였는데, 그는 자연 상태에서 사람들은 서로 격리되어 자유스럽게 살아가고 있으며 그 어떤 구속도 없이 자신의 이기적 욕망을 채우고 살고 있다고 한다. 이러한 상태에서는 정치적 국가도 사회도 존재하지 않고 양육강식만이 존재한다. 하지만 누군가가 자신의 생명과 재산을 앗아갈 수 있다는 두려움 때문에 사회를 형성하여 절대자인 성경 욥기에 나오는 바다괴물을 형상화한 리바이어던(Leviathan)에게 모든 것(사유재산까지)을 양도하여 보호를 받게 되어 주권을 창조하게 된다는 사회계약설의 시초이다. 주권의 개념은 다음과 같이 이해할 수 있다. 현명한 리바이어던은 지위와 명성을 유지하기 위해 개인적 소유를 압류하여 자기 것으로 만들지 않고 사유재산을 보장함으로써 세금과 지지를 얻어낸다고 하였다. 현명한 리바이어던은 상업자본주의 증진을 위하여 일하는 것이 의무라고 한다. 재화의 생산, 유통, 분배뿐만 아니라 모든 정치, 경제 관계는 계약적 관계이며 이와 관련된 모든 규칙은 리바이어던에 의해 통제된다.

『리바이어던(Leviathan)』에 나타난 인간 본성에 대한 홉스의 관점은 매우 중요하다. 홉스의 인간관은 아리스토텔레스 또는 중세 사상가들이 간직하고 있던 '인간의 사회·정치적 본성'이라는 관점에서 탈피했기 때문에 근대 사상의 시작으로 평가된다. 홉스는 가장 원초적인 자연 상태에서의 인간은 사회적, 정치적 존재가 아니며 개인은 이기적이고 비도덕적이며 단지 자신의 만족만을 절제 없이 무제한적으로 추구하는 존재로 보았다. 홉스에 따르면 개인 모두가 지닌 자유롭고 평등한 조건이 이기적인 인간으로 하여금 서로 경쟁하게 만들 서로의 자연권을 위협하는 요소로 작용한다고 주장하였다. 자연 상태에서 인간은 "고독하고, 가난하고, 거칠고, 잔인하고, 부족한" 존재이다. 즉 완전히 고립되어 있어 사회나 사유재산이라는 개념은 존재하지 않는다고 보았다. 그런데 자연의 원초적인 평등 상태에서는 육체적으로 비슷한 힘을 가진 인간들의 만인의 투쟁 과정에서 살인이 발생할 수 있다. 따라서 자연 상태의 첫째 특징은 공포이다. 모든 사람들이 자신의 생명 박탈에 대한 공포를 가진다. 둘째, 자연 상태에서는 극단적인 경쟁이 존재한다. 한정된 자원 속에 인간의 욕망은 무한하기 때문에 부와 권력을 추구하는 인간은 다른 이들과 무제한의 경쟁을 해야 한다. 셋째, 사람들은 다른 사람들을 지배할 수 있는 권력을 욕망한다. 개인은 다른 구성원들부터의 존경을 받기 원하며 다른 사람들을 자신의 영향력 하에 두기를 원한다. 필요하다면 폭력을 통해서라도 각자의 몫을 최대화하려 한다. 이러한 환경 속에서 자연 상태의 가장 큰 특징은 만인에 대한 '만인의 투쟁'이며 인간의 삶은 고독하고 혹독하며 짧은 생애를 가진다.

자연 상태의 깊은 공포와 근본적인 육체적 대등함은 사회계약을 이끌게 만들었다. 사회계약은 특정한 사회·정치적 특성과 성향을 바탕으로 이루어진다. 생명과 사유재산을 보호하기 위한 사회계약은 리바이어던으로서 절대 권력, 즉 국민국가의 성립을 의미하기 때문이다. 사람들은 사유재산 보호와 부의 안정적인 추구를 위해 그리고 자신에 대한 다른 사람들의 존중을 얻기 위해, 또한 안정적인 시장 교환관계를 갖기 위해, 그리고 이 모든 것을 보장하는 경제와 사회를 얻기 위해 정부를 구성하기를 원하였다. 그래서 사회계약을 통해 비로소 국가와 사회 개념이 생겨난다고 보았다. 홉스의 논리를 간단하게 정리하자면, 사람들은 자연 상태에서 '만인에 대한 만인의 전쟁' 상태에 놓이게 된다. 홉스는 그 이유를 이기적인 인간의 본성과 자유롭고 평등한 조건과 더불어 강력한 절대 권력의 부재에서 찾았다. 때문에 사람들은 자신의 생명과 자유, 즉 개인의 안보와 자연권을 보장받기 위해 집단, 즉 정치사회를 형성하고 다수결투표에 의해 성립되어 모든 사람을 구속하는 사회계약을 통해 리바이어던이라 표현했던 절대 권력에게 주권을 양도하는 대안을 선택하게 되는 동의(consent)를 하게 되므로 시민사회를 이루게 되는 것이다.

만약 당신이 안전하고 지속적인 사회와 보호 체제를 유지하기를 원한다면 당신은 절대적인 권력을 가진 중앙집권적인 정치적 권위가 필요하다. 그런 막강한 정치적 권력을 개인이 소유하고 있든 의회가 소유하고 있든 상관없다. 그런 권력이 존재하고 영향력을 발휘한다면 욕망을 추구하는 모든 사람들은 리바이어던에 대한 경외심과 공포를 가지고 자신의 행동을 제어할 것이며 이는 내적 질서와 외적 공격에 대한 방어를 유지하는 기반이 될 것이다. 즉 사람들은 자신과 같이 모든 권리를 포기한 다른 사람들의 공격으로부터 자신의 생명과 사유재산을 보호하기 위한 안전을 보장받는다. 이렇게 개인들은 계약을 통해 자신의 자연권을 기꺼이 중앙권력에 양도하며 중앙권력은 유일한 강제적 권력의 소유자가 된다. 여기서 중요한 점은 계약은 사회를 구성하는 개인들 간에 성립하는 것이며 통치자(지배자)는 계약의 당사자가 아니다. 리바이어던의 권력으로부터 벗어나거나 그 권력을 다른 리바이어던에게 양도할 수 없으며 리바이어던이 사회계약을 깨는 것은 불가능하다는 것이다. 왜? 계약을 깨는 순간 양도된 권력은 존재할 수 없는 것이다.

이러한 차원에서 홉스는 기존에 지배적이었던 군주의 신성권 즉, 왕의 신성한 권위는 신이 보장한다는 논리를 교묘하게 거부했다. 정부는 개인이나 집단을 자의적으로 제어할 수 없으며, 정부는 인민들의 합의를 통해 설립되었고, 이로부터 나온 주권이 군주에게 양도된 것이므로 결국 군주와 정부는 인민들의 자연권 보장을 위해 힘써야 함을 주장했다. 물론 인민은 다시 불안정한 자연 상태로 돌아가지 않으려면 리바이어던이라고 불리는 개인들의 계약에 의해서 창출된 국가에 절대 권위를 부여함으로써 복종해야 한다고 하였다. 무조건적 복종에 문제가 없을까라는 질문에 홉스는 다음과 같이 얘기한다. "모든 국민들(피지배인들)이 리바이어던의 창조자이기 때문에 리바이어던이 유해하게 혹은 부당하게 행동하는 것은 불가능하다."

홉스는 리바이어던의 통치하에서 주체의 권리에 대한 문제로 논의를 이어간다. 만약 리바이어던이 개인들의 생명을 박탈하려 한다면 사람들은 자신들을 보호하기 위해 리바이어던에 저항할 수 있다. 국가가 개인의 자유와 생명을 침해하려고 할 시에는 그 권위에 복종하지 않아도 된다는 거부권을 인정함으로써 사회 계약과 주권 양도의 목적을 분명히 한 것이다.

그런데 이러한 혁명권은 실제로 개인들이 국가권력에 봉기를 일으킨다기보다는 개인들이 강력한 저항을 통해 자기보호 권리를 가지고 있다는 것을 의미한다. 왜냐하면 모든 피지배자들이 리바이어던의 창조자이기 때문에 리바이어던을 벌하거나 죽이는 것은 창조 정신에 위배되는 것이기 때문이다. 그런데 실제로 만약 누군가가 기존의 리바이어던과의 전쟁에서 승리하여 자신이 통치자가 되어 평화와 질서를 보장할 수 있다면 그것은 정당하다(홉스는 이 같은 주장을 통해 찰스 1세가 처형된 이후에 자신이 새로운 통치자인 크롬웰에게 충성하는 행위를 정당화하였다). 그런데 이 경우에 새로운 리바이어던은 사회계약을 통하여 성립된 것이 아니라 폭력적, 강제적 전복에 의해 만들어진 것이다. 홉스식의 논리를 따르면, 이라크의 후세인이 평화를 유지하면서 자신이 관할하던 쿠웨이트를 외국의 공격으로부터 보호할 수 있다면 그는 새로운 리바이어던이 될 수 있다. 쉽게 말해, 리바이어던의 정당성은 자신의 존재이유를 증명하는 능력과 권한을 성공적으로 수행할수 있느냐에 달려 있다. 만약 리바이어던이 자신의 권력을 통해 전체에 대한 권위를 유지시킬 수 있다면 그는 그럴 자격과 권리를 가진 것이다. 즉 홉스는 권력이 권리를 만든다고 이야기하였다.

질문: 홉스는 자연 상태에서 안전하고 지속적인 사회와 보호체제를 유지하기 위한 사람들의 약속을 사회계약으로 불렀지만, 홉스도 그것을 가상적인 것으로 생각했을 것 같습니다. 즉, 자연 상태에서 실제로 모든 사람들이 같은 날에 한 곳에 모여 누군가를 왕으로 옹립했을 것이라고 믿지는 않았을 것 같아요. 사회계약은 실제로 정복과 혁명에서 시작되었을 것인데, 맞나요?

답: 홉스는 이 문제에 대해서 명료한 대답을 제시하지 않았습니다. 정교한 이론체계 대신에 홉스는 당대의 정치경제적 번영을 가져오는지가 정치적 정당성의 중요한 근거임을 강조했습니다. 한편, 로크는 사회계약 유지에 대해 불가피성을 강조하면서 사회계약은 사후적인 정당성의 근거임을 우회적으로 표현했습니다. 즉, 인민들이 통치 권력을 전복시킬 수 없다면 그들은 그런 통치하에서 살아갈 수밖에 없고 이는 결국 그런 권력의 유지와 승인에 사람들이 암묵적 계약과 동의를 한다는 것을 의미합니다. 어떻게 보자면, 로크는 사회계약이 가상의 것임을 분명히 했다고 볼 수 있지요. 그런데 로크의 이런 주장은 현대사회에서는 그다지 적합하지 않아 보입니다. 어떤 정치권력을 몰아내지 못하는 것이 힘의 열세에서 불가능하기 때문인지 아니면 인민들이 그런 지배체제에 암묵적 동의를 하고 있기 때문인지가 "현대사회에서는 맥락이 다르기 때문입니다." 현대 민주주의 사회에서 사람들은 정기적인 선거에서 투표를 통해 정치세력을 몰아낼 수 있기 때문에 잘못된 지배체제에 대한 암묵적 동의는 존재하기 힘듭니다. 하지만 1960년대 미국

민들 다수는 베트남전 참전에 대하여 적극적으로 반대하기보다는 침묵하였고, 36대 리차드 닉슨(Richard Nixon) 대통령은 침묵하는 다수는 암묵적 동의라며 베트남전을 확전하였던 것이었습니다.

홉스는 실제로 사회계약이 있는지 없는지를 별로 상관하지 않았다. 그가 관심을 가졌던 것은 통치자가 내적 질서를 유지할 수 있고 외부로부터의 침략에 대한 방어를 제공해 줄 수 있는 능력을 가졌는가 여부였다. 만약에 통치자가 그런 능력을 가졌다면 상업 자본주의는 번창할 수 있을 것이다. 강력하고 유능한 통치자에 의해 보호받는 사람들은 치안과 안보, 사회적 혼란 등을 걱정하지 않고 자신의 사업에 집중할 수 있기 때문이다. 이것이야말로 불확실성과 불안정성이 만연한 사회에서 통치자에게 원하는 것이다. 따라서 사회계약 자체가 중요한 것이 아니라 새롭게 등장하고 있는 상업 자본주의 사회의 작동을 위한 전제적 조건들을 통치자가 제공해 줄 수 있느냐가 중요한 것이었다. 실제로 홉스의 모델은 상업 자본주의의 경제적 체제와 절대적 지배자로서의 정치적 체제 사이의 동맹이었다. 즉 민주주의는 홉스의 모델에서 배제된다.

그러므로 홉스의 이론에서 민주적 요소들이 얼마나 직접 드러나고 있는지는 의문이다. 첫째, 홉스는 아마도 자유민주주의를 승인하지 않았을 것이다. 개인들은 홉스식의 리바이어던과의 관계에서 거의 권리를 가지고 있지 않기 때문이다. 실제로 유일한 권리는 자신의 생명과 재산을 보호하는 것이다. 리바이어던은 법을 만들고 정부를 운영하여 관료들을 임명하고 사유재산을 규제하는 등의 절대 권력을 행사할 수 있는 존재이다. 이론적으로 리바이어던은 모든 사유재산과 개인의 권리를 박탈하여 자신에게 귀속시킬 수 있지만 이를 실행하지 않을 것이라고 전제한다. 실제로 절대군주의 지지자들은 통치자가 사유재산을 지켜줄 것이라고 믿고 통치자의 절대 권력을 지지하고 정당화한다. 더욱 직접적으로 말하자면, 리바이어던은 경제적 번영과 유지를 위한 토대를 제공하며 이 조건을 충족시킬 경우에 개인들은 리바이어던에 충성을 다한다. 이 같은 주장은 원리상으로 중상주의 이론과 유사하다. 중상주의 아래서 통치자는 모든 종류의 경제적 조치와 규제(수입, 수출, 임금, 가격, 생산, 과학, 착취, 공적 사회간접시설 등을 통제)를 행사할 수 있기 때문이며 중상주의 정책은 사실상 신흥 상인계급에 우호적인 정책이었다. 그런데 홉스적 정치이론은 상업 자본주의로부터 태생한 자유민주주의와는 어울리지 않았다. 17세기에 새롭게 등장한 상업 자본주의의 일반적 경제적 자유는 국가의 역할을 최소한으로 규정할 뿐만 아니라 사유재산을 가진 개인의 권리를 양도할 수 없는 것으로 규정하는 것이 일반적이었기 때문이다.

둘째, 정치적 자유에 대해서도 홉스의 리바이어던은 상당한 억압을 유지할 것이다. 리바이어던은 자신의 통치권과 공동체를 유지하기 위해 모든 사람들의 의견과 실천을 관리한다. 그리고 불온한 의견과 사상을 제시하는 모든 사람들을 체포하고 처형할 권리를 가진다. 당연히 이것은 근대적 자유민주주의 사상과는 합치하지 않았다. 이렇듯, 홉스를 민주주의와 연계시키는 것은 힘든 일이다. 아마도 홉스의 사상 중에 유일하게 민주주의와 관련되어 있는 것은 과반수 시스템일 것이다. 홉스는 과반수 의사결정 체제에서 의회의 지배력을 가진 51%는 소수에 대해서 다수의 독재로 운영할 수 있다고 생각했다. 따라서 홉스의 통치자는 우리가 흔히 이야기하는 독재자로 불릴 수 있다. 왜냐하면 그의 통치 권력은 그 무엇에 의해서도 견제받지 않으며 속박되지 않기 때문이다.

홉스와 비슷한 의견이 주권론의 선구자인 장 보댕(Jean Bodin)에게도 나타난다. 그는 "주권을 가진 사람은 절대 권력을 영원히 갖는다"고 주장하였다. 만약 당신이 군주라면 당신의 통치권력(주권)에 제한은 없다. 그러나 보댕은 현명한 통치자는 사유재산과 상업 자본주의를 존중할 것이라고 강조했다. 왜냐하면 정치권력과 경제권력의 타협이 쌍방간에 훨씬 이익이 되기 때문이다. 상업 자본가들은 왕에게 세금과 정치적 지지를 제공하고, 이에 대한 대가로 왕은 사회간접시설, 사유재산 보호, 그리고 법과 질서를 제공한다. 왕과 상업자본가들은 각자의 이익과 권리 보호를 추구하기에 때로 이들의 협상은 난관을 겪기도 하지만, 계몽된 왕은 상업자본가의 고유한 권한과 사유재산을 존중하고 촉진할 것이다.

사실 왕이 사유재산을 존중하게 된다면 자신의 권력이 축소되거나 권한이 추락할 수 있다. 왜냐하면 상업자본가들은 공동체의 번영을 위해 감세 등 더 많은 요구를 하게 될 것이기 때문이다. 왕에게 있어 자신의 안전을 확실하게 보장하는 유일한 방법은 자신만이 부와 권력을 독점하고 다른 모든 사람들을 노예로 만드는 것이다. 그러나 이것은 현실적이지 않다. 현명한 군주는 자신을 절대적 통치자로 묘사하지만 상업 자본가들의 요구를 강력하게 억압하기보다는 용납 가능한 영역을 보장해주는 방안을 찾는다. 이것을 통해 절대권력이 아닐지라도 권력에 대한 안정적이고 지속적인 지지와 충성을 확보할 수 있기 때문이다. 지배층의 충성에 대한 대가로 많은 보상을 제공한 영국 헨리 3세와 엘리자베스 1세의 통치 행위가 대표적이다. 실제로 리바이어던은 묘사된 것과 달리 홉스와 보댕에게조차 절대적이지 않을 수 있다.

질문: 상업자본주의는 마르크스(Marx)와 베버(Max Weber)의 관점에서의 자본주의를 의미하는 것인가요?

답: 마르크스는 자본주의를 세 개의 단계(상업 자본주의, 제조업 자본주의, 그리고 산업 자본주의)로 구분하였습니다. 베버 역시 자본주의의 맹아로서 상업자본주의 단계를 예의 주시하고 있었습니다. 마르크스와 베버에게 16, 17세기의 지배적인 자본주의 형태는 산업과 제조업보다는 무역과 교환이었기 때문에, 따라서 상업 자본주의는 베버와 마르크

스 모두에게 적당한 용어일 것입니다. 물론 엄격한 마르크스의 정의에 따르면, 자본주의의 진정한 핵심요소는 자본과 노동의 관계의 등장이며 이 관계가 지배적인 원리로 정착되기 전까지 진정한 자본주의는 아닐 수 있습니다. 상업 자본주의 단계에서도 자본과 노동의 관계는 있지만, 이 관계가 핵심요소가 아니기 때문입니다. 마르크스주의자인 폴 스위지(Paul Sweezy) 역시 자본주의를 구성하는 자본과 노동관계의 중요성에 동의하면서 자본과 노동관계가 핵심 요소인 산업 자본주의는 19세기에 등장한다고 주장하였습니다. 16세기 자본주의는 교역, 교환 그리고 시장이 중심이었기에 우리가 익숙한 자본과 노동의 관계는 존재하였습니다. 당시 선대제도(putting-out system)는 각각 독립된 작업장과 도구를 지니고 있는 소생산자들에게 상인이 원료나 반제품, 도구 등을 먼저 지불하여 제품을 생산하게 하는 방식으로서, 상인들이 노동자들을 고용하고 그들의 노동을 이용하는 제도였습니다. 그러나 상인들은 노동자들을 고용하는 것 자체보다는 상품을 사고파는 것에 더 큰 관심을 가지고 있었습니다. 상업 자본가들이 부자가 되는 방법은 주로 싸게 물건을 사서 비싸게 파는 것이었기 때문이었죠. 자본주의 초창기에는 상업이 가장 중요한 요소였으며 마르크스는 이를 상업 자본주의라고 불렀으며, 19세기 전까지 자본주의는 완전히 만개하지 않았다고 보았습니다.

3) 자유주의자 로크(Locke)의 세 얼굴

고전적 자유주의 사상에 있어 실질적으로 그 시작의 문을 연 것은 로크라고 할 수 있다. 계몽주의의 자유와 평등사상에 영향을 받은 로크는 홉스와 마찬가지로 개인을 분석단위로 시작하였다. 그는 자연 상태에서 정부의 존재에 앞서 개인을 기술하였는데, 로크의 주장에 있어 큰 특징 중 하나는 홉스는 자연 상태의 인간의 본성을 이기적 존재로 보았지만 로크는 이성적인 존재로 보았다는 점이다. 로크는 본질적으로 모든 개인들은 자연 상태에서 자유와 평등을 누리는 가운데 타인의 생명, 자유, 사유재산에 피해를 끼치지 않으면서 자신들의 목표를 추구할 수 있는 방법을 이성적으로 결정할 수 있는 준사회성(semi-sociality)을 가지고 있다고 보았다.

　　로크의 정치경제 사상은 그의 가장 유명한 저작인 『통치론(Second Treaties of Government)』에서 중도와 관용을 기반으로 제시되었다. 17세기 후반의 내전의 황폐를 경험한 로크는 절대적 권력을 가진 정부보다는 제한된 권력을 가진 정부(제한된 입법부 권력)를 새로운 정치 체제로 제안하고 동시에 상업 자본주의를 권장하였다. 로크는 기본적으로 자본주의가 절대왕정과 봉건제를 무너트린다는 신념 속에서 홉스보다 상업 자본주의에 더 헌신적이었다. 결과적으로 로크는 절대권력 정부를 비판하였다. 로크는 찰스 2세 시대에 중도와 평화를 주창하는 저작을 집필하여 찰스 2세로부터 추방당했다.

　　로크의 사상은 급진적, 보수적, 자유주의적인 요소를 모두 가지고 있었으며 이것은 그의 사상의 장점이지만 내적인 일관성 문제를 지적받기도 했다.

존 로크 John Locke (1632~1704)

　　영국의 철학자이자 정치이론가이다. 로크는 영국 서머셋 주에서 태어났다. 로크는 웨스터민스터 학교에서 수학한 후, 옥스퍼드의 크라이스트 처치 칼리지에서 학위를 수여받았다.

　　로크가 착상한 사회계약론은 정치사상사 발전의 중요한 계기가 되며 이후 자유주의 발전에 가장 큰 영향을 미쳤다. 로크는 인간의 본성과 자연 상태에 관하여 홉스보다 긍정적으로 평가했다. 요컨대 로크는 인간은 본래 합리적인 존재이며, 자연 상태에서의 인간 집단은 공공선을 추구하는 공동체에 가깝다고 판단하였다. 그러나 로크는 우연적 요소로부터 재산을 더욱 안전하고 효과적으로 지키기 위해서는 별도의 기관이 필요하다고 주장하였다. 즉, 사회계약을 통하여 국가를 출범시키자는 것이 그의 논지였다.

홉스와 달리 로크의 국가는 절대적 권력을 행사하는 기관이 아니었다. 로크는 분립된 권력을 입법부와 행정부가 이원적으로 점유하는 정부 형태를 제시하였다. 즉, 입법부는 법률을 정하며, 행정부는 그에 따라 통치를 하자는 것이 로크의 대안이었다. 또한 로크는 국가가 제 기능을 제대로 수행하지 못하거나, 혹은 국민의 재산을 안전하게 보호하지 못하였을 경우에는 국민에 의하여 계약이 파기될 수 있다고 주장하였다. 이런 혁명적 입장은 홉스보다 한층 더 단호하였다.

로크의 독특한 정치철학은 사유재산권 보호에 관한 신념으로부터 귀결된 것이다. 로크는 인간은 신으로부터 일정한 권리를 공평하게 부여받는바, 그 권리의 핵심은 사유재산권이라고 주장하였다. 이러한 지점에서 로크의 정치철학은 정치경제학의 중요한 기반이 되었다.

주요 저서로 「통치론」, 「관용에 관한 서한」 등이 있다.

급진주의자 로크

로크는 '모든 인간은 유일하고 전지전능한 조물주의 작품이기 때문에 이른바 어떠한 복종관계도 상정될 수 없다'며 '신 앞의 평등과 자유'를 강조했다. 만약 신이 우리를 창조했다면, 신의 선택에 맞게 인간이 존재해야 한다는 것이 신의 의도이다. 그리고 신이 인간에게 부여한 권리를 다른 누구에게 양도할 수 없으며 정부에게도 자연권을 양도할 수 없다. 즉 "모든 인간은 자신의 신체에 대해 소유권을 갖는다"고 주장하였다.

초기 로크의 이런 주장은 분명 민주적으로 급진적 함의를 가진다. 민주주의와 정치 참여에 대한 급진적 로크의 생각은 인간 본성에 대한 개념에서 시작된다. 홉스는 인간을 극도의 이기적이고 개인주의적이며 전(前)사회적이고 전(前)정치적인 존재로서 죽을 때까지 끊임

없이 더 큰 부와 권력을 추구하는 존재로 간주했다. 그런데 로크는 인간이 타인들에 대한 지배권을 욕망하는지에 대해서는 전혀 언급하지 않았다. 오로지 자연 상태에서 인간들은 완전히 평등하고 자유롭다는 것을 이야기했다. 그리고 도덕적 원칙이라는 자연법(the Law of Nature)의 존재를 인정하면서 이성은 우리에게 도덕적 원칙들을 이해하게 만들면서 타인의 자유를 침해하지 않는 한 사람들은 평화롭게 살 수 있다고 설명한다. 로크에 따르면, 다른 사람들을 간섭하지 말고 자기 방식대로 살아가는 자유를 추구하는 것이 이성의 가르침이다. 이것은 사람들이 자유로운 계약을 맺고 상대를 신뢰할 것을 바라는 바이다.

한편, 로크는 인간이 자유를 사랑한다는 홉스의 생각을 유지했다. 즉, 인간은 모든 종류의 개인적·경제적인 자유와 관계된 모든 것을 사랑하기 때문에, 정부나 다른 사람들의 침략으로부터의 안전을 추구한다. 로크에게도 자연 상태는 전(前)정치적이며 인간은 천성적으로 정치적 인간이 아니라는 것이다. 그런데 로크에게 자연 상태는 전(前)사회적이지는 않다. 즉, 마르크스가 19세기에 이야기했듯이 인간들은 완전히 고립된 존재는 아니며 다른 사람들과 일반적인 사회·경제적 관계로 서로 연결되어 있다는 것이다. 그런데 비록 사람들이 다른 사람들과 계약으로 연관되어 있어도 자연 상태에서는 그 계약을 강제할 정부가 존재하지 않는다.

홉스와 다르게 로크는 자연법을 통해 자연 상태에서도 사람들 간의 경제적인 관계를 부여했다. 그런데 개인의 자유를 사랑하며 지배권을 추구하지 않고 관용적이고 중도적이며 이성적이고 때때로 회합을 통해 종교적 숭배를 하거나 친밀한 이웃관계를 가지는 인간들이 왜 정부를 필요로 하는가?

이에 대해 급진적 로크는 노동의 중요성을 강조하면서 결과물(생산물)에 대한 자격과 권리를 논하였다. 로크에 따르면, 자연 상태 첫 번째 단계인 소유적경제로서 인간은 자신의 노동을 통한 결과물로서 재산을 보장받는다. 신에 의해 창조된 모든 인간들은 신으로부터 노동을 할 수 있는 육체·정신적 힘을 부여받았다. 따라서 인간은 신의 재산이며 타인의 생명과 재산을 보호하는 것이 신을 위한 특정한 의무가 된다. 신은 인간에게 욕구를 충족하고 생명을 유지할 수 있도록 지구, 즉 자연이라는 선물을 주었다. 인간 누구나 토지에 대하여 동일하게 접근할 수 있는 권리를 가진다는 것이다. 그리고 인간은 자본이라는 도구를 통해 자연을 변화시킨다. 17세기 생산에 있어 (1) 토지(자연, 천연자원), (2) 노동(육체적, 정신적 힘), (3) 자본(우리가 자연과 노동을 합쳐 창조한 도구) 이라는 물리적 3요소는 궁극적으로 모든 결과물(생산물)을 창출해내는 노동자의 위상을 강조하게 된다.

노동에 기반한 소유물과 소유 자격이론에 기초하여 급진적 로크는 오직 노동을 통해서만 소유할 권리를 가진다고 생각했다. 상속이나 약탈, 도둑 등은 소유할 권리를 부여하지 못한다. 즉 인간은 누구나 노동을 할 수 있는 정신적·육체적 능력을 소유하고 있으며, 이에 따르면 다른 사람이 당신의 노동의 열매를 가질 권리가 없고 재산을 공유하는 공동체의 개념도 존재하지 않는다. 각각의 개인은 자신이 노동을 통해서 획득한 사유재산(소유물)에 대한 적합한 권리를 가진다. 급진적 로크가 특별히 유산 상속에 대해 언급한 것은 없으며 유산 문제에 대해서는 보수적 로크가 많은 이야기를 했다. 다만 급진적 로크는 유산 상속이 개인들의 도덕적 태도와 노동 의지, 부의 불평등 등에 부정적인 영향을 미친다고 비판했다. 급진적 로크는 아마도 유산이 상속되는 조건 하에서도 "다른 사람을 위해서 충분히 남겨두어야 한다"고 강조할 것이다.

그런데 로크는 여기서 평등을 지향하는 중요한 단서를 붙인다. 당신은 다음의 두 가지 상황을 제외하고 당신의 노동을 통해서 얻은 소유물을 가질 권리가 있다. 먼저 생산물이 썩어 없어질 정도로 지나치게 소유물이 많아서는 안 된다는 것이다. 토마스 아퀴나스(Thomas Aquinas)는 만약 누군가가 당신이 배불리 먹고도 남은 음식을 가져간다면 그는 도둑이 아니라고 하였다. 17세기 영국에서 지주들이 모직물 공업의 발달로 양모값이 폭등하자 농경지를 양을 키우기 위한 목장으로 만드는 '인클로저 운동(enclosure movement)'에 의해 토지를 상실한 농민들에게 디거스(the Diggers)들은 사용하지 않는 미개간 혹은 황폐한 땅을 경작할 수 있는 권리를 가져야 한다고 주장하였다. 글자 그대로 '땅을 파는 자들' 디거스들은 수십 명이 소규모 집단을 이루어 황폐지와 공유지를 개간하여 경작하며 공동 생산과 공동 소유를 실현하고자 했다. 수평파(the Levellers)처럼 급진적이지는 않았지만 로크의 생각은 인간이 자신이 소비하지 못할 만큼의 사유재산, 소유물을 가질 권리는 없다는 함의를 강하게 품고 있다. 생산물이 남아 썩어지는 만큼에 대해서는 다른 사람의 접근이 자유로워야 한다. 그런데 이 경우에 생산물은 농산물을 의미하는 것으로 보인다. 두 번째로, 당신은 다른 사람을 위하여 충분할 만큼의 생산물 혹은 자원을 남겨야 된다. 이는 존엄한 인간으로서 부에 대한 사람들의 동등한 접근권을 강조한 것으로 이해할 수 있다.

이런 두 가지 조건이 충족된다면 엄청나게 큰 불평등이 일어날 확률은 매우 낮으며 사람들은 생계를 위한 기본적인 자산을 가질 수 있을 것이다. 구체적으로 가난한 개인이 더 부자인 사람에게 고용되어 노동을 할 수 있지만 그의 부당한 권위에 고개를 숙일 필요는 없다. 로크에 따르면 모든 사람은 자연과 그들의 노동을 결합시킬 수 있는 정신적, 육체적 힘을 가지고 있기 때문에 종속적인 인간관계로 들어설 필요가 없다. 인간은 자립적인 농부나 사업의 소유권자가 될 능력이 있다. 물론 어떤 사람은 다른 사람보다 더 근면하거나 검소할 수 있으며, 그 사람은 다른 사람보다 더 많은 소유물을 가질 것이다. 당신이 충분히 부지런하거나 현명하지 못하다면 당신은 당신의 집이 경매에 넘어갈 위험을 감수해야 할 것이다.

이제 우리가 애초에 제기한 질문 즉, 로크적인 개인과 사회는 왜 정부를 필요를 필요로 하는가? '사유재산 보호'라는 이유는 급진적 로크가 아니라 보수적인 로크의 답변이다. 만약 각자가 사유재산을 가지고 있고 그 차이가 아주 작다면 우리는 굳이 정부를 구성하면서까지 사유재산을 보호할 필요가 없다. 만약 인간들이 다른 사람을 지배하고자 하는 본능적인 욕망이 없다면, 그리고 인간들이 자연법을 따른다면(이성을 따른다면), 사람들은 다른 사람들의 삶에 개입하지 않고 각자의 삶을 자신의 의지와 계획에 따라 살아갈 것이다. 따라서 모든 인간이 적당한 재산을 보유하기 때문에 무산자로부터 유산자를 보호해야 하는 정부는 필요하지 않는다. 그럼에도 급진적 로크 역시 모든 사람이 항상 이성적이지 않기 때문에 정부가 필요함을 인정한다.

급진적 로크는 다음과 같은 특수한 이유로 정부가 필요하다고 말하고 있다. 첫째, 법을 준수하는 절대 다수의 사람들을 반사회적 인격 장애를 가진 야만적인 사람들로부터 보호하기 위해서이다. 정부의 필요성은 재산이 없는 사람들로부터 재산이 있는 사람들을 보호하는 것이 아니다. 상대적으로 평등한 사회에 있어서도 몇몇의 소시오패스(sociopath)는 존재한다는 것이다. 그런데 이것은 일반적인 규범으로부터의 개인적인 일탈일 뿐이다. 즉, 비록 대부분의 사람들이 상대방에게 피해를 주지 않고 이성적으로 살아가지만 그중 일부가 자신이 가진 부와 힘을 남용하여 타인에게 피해를 주는 경우가 있기 때문에 정부의 보호가 필요하다는 점이다.

둘째, 정부를 가지지 않는 것은 불편하다는 것이다. 인간의 삶과 사회의 편리한 운영을 위해서는 개인적인 수준보다 집합적으로 제공되어야 하는 규칙이 필요하다. 개인들은 자발적으로 공동의 규칙을 만드는 데 참여하는 수고를 굳이 하지 않을 수 있기에 규칙을 만들기 위해서는 정부가 필요하다. 만약 구성원들이 규칙을 어긴다면, 우리는 그 개인이 유죄인지 여부와 처벌 수준을 판단할 공동의 법률체계가 필요하고, 공동의 법률을 집행하고 재판과정을 감시할 집행부가 필요하다. 예를 들면, 야구게임에서 개인들은 자신의 충실한 역할을 수행하면 되지만 판정의 논란이 발생했을 때 각자가 심판이 될 수 없기에 서로 다른 입장들 간에 판결을 내리는 심판이 필요한 것과 유사하다. 따라서 구성원들은 계약을 통해 정부를 수립하고 정부는 규칙을 정하고 판결, 집행하는 등의 권력을 가지고 있다.

셋째, 한 사회의 구성원이 이성의 규칙을 충실하게 따른다고 하더라도 외부자(다른 사회 또는 국가)들은 그 사회의 규칙을 존중하지 않을 것이다. 우리는 폭력적인 외부의 공격으로부터 독립적인 개인 재산권자들을 보호하기 위한 연방의 권력을 가진 정부가 필요하다.

질문: 로크가 인간의 본성에 대해서 논할 때 그는 영국인의 본성에 대해서 이야기하였습니까? 만약 그가 보편적인 인간 본성에 대해서 이야기 하였다면 왜 외부의 침략군이 존재할까요? 단지 소수의 강도(개인적 일탈자)들만이 주변에 있는 것이 아닐까요?

답: 대부분의 경우 우리의 재산을 침략하는 집단들은 스페인 왕과 같이 다른 국가의 중앙 집중화된 정치권력자라고 할 수 있습니다. 스페인에 살고 있는 스페인 사람들이 영국인들과 다른 본성을 가지고 있는 것이 아니라 강력한 육군과 해군을 보유하고 있는 통치권력 집단들이 이성의 법칙에 예외일 수 있다는 말입니다. 따라서 영국민들은 자신을 서로에게서 보호하기보다는 국민국가를 이루어서 자신들의 이익을 침탈하는 외부의 적으로부터 이성적 개인들의 사회를 보호해야 합니다.

정리한다면, 로크는 인간이 자신의 노동에 의하여 축적한 것은 자신의 자산으로 소유할 권리가 있지만 이 권리는 자신의 필수적인 수요만 충족하는 것으로 제한되어야 한다고 주장했다. 그는 루소(Rousseau)와 마찬가지로 산업사회보다 작은 커뮤니티와 중소기업소유의 사회를 선호했다. 그에 의하면 자연 상태에서의 인간은 완벽한 자유와 평등을 누리며 복종도 통치도 존재하지 않는다고 한다. 그렇지만 그들은 자연 상태에서 자신들의 안전을 위하여 자신들을 통치

할 권력을 위임할 정부를 선택할 자유를 가지게 된다. 그러나 자본주의는 계급분파와 이익을 중시하게 되어 재산을 가진 자들만이 정부를 선택할 권리를 갖게 되었고 재산이 없는 자들은 정부를 선택할 권리를 갖지 못하게 되었다. 따라서 로크는 자본주의는 자유, 평등, 그리고 공동체에 위배된다는 비판적 문제의식을 가지고 있었다. 즉, 화폐, 상속, 임금노동에 기반한 부의 집적은 자본의 집중을 가져왔고, 지배 계급은 자산을 보호하는 입장에서 재산을 가지지 못한 자의 참여를 거부하게 된다고 주장한다. 그렇기 때문에 사유재산을 보호하는 자본주의와 모든 사람의 정치 참여를 필요로 하는 민주주의는 공존하기 힘들 수 있다는 것이다.

한편, 만약 정부가 독재권력으로 타락하거나(아리스토텔레스는 독재에 대해 법을 초월한 절대적 무소불위의 권력으로 정의하였다) 외부의 침략을 막아낼 수 없는 무능한 정부라면, 로크는 정부가 통치권좌에서 물러나야 한다고 주장했다. 개인들은 정부를 전복시킬 수 있는 권리를 보유하고 있기 때문에 통치자는 절대 권력이 아니라 제한된 권력을 가진 존재이다.

로크는 만약 혁명을 용납한다면 혁명이 항상 일어날 것이라고 비판한 사람들에게 재비판을 가했다. 첫째, 대부분의 통치자는 이성에 의해 생명, 자유, 토지를 보호하기 위해 필요한 권력에 기반해 통치를 할 것이기 때문에 국가전복이 일어나지 않을 것이다. 둘째, 대부분의 시민들은 혁명을 일으키는 것을 원하지 않는다. 왜냐하면 혁명을 성공시키기 위해서는 매우 많은 비용을 지불해야 하기 때문이다. 그래서 종종 권력을 부적절한 방식으로 사용하는 정부권력이 있을지라도 쉽게 국가의 전복이 발생되지 않는다고 하였다. 셋째, 용납할 수 없을 정도로 독재화된 통치자는 혁명을 통해 그들의 권력을 박탈하는 것이 마땅하다. 결론적으로 혁명의 권리는 아주 특수하고 극단적인 경우에만 사용될 것이라고 보았다.

보수주의자 로크

급진적 로크에 함축된 개념이 평등(Equality)이라면, 보수적 로크에게 중요한 개념은 재산(Property)으로 볼 수 있다. 급진적 로크와 달리 보수적 로크에게 사유재산은 가장 중요하고 거의 절대적인 위상을 차지한다. 로크가 자연 상태의 첫 번째 단계에서 노동의 생산에 따른 권리에 대한 소유적경제를 이야기했다면, 두 번째 단계에서는 자본가경제를 말한다. 보수적 로크는 자연 상태의 두 번째 단계를 거론하면서 사유재산의 중요성을 부각시킨다. 자연 상태의 두 번째 단계는 엄청난 불평등이 있다는 특징이 있다. 불평등의 한 가지 원인은 유산상속이다. 상속된 부로 인해 어떤 사람들은 훨씬 많은 재산을 축적할 수 있으며, 이는 사회의 불평등을 증대시킬 수 있다. 재산이 많은 사람들은 규모의 투자를 통해 대규모 생산이 가능하고 그 대규모 생산은 더욱 생산적이고 효율적이다. 따라서 큰 이익을 얻을 수 있는 대규모 자산가를 소규모 자산가가 시장경쟁에서 이기는 것은 매우 어렵다. 특정 시점이 되면 소규모 자산가는 대규모 자산가에게 고용될 것이고 이런 현상이 확산되면서 안정적인 생계를 위한 소득과 고용보장, 소유권 문제가 제기된다. 이 문제가 로크를 그의 두 번째 보수적 주장으로 변화하게 만든다.

그리고 하인의 생산에 대한 주인의 소유권에 대해 다루고 있다. 주인은 하인(혹은 노동자)을 고용하며, 주인으로서 하인이 생산하는 재산에 대한 소유권을 가진다. 하인들은 노동을 하지만 재산에 대한 소유권은 없고 주인을 위해 일할 뿐이다. 따라서 보수적 로크는 노동자가 자신의 생산물에 대한 정당한 권리를 가진다는 초기의 이야기를 포기하면서 자본가경제를 이야기한다.

로크는 화폐(money)를 기초로 하여 노동의 분업과 시장경제의 발전에 접근하였다. 돈은 썩지 않으며 축적이 가능하다. 따라서 썩지 않을 만큼만 소유해야 한다는 명제는 여기에 적용되지 않으며, 또한 '다른 사람을 위하여 충분할 만큼 남겨라'는 명제 역시 두 번째 단계에서는 사라지게 된다. 이제 재산 소유자들은 다른 사람들을 위해 재산을 충분히 남겨두기보다는 자본 축적과 토지 축적을 통해 더 많은 부를 추구하게 된다. 그런데 충분한 만큼의 것을 남겨두지 않는다면, 모든 사람들이 자기 소유물을 가지는 것은 불가능하게 되고 사람들은 생계를 위해 자신의 노동력을 고용주에게 팔아야 한다. 생산물이 노동자보다 소유자에게 귀속되면서 이제 소유물(property)에 대한 로크의 이론은 변화되었다. 사람들은 그들의 노동생산물에 대해서 소유권을 가지는 고용주를 위해 일하게 되며 이것은 자본주의적 계급구조가 시작되고 널리 퍼지게 됨을 의미한다. 고용주는 토지나 자본을 소유한 유산계급이 되며 노동자들은 그들의 정신·육체적 힘을 제외하고는 아무것도 가지지 못하는 무산계급이 된다.

인간 본성에 대해서도 보수적 로크는 근본적인 변화를 겪게 된다. 가난한 무산자들은 이성을 따를 확률이 유산자들보다 적고 도덕적 책임감도 낮다. 무산자들은 재산을 가진 사람들을 시기하고 부자들의 삶과 재산을 훔치려고 모의한다. 보수적 로크에게는 계급 분화에 의해 구조화된 일종의 홉스적 세계가 존재한다. 이제 이성은 자연상태를 떠나 유산자들의 재산을 보호할 정부를 설립하기를 원한다. 급진적 로크에게 정부의 존재이유가 비이성적인 소수의 사람들의 공격으로부터의 방어를 통해 공동의 이익을 보호하는 것이었다면 보수적 로크는 무산자들의 공격으로부터의 재산소유자들의 보호를 정부가 필요한 핵심적인 이유로 제시하는 것이다. 즉, 아담 스미스(Adam Smith)의 유명한 비유였던 "부유한 자들은 단 하룻밤도 평온하게 잠들지 못할 것이다. 심지어 지역경찰대가 가난한 사람들의 약탈로부터 자신들의 재산을 보호할 것을 알고 있어도 말이다." 이것이 보수적 로크가 추가한 정부의 중요한 기능이다.

이제 우리는 정부의 역할과 계급적 성격에 대한 질문과 대답을 모색해볼 것이다. 사회계약을 통해 성립된 사회에서 정부는 심판의 역할을 맡는다. 그렇다면 심판이 중재해야 할 게임의 선수들은 누구인가? 보수적 로크에게 심판의 대상은 재산을 가진 모든 사람들의 갈등이며 개인들이 소유한 독립적 재산의 격차일 것이다. 정부는 사유재산을 소유한 유산자들의 재산을 보호하는 동시에 사람들의 생명과 자유까지도 보호하기 위하여 설립되었기에 재산을 소유한 양의 차이일 뿐 정부의 역할적 측면에서 모든 사람은 동등한 보호를 받는다. 하지만, 생명과 자유에 관해서 모든 사람들이 정부 정책의 주요한 대상이 될 것이지만 보수적 로크는 사유재산을 소유한 자의 자격과 권리를 명백하게 우선시했다. 보수적 로크는 사유재산을 소유한 사람과 그렇지 못한 사람들의 존재를 날카롭게 구별하기 때문에 정부가 관여하는 주요 대상은 재산 소유권자들 간의 분쟁이며 모든 구성원들에게 관심을 갖는다기보다는 자본가 대 자본가 또는 자본가 대 지주의 관계 및 형평성을 심판한다. 초기 자본주의 형성 과정에서 가장 중요한 정치경제적 사건은 새롭게 등장한 자본가와 지주 귀족들 사이에서 발생되었으며 이때 심판자로서의 정부의 역할이 강조된다. 신흥 자본가들은 자신들의 부와 권력이 증대하면서 더 많은 권력과 높은 지위를 요구했고 지주귀족들은 전통적인 법률과 판결을 통하여 자본가들의 공세로부터 자신들의 기득권을 보호하기 위하여 노력하였다. 로크에게 있어 정부의 중요한 기능은 이런 유산자들 사이의 문제를 심판하는 것이었다. 이는 달리 말해, 사실상 재산이 없는 대부분의 무산자계급은 정치경제적 사안에서 배제되었다는 것을 말한다. 물론 살인이나 다른 범죄 같은 개인들 사이의 분쟁에 정부는 적극 심판자로서 개입한다. 그리고 여기에는 유산자(有産者)와 무산자(無産者) 사이의 분쟁도 포함될 것이다.

보수주의자 로크 역시 무산자에 대한 유산자들의 범죄(끔찍한 기아와 빈곤으로 내모는 것 등)를 처벌하는 것이 정의라고 생각했으며 이렇게 온정주의적으로 개입해야지만 유산자들의 반란을 초기에 봉쇄할 수 있다고 생각했다. 그러나 이것이 법의 공평성을 주창한 것은 아니었다. 당시에 법은 부자와 빈자 모두가 공공시설인 다리 아래에서 잠을 잘 수 없다고 금지하고 있지만 이것이 실질적인 법의 공평함을 의미하는 것은 아니다. 왜냐하면 이런 금지는 부자와 빈자 모두에게 공평하게 적용되지만 부자는 다리 밑에서 비를 피해 잘 필요가 없기 때문에 처벌받는 것은 오직 빈민들뿐이기 때문이다.

자유주의자 로크

자유주의자 로크는 보수적 로크와 급진적 로크를 혼합하기를 원한다. 급진적 로크가 규칙을 어기거나 부와 힘을 오용하는 사람들부터 모든 시민들의 자유와 안전을 위해 정부가 필요하다고 주장하는 반면에 보수적 로크는 정부의 가장 중요한 기능은 유산자들을 무산자들의 공격으로부터 보호하는 것이라고 주장한다. 자유주의자 로크는 두 가지 측면을 동시에 제시하고 있다. 정부는 무산자들의 공격으로부터 유산자들을 보호해야 하며 동시에 정부는 부패하고 탐욕적인 유산자들의 지배와 착취로부터 무산자들을 보호해야 한다는 것이다. 그러나 이런 주장이 무산자들이 정치적 주체로서 정부를 구성할 권리를 인정하는 것은 아니며 그들이 공직에 출마하거나 투표를 할 수 있다는 것을 의미하는 것도 아니다. 보수적 로크만큼은 아니지만 자유주의적 로크 역시 무산자들을 정치적 권리를 행사하는 유권자들로 간주하지 않았다. 급진적 로크는 자유롭게 태어난 모든 영국 남성들이 선거권을 가진다고 생각했지만, 자유주의적 로크는 아주 작은 재산이라도 소유한 사람만이 선거권을 가진다고 보았다.

자유주의자 로크가 주창한 정부는 유산자와 무산자 계급 모두를 보호하는 다원주의(pluralism)의 한 종류라고 평가할 수도 있을 것이다. 실제로 로크의 사회는 심판 역할을 하는 정부에 의해 집단들의 이익과 욕망들이 균형을 이루고 잘 조절되는 다원주의 사회이다. 물론 이런 사회에서 정부는 무산자들의 생명과 생계 같은 이익과 욕구에 반응하겠지만 이들의 보통선거권을 인정하지는 않을 것이다. 정치적으로, 로크의 사회계약은 모든 사람이 재산을 소유하고 정치에 참여하며 함께 자신들을 보호하는 집단적 의사결정에 관련된 보통선거 제도를 함축하고 있다. 로크는 모든 사람들이 함께 모여 만장일치로 계약에 서명을 한다고 주장하지는 않았다. 원칙적으로 정부의 설립자들에는 성인 남성이 전제되지만, 이들은 유권자가 될 수 있고 선거에 출마하여 당선될 수 있는 거의 동등한 기회를 가진다고 주장했다. 그러나 어느 정도의 재산을 가진 남성들에게 투표권을 부여해야 한다는 주장은 보수주의와 결합되어 고전적 자유주의의 민주적 한계를 노정하게 만들었다.

경제적 자유주의에 있어 로크는 자연 상태가 갖춘 풍족함 속에서 인간은 노동을 통해 자신에게 필요한 만큼의 충분한 양의 재산 소유가 가능함을 인정하였다. 단, 부를 축적할 때에는 그것이 과하여 상하거나 낭비되지 않는 정도에 한해서만 가능하며 나머지는 타인을 위해 남겨 놓아야 한다는 점을 강조하였다. 이는 분명히 평등의 가치를 강조하는 것이지만 화폐가 발명됨으로써 부의 무제한적인 축적이 정당화된다. 화폐가 썩지 않는다면 부의 축적은 정당화될 수 있다는 것이다.

경제적 불평등 문제에 대한 접근 역시 전환된다. 화폐를 통한 부의 무제한적 축척은 부를 소유한 개인이 다른 사람을 사서 종이나 노예로 부릴 수 있기 때문에 불평등의 문제가 발생한다는 점이다. 이런 상황 속에서 사람들은 개인의 자유와 평등, 그리고 생명과 재산의 침해에 대한 불안을 느끼게 된다. 때문에 이를 조정하고 규제하여 개개인의 자연권과 재산을 보호하기 위해 사회계약을 통해 정부의 수립이 필요함을 로크는 역설하였다. 로크의 저서 대부분이 17세기 후반에 쓰였다는 것을 감안한다면 로크에 있어 재산 축적을 정당화하는 것은 지주 귀족이 지배하던 봉건제도로의 탈피 속에서 많은 영주로부터 많은 대중에게로 부와 권리가 이동한다는 것을 의미할 수도 있을 것이다. 하지만 현실적으로 고전적 자유주의의 혜택은 신흥 부르주아들의 차지로 넘어갔다.

자유주의자 로크는 초기에 그가 설파했던 소유물 획득의 자격으로서의 노동을 더 이상 주장하지 않았다. 주인에게 고용된 하인이 정원을 손질했다고 해서 그 정원이 하인의 소유물이 되는 것인가? 로크는 이런 사례로서 하인을 고용한 주인에게 정원 소유권이 있음을 명료하게 강조한다. 하인은 다만 노동의 대가로 주인으로부터 생활할 수 있는 비용을 제공받는 것이다. 노동자가 노동을 했다 해도 생산물은 노동자가 아닌 공장을 소유한 자본가의 것이다. 급진적 로크의 관점에서는 이런 소유의 문제가 타인의 노동에 대한 범죄일 수 있지만, 자유주의적 로크에게는 자발적인 계약의 산물로서 누구나 주인이 될 수 있고 누구나 하인이 될 수 있다는 것이다. 이미 이 과정에서 개인의 자유를 보장했기 때문에 이후의 결과는 문제가 되지 않는다. 자유주의적 로크는 정원을 손질하는 하인은 자유로운 노동자라고 표현하고 있다. 그들은 자신들의 노동력을 주인을 위해서 제공하려는 자유를 가지고 있다. 이것은 여전히 자기 자신에 대한 소유권을 가지고 있는 무산자들의 자유이다. 고용주와 피고용인의 계약은 서로의 합의에 의한 것이며 피고용인은 고용주와의 계약을 파기할 수 있고 이것을 강제적으로 제한해서는 안 된다.

자유주의자 로크의 중요한 주장 중 하나는 자본의 축적과 발전에서 나오는 경제적 이익은 유산자들뿐만 아니라 무산자들에게도 낙수효과처럼 떨어진다는 것이다. (이런 아이디어는 이후에 아담 스미스의 책 『도덕 감정론(Theory of Moral Sentiments)』에서 이야기 한 것과 유사하다) 자본가를 포함하는 유산자들은 무산자들을 고용하고 그들에게 일자리를 제공하며 생계를 이어가게 만든다. 유산자들의 고용이 없었다면 무산자들은 실업자가 되어 비참한 삶을 살거나 굶어 죽었을지도 모른다. 더욱이 급속하게 확장하고 있는 상업 자본주의 사회에서 노동에 대한 수요는 더욱 많아질 것이며 이는 임금을 상승시킬 것이다. 결과적으로 노동자들의 생활수준은 더욱 향상될 것이며 예전의 정체된 중세사회나 심지어 독립적인 자영농 같은 작은 재산가로 구성된 경제체제보다 자본주의 사회에서 노동자들은 더욱 풍족한 삶을 즐길 수 있을 것이다. 그러므로 사람들은 자영농 같은 작은 규모의 재산소유자가 되기를 원하지 않는다. 1921년 대공황 시기에도 미국에서 대부분의 시민들은 자본가나 노동자가 아니라 작은 농장을 소유한 사람들이었다. 그러나 대공황 시기에 많은 농장들이 파산하였으며 농부들은 일자리를 찾기 위하여 도시로 떠났다. 그러나 그들은 이후에 고향으로 돌아갈 기회가 제공받아도 대부분은 기꺼이 도시노동자로서의 삶을 선택했다. 로크식으로 말하자면, 그들은 자본가에게 임금노동자로서 고용되는 무산자의 길을 택했으며 이는 재산을 가진 사람들만의 덕과 정치적 능력을 자발적으로 포기하는 것을 의미했을 것이다.

급진적 로크의 핵심 개념이 평등이고 보수적 로크에게 사유재산이었다면 자유주의자 로크에게는 자유이다. 자유는 유산자와 무산자들 모두에게 해당되며 이런 자유는 특히 정부와의 관계 속에서 부각된다. 제한정부론은 홉스와 달리 로크를 고전적 자유주의의 대부로 자리매김하게 만드는 핵심 개념이다. 홉스가 사실상 강력한 정치와 권위의 필요성을 강조한다면 로크는 정치적 권위의 필요성을 강조하면서도 근본적으로는 권력에 대한 제약과 해체를 지향한다고 볼 수 있다. 자유에 대한 가장 큰 위협은 홉스적 자연 상태에서의 다른 사람들의 욕망과 지배가 아니라 정부 자체이다. 로크는 정부 권력에 대한 3가지 제한을 설명하고 있다.

(1) 우리는 심판관으로 옹립한 통치자가 이성의 법칙에 따를 것이라고 기대한다. 만약 우리가 정부가 비이성적으로 행동할 것으로 의심했다면 우리는 정부를 세우지 않을 것이다. 자연 상태에서 대부분의 사람들이 이성적이기 때문에 독단적인 리바이어던은 필요로 하지 않다. 그럼에도 갈등과 분쟁이 발생하기 때문에 더 좋은 질서를 위해서 제한된 권력을 가진 심판이 필요한 것이다. 때문에 정부를 믿고 개인 간 계약에 기반한 정치적 권위를 위임하는 것이다. 자연법이

요구하는 이성의 원칙을 위반한 독단적이고 절대적인 정부는 이성에 모순되고 자연법에 모순된다. 이것은 자연스럽지도 우리가 원하지도 않기 때문에 정부를 전복하는 정당성의 기초를 제공한다. 그러므로 만약 이성적, 합리적 정부에 대한 시민들의 신뢰와 기대가 깨진다면 정부는 정당성을 상실한다.

(2) 즉흥적이고 자의적인 법령에 기반하는 권력은 통치를 맡을 수 없다. 자연 상태에서 우리는 종종 변덕스러운 사람들에 직면하고 그것이 이성적 질서를 위태롭게 만든다. 그래서 우리는 변덕스러운 사람들의 위협에서 탈피하기 위해 통치자를 세운 것이다. 그런데 이성적이고 연속성을 갖는 법에 기반하지 않고 자의적이고 변덕스럽게 통치하는 정부는 타락한 개인보다 훨씬 더 위험하며 자연 상태보다 최악의 질서를 제공한다. 자연 상태보다 더욱 악화된 국가에서 당신이 살아야 하는 것은 자연법과 이성의 원칙에 위배된다. 그러므로 당신은 그런 통치세력을 전복시키고 벗어날 권리를 가지고 있다.

(3) 정부는 소유주의 동의 없이 소유주의 재산 중의 작은 일부라도 빼앗을 수 없다. 로크는 개인이 사적 재산에 대한 자연권을 가진다고 주장하는바, 인민의 대표(다수)에 의해 동의된 세금만을 군주(정부)가 자연권을 침해하지 않고 가져갈 수 있다고 주장한다. 그런데 정부는 세금을 필요로 한다. 공동체 전체의 질서유지와 안녕을 위해서는 개인이 부담하지 못하는 공적 문제들을 세금으로 운영하고 해결해야 하기 때문이다. 다시 말해, 로크는 세금 없이는 정부를 운영할 수 없다고 말하는 것이다. 정부에게 세금은 국가 운영의 필요한 자원을 획득하는 방법이다. 20세기 보수주의 법학자 올리버 웬델 홈즈(Oliver Wendell Holmes)는 "세금은 문명화의 대가"라고 명료하게 주장했다. 문명화된 사회를 원한다면 당신은 정부를 반드시 설립해야 하고, 정부를 운영하기 위해서 당신은 자원을 지원해야 한다. 그러나 세금은 사람들의 과반수의 동의를 얻어야 정당성을 갖는다. 과반수의 원리는 자유주의적 로크가 제안한 매우 중요한 의사결정 규칙이다.

정치권력을 정당화하는 논리로 다수결을 끌어들인 점은 로크의 중요한 업적이다. 더불어 로크는 법에 의해서 군주의 권력을 제한하는 것을 지지한다. 로크는 무산자들보다 강력한 권한을 가진 정부에 더 큰 두려움을 느꼈다. 만약 홉스처럼 강력한 정부보다 무산자들에게 더 큰 두려움을 느꼈다면, 로크는 홉스와 유사하게 절대적 리바이어던을 지지했을 것이다. 그러나 로크는 노동자들이 혁명을 일으키지 않을 것이라고 생각했다. 왜냐하면 정부는 비록 노동자들'만'을 위한 정부가 아니지만 노동자들을 '위한' 정부이다. 또한 노동자들은 정부가 아니라 그들의 고용주들과의 동의에 기반해 계약을 맺는다. 더구나 노동자들은 상업 자본주의 경제로부터 이익을 얻는다. 만약 상황이 여의치 않다면, 노동자들이 공장을 떠나서 작은 독립적인 토지를 소유한 자영농이 되는 것은 가능하며, 그럴 수 있는 법적인 권리를 가지고 있다.

한편, 정부에 대한 반란을 정당화하는 자유주의자 로크의 논의 역시 이후의 자유주의 정치사상에 중요한 영향을 미쳤다. 개인들이 계약을 통해 구성한 사회(공동체)는 다수의 의지를 모아 집행권을 정부에 신탁하고 이것은 정당성의 기반이다. 정부 정당성의 근거는 개인 간 계약이 아니라 다수의 신뢰이다. 로크의 의도는 정부 권력 제한과 전복을 정당화하려는 의도였다. 정부가 인민으로부터의 신탁을 기반으로 권력을 갖는다면 인민은 권력을 철회할 권리를 언제라도 가질 수 있다. 즉 정부권력은 언제나 인민에게 속하고, 정당한 정부는 인민으로부터 신뢰에 의해서만 권력을 갖게 되는 것이다. 로크에게 정부가 동의(consent)에 기초한다는 것은 인민 다수의 동의를 통해 신뢰의 지속여부를 결정한다는 것이다. 이 경우 동의는 계약(contract)에 의한 동의가 아니라 정부에 대한 태도, 즉 신뢰와 기대에 따라 유지되거나 철회될 수 있는 동의이다. 이런 내용은 분명 정치적으로 급진적인 성격을 갖는다고 볼 수 있다.

로크가 살던 시대의 혁명의 분위기 속에서 그는 절대군주에 진실로 반대했을 것이며 이런 관점에서 그는 급진적 로크가 된다. 급진적 로크는 다른 사람이 사용하기에 충분할 양을 전제로 재산 소유의 범위를 설정했다. 이는 자연에 대한 만인의 동등한 접근을 강조한 것으로 분명 평등적 성격이 강하다. 그러나 로크가 급진적인 입장에서 보수적인 입장으로 그리고 자유주의적 입장으로 이동하면서 사람들의 동등한 접근권은 사라지거나 혹은 지극히 미약한 내용으로 축소된다. 정부조차 재산이 없는 사람들(자연에 대한 동등한 접근성을 가지지 못한 사람들)은 사실상 배제되고 유산자들에 의해 구성되었다. 그렇다면 무산자들은 왜 그런 사회의 구성과 정부에 동의할 수 있는 것인가? 달리 말해, 무산자들이 사회계약에 동의할 이유를 발견하기 어렵다는 것이다. 그러나 로크는 재산이 없는 사람들이 유산자와 무산자 사이에 불평등이 존재하는 사회에 동의하였는지 분명하게 짚고 넘어가지 않았다. 대신에 자유주의자 로크는 자본주의의 높은 생산성에 희망을 걸고 있다.

로크의 사상 안에는 이질적이면서도 연속성을 갖는 화두와 주장들이 존재하지만 이는 달리 보면 내적인 모순을 갖는다고 볼 수 있다. 급진적 로크는 논리적으로 자유주의적이고 보수주의적인 로크의 결론과 충돌할 가능성이 높다. 대신에 급진적인 로크는 보수주의적 혹은 자유주의적 로크에게는 낯설고 당황스러울 것이다.

로크가 급진적인가, 보수적인가, 자유주의적인가 하는 것은 역사적 맥락과 상황에 따른 것으로 이해할 수 있다. 그러나 보편적이고 평등한 보통선거권이 보장되는 현대 사회에서는 재산을 소유한 자유로운 모든 사람의 선거권을 주장하는 급진적 로크조차 보수적인 것으로 평가될 수 있다. 유산계급만의 선거권을 주장한 보수적 로크는 오늘날의 하이예크류의 신자유주의를 떠올리게도 만든다. 사실, 역사적으로 훨씬 전에 급진적이었던 사람들이 시간이 지나면서 자유주의적이거나 보수적인 입장으로 변화하거나 달리 평가받는 모습을 종종 보곤 한다.

① 급진주의적 얼굴
① 혁명의 권리보장 및 평등 강조
② 1단계 자연 상태: 소유경제, 평등, 토지에 대한 동일한 접근
③ 선거민은? 모든 '자유로운 사람들'

② 보수주의적 얼굴
① 사유재산에 대한 강조
② 2단계 자연 상태: 자본가경제, 불평등, 토지에 대한 차별적 접근
③ 선거민은? 유산계급

③ 자유주의적 얼굴
① (이성의 범주 안에서의 자유) 자유 강조
② 인구와 대표 사이의 적정비율을 가정하여 입법부의 우위 강조
③ 입법 권력의 제한

로크의 영향과 유산

절대권력으로부터의 자유와 귀족계급으로부터의 평등, 그리고 종교의 자유를 논한 로크의 주장을 현대적 의미로 정리한다면 다음과 같다. 자연권, 제한정부, 종교적 관용, 정부권력의 책임성, 법의 지배, 사적 재산권에 관한 이론 등 로크의 이론은 현대 자유주의 정치이론의 기본요소들, 그 핵심 요소를 포함하고 있으며 이후 자유주의 사상의 발전에 큰 영향을 미쳤다. 그러나 그의 이론의 다양한 측면들이 논쟁의 씨앗이 되었다. 자유주의 2세대로 칭하는 존 스튜어트 밀(John Stuart Mill), 벤담(Jeremy Bentham), 제임스 밀(James Mill) 등 19세기에 사상가들은 자유주의자 로크의 위상과 정체성에 두 가지 의문을 제기하였다. 첫째, 로크는 정부가 무산자들의 이익과 욕망에 반응한다고 하면서도 그들을 정치적 권리를 가진 온전한 시민으로 인정하지 않았다. 그렇다면 무산자들이 공평하게 대우하지 않는 사회에

그들이 협력할 것으로 어떻게 예측할 수 있는가? 존 스튜어트 밀은 로크를 비판하면서 노동자들 역시 정부 운영에 발언권을 가져야 한다고 주장했다. 둘째, 반대로 유산자들은 정부가 때로 무산자들의 이익에 봉사하는 것을 인정할 수 있는가? 그런 정부를 용납하는 자본가들의 동기는 무엇인가? 분명히 자유주의자 로크는 정부가 우선적으로 유산자들을 위한 권력임을 강조하면서도 다른 한편으로 유산자와 무산자 모두를 위한 정부이기를 원했다. 로크의 의의와 한계를 인정하면서도 19세기 자유민주주의자들은 로크 같은 고전적 자유주의가 사적 영역의 자유와 경제적 권리, 시민적 자유 등을 주창한 것만으로는 충분하지 않으며 민주주의가 보완될 때에 비로소 다수의 인구를 위한 자유도 보장될 수 있음을 강조하고 있다. 그러나 17, 18세기의 보수주의자들뿐만 아니라 자유주의자 로크 역시 일정 수준의 민주적 조치들은 역사적으로 새롭게 등장한 상업 자본주의의 발전과 안정을 파괴할 것으로 우려했다. 즉, 다수에 의해 구성된 정부가 사회발전을 방해할 수 있다는 것이다. 때문에 자유주의자 로크는 민주주의의 핵심인 보통선거권을 모든 성인남성까지 확대하는 것을 지지하지 않았다.

그럼에도 자유주의 형성에 기여한 로크의 핵심적인 주장들은 다음과 같다. 첫째, '제한 정부'론이다. 정부는 그 기능과 범위에 있어서 제한되어야 한다는 논리이다. 이것은 정부는 공공 또는 공공선을 위해 필요한 경우가 아니면 어떠한 행위에 개입할 수 있는 정당한 권위를 갖고 있지 못하다는 점을 시사한다. 왜냐하면 사유재산이 정부보다 우선이므로 정부의 권위는 그러한 자연적 권리를 보호하는 것으로 제한되어야 한다는 것이다. 또한 로크의 논리에 따르면, 정부의 지나친 권한 행사로 인해 개인의 자유가 제한을 받는다면 이는 사람들 사이에 자유와 평등을 누리며 살던 자연 상태보다 더 못한 상태가 되어 버린다. 정부의 수립 목적이 자연 상태에서 침해받을 수 있는 불안 요소들을 해결하기 위한 것이기 때문에 로크는 정부의 권한을 자연권과 개인의 재산 보호에만 한정하였다. 둘째, 통치자의 자의적인 지배가 아닌 법이 지배하는 법치(Rule of Law)이다. 로크는 정부는 아주 엄격하게 법에 의해 제한된 정당한 기능만을 수행해야 한다는 점을 강조했다. 임의적 통치는 자연 상태보다 더 열악한 상황을 의미하며, 합리적인 사람이라면 더 열악한 상황으로 몰아가는 사회계약에 아무도 참여하려 하지 않을 것이기 때문이다. 셋째, 정치사회의 권력을 나누어 각각 다른 기관에 분담시켜 견제와 균형을 이루게 하는 권력분립(Separation of Powers)이다. 국가가 법에 의한 통치에 구속되기 위해서는 권력분립이 이루어져야 한다는 것이다. 로크는 입법, 연방, 행정으로 권력을 분리했다. 입법부가 항상 개최중인 것이 아니기 때문에 행정부 권력도 필요하다는 것이다. 하지만 행정부가 권력을 찬탈하려는 유혹을 가질 수 있기 때문에 행정부는 입법권을 가져서도 안 되며 입법부의 일부이거나 아니면 분리되더라도 입법부 하위에 위치하여야 한다고 주장하였다. 따라서, 로크는 만일 입법부가 국민들의 삶, 자유 그리고 사유재산을 파괴하거나 몰수함으로써 신뢰 및 권력을 남용했을 경우에는 극도로 분개한 상황에서 정부를 해체할 수 있다는 점을 분명히 했다. 하지만 이 점은 전쟁상태로 치달을 수 있는 반란에 대한 두려움 때문에 반란을 방치하는 독트린이 될 수 있다.

질문: 무산자들이 주는 공포의 기초는 무엇인가요?

답: 산업혁명 이전에 보수주의자들과 많은 자유주의자들이 공유한 고전적인 두려움은 무산자들이 덕(virtue)을 가지지 못한 사람들이라는 것이었습니다. 정부는 덕을 갖춘 유산자나 귀족들에게 의해서 맡겨져야 합니다. 비록 부패한 귀족들이나 유능하고 정직한 노동자가 있을 수 있지만, 훌륭한 가문의 후손들이나 부자들, 교육받은 사람들이 덕을 갖출 가능성이 높으며 이들은 현명하게 통치할 수 있을 것이기 때

문입니다. 가난한 노동자들은 하루하루 노동에 매진해야 하기 때문에 이들에게 복잡한 국가업무를 맡기거나 기대하는 것은 현실적이지 않았습니다. 특히, 무산자들의 행동에 대한 엄격한 처벌이 없다면, 그들은 도덕관념이 없이 유산자들의 재산을 강탈하려 할 것입니다. 이것이 공포의 핵심입니다. 만약 민주주의를 받아들이게 되면 다수의 빈민들은 다수결로 법이나 정책결정을 내려 부자들에게 높은 세금을 부과하거나 과도한 복지 지출, 심지어 부자들의 재산을 몰수할지도 모를 것입니다.

로크 역시 이런 공포를 공유했던 것으로 보이며 때문에 정치는 유산자들에 맡겨져야 하며 민주주의를 최소한으로만 수용했을 것입니다. 이런 사고는 현대의 대의민주주의의 현실과 모순에도 영향을 미치고 있습니다.

4) 낭만적 민주주의자, 루소(Rousseau)

루소는 홉스와 로크에 직접적 영향을 받았으나, 지나친 이성적 추론에 반대하며 감성적 정치사상의 시대를 열었다. 루소는 그 자신이 자본주의에 대해 명료한 정치적 주장을 전개하지 않았을지라도, 자본주의는 계급의 이익을 대변하게 되기 때문에 민주주의의 자유원리에 위배된다고 생각했다. 그는 소유란 자신의 필요와 자신의 노동에 기초해야 하는데 자본주의 하에서 인간은 자신의 노동으로부터 소외되며, 과도한 부를 소유한 계급이 가난한 계급을 구속하는 일이 행해질 수 있다고 비판하였다. 공화주의 사상의 선구자인 루소는 정치적인 측면에서 개인들의 이익의 합을 아우르면서도 그뿐 아니라 그것을 초월하는 공동체 전체를 이롭게 하는 일반의지가 시민사회의 균형과 공동체 전체의 조화를 이루는 동시에 개인들의 자유의지를 관철할 수 있다고 주장했다. 이러한 개인적인 자유의지를 초월하는 일반의지의 통치성을 위해서는 정부가 일반의지를 지키기 위하여 절대적 불평등을 해소하는 역할을 해야 할 의무가 있다고 주장했다.

프랑스의 철학자이다. 루소는 스위스 제네바에서 태어났다. 루소는 젊은 시절, 여러 직업을 전전하며 방황하다가 프랑스 디종 시(市)의 학술원에서 주최한 논문공모전에서 수상한 후, 문필가로서 이름을 떨치기 시작한다.

루소는 당대를 풍미한 계몽철학에 대한 비판자였다. 우선 그는 이성과 계몽이 아닌, '의지'를 주목하였다. 루소에게 있어서 의지는 이성과 감정과 구분되는 인간 본성의 한 국면이었다. 예컨대 의지는 어떠한 것을 추구하거나, 회피하는 것 혹은 어떠한 것을 지지하거나 반대하는, 일종의 내적 작용을 의미하는 것이었다. 그리고 이 의지가 공동체 차원에서 단일하게 결합할 경우, 이를 '일반의지'라고 칭하였다. 일반의지는 사적인, 혹은 당파적인 이익에 추동된 것이 아니라 각자 내면의 빛에 따른 행동과 선택이 공동체 차원으로 발현한 것이었다. 그리고 루소는 이 일반의지가 국가와 공동체의 기초가 되는 중핵으로 판단하였다.

또한 루소는 소박한 삶을 영위하는 평범한 인민에 기대를 건 학자였다. 이는 당대의 엘리트주의적인 계몽철학자와는 구별되는 또 다른 지점이었다. 루소는 공동체의 올바른 운영이 평범한 인민에 의해서도 달성될 수 있다고 보았다. 루소의 이러한 인간관과 사회관에서는, 불평등의 당위를 도출하는 것이 오히려 난망한 일이었을 것이다. 그러나 당위와는 별개로 불평등은 현존했으며, 루소는 그 기원을 경제적 맥락에서 설명했다. 요컨대 문명이 발달하면서 기술은 발달하며, 생산능력은 증대된다. 이 과정에서 빈부격차가 발생하며, 양극화는 불평등의 기원이 된다는 것이 그의 통찰이었다.

루소의 대안은 바로 '자연'으로 돌아가라는 것이었다. 이때의 자연은 문명의 부재를 의미하는 것이 아니다. 자연은 소박한 삶, 즉 평범한 인민이 영위하는 삶을 의미한다. 계몽주의가 탁월한 엘리트를 주목했다면, 루소는 평범한 인민을 주목하고 진보의 희망을 발굴한 철학자였다. 주요 저서로「인간 불평등 기원론」,「사회계약론」,「에밀」등이 있다.

루소가 비록 일인이나 소수에 의한 통치형태도 가능하다고 이야기는 했지만 그는 농업중심주의 사회에서 많은 사람들이 농지 등 재산을 가지고 있으며 그런 대다수의 인구가 참여하는 정부가 견고한 민주주의(Robust Democracy)를 발전시킨다고 역설했다. 이는 급진적 로크의 민주주의 개념과 유사하다. 루소에게 경제적 독립은 인간의 존엄성과 주체성을 위한 필수적인 토대가 된다. "어느 누구도 다른 사람을 돈을 주고 살 만큼 부유해질 수 없고 자기 자신을 다른 사람에게 팔 만큼 빈곤해질 수 없다." 여기서 루소는 노예제에 대해서 이야기하고 있는 것이 아니라 노동력을 사거나 팔아야 하는 자본주의 원리에 대해 논하는 것이다. 그는 인간으로 존재하기 위해서 근본적인 조건이 있다고 주장했다. 이 조건 중 하나가 바로 독립성(independence)이다. 인격적 독립성은 존엄한 인간성의 필수적인 조건이기 때문에 당신이 노예나 임금 노동자가 된다면 당신은 더 이상 경제적으로 독립적일 수 없고 이는 결국 존엄한 인간으로서 고유한 당신의 영혼은 말살되는 것이다. 그래서 루소는 "자기 자신을 노예로 파는 것은 무의미하다"라고 말했다.

1941년에 만들어진 영화 "악마와 다니엘 웹스터(The Devil and Daniel Webster)"를 보면 루소의 문제의식이 잘 형상화되어 있다. 이 영화에서 한 농부는 자신의 영혼을 악마에게 판다. 그러나 그의 변호사 웹스터는 직접적으로 루소의 말을 인용해서 그 계약이 의미가 없다고 변론한다. 웹스터는 다음과 같이 주장한다. 첫째, 영혼은 인간으로부터 분리될 수 없으며 자기 자신을 노예로 파는 것은 헌법에 위배된다. 둘째, 만약에 영혼을 파는 것이 가능하다고 해도 영혼은 개인이 몸담고 있는 공동체(그의 가족, 이웃, 그리고 동료 시민들) 속에서 형성되었기 때문에 그런 공동체에 의해서 소유된다. 그렇기 때문에 악마에게 영혼을 판 계약은 무효이다. 루소는 각각의 개인은 각자가 권리와 의무를 가지고 있는 도덕적 공동체의 일원이라고 주장한다. 이런 루소에게 악마의 금전을 추구하는 부르주아는 비판이 대상이 될 수밖에 없다. 루소는 당시의 시대적 배경에서 공동체는 제쳐두고 돈만 아는 '부르주아'라는 천박한 인간군이 등장해 급속히 확산되는 현상에 주목했고 이것을 두려워했기 때문에 교육을 통해 새로운 인간형을 창출하고자 『에밀(Emile)』을 쓰게 되었던 것으로 이해할 수 있다.

　　루소는 자연 상태라는 개념을 긍정적 또는 원초적으로 사용했다. 자연 상태에서 인간은 자유롭게 태어나기 때문이다. 즉 야생에서 동물의 삶에 자유가 있는 것처럼 자연 상태에서 인간은 연민(compas-sion)의 감정과 합리성(rationality)을 가진 존재이며 선천적인 자유를 가지고 태어난다. 자연 상태에서 자연적 불평등은 존재하나 자연에 대한 인간의 생존노력에 의하여 사라지며, 지배와 복종과 같은 정치적 불평등은 존재하지 않기에 평화롭다. 그런데 그것은 글자 그대로 자연적 상태이며 선, 악이 없고 지배와 복종도 없는 무지의 행복이며 마치 동물과 같은 가공된 지식이나 욕망이 아닌 본능에 충실한 상태이다. 또한 가족이나 공동체 같은 사회적 개념 역시 존재하지 않는다. 그런데 인간은 합리적 판단에 의해서 점차 진화하면서 소유와 사랑의 관념을 발전시키게 되고 집과 가족을 갖게 되었으며, 생존의 원천으로서의 토지에 대한 소유권을 주장하게 되면서 다른 사람의 입장을 자신과 같다고 이해하던 연민의 감정이 욕심으로 대체하게 된다. 인간의 불평등은 소유의 관념에서 비롯되었으며, 그 불평등은 기만적인 사회계약을 통하여 성립된 재산권과 법이라는 토대에서 영원히 지속되게 된다. 이러한 불평등 속에서 더 많은 부를 소유한 사람은 다른 사람을 지배할 수 있게 되어 결국 인간은 타인에게 종속(dependency)

되게 된다. 자연 상태에서 인간은 자유롭고 평등하고 행복했지만, 과학의 발달로 새로운 기술을 터득하게 되어 추가 이득이 늘게 되면서 유산자는 부를 더 축척할 수 있게 되며 예술의 발달로 아름다움을 추구하는 인식의 변화는 사치와 욕심으로 승화되었다. 결국 유산자와 무산자로 나누어지는 빈부의 격차가 심화 되면서 사회구조가 잘못된 방향으로 진화됨에 따라 도덕적인 자연 상태가 부패하고 타락하게 되면서 서로서로 사슬에 얽매이고 불평등하고 불행하게 된 것이다. 그 결과 "자연은 인간을 행복하고 선하게 만들었으나 사회는 인간을 타락시키고 비참하게 만든다."고 주장하였다. 사회를 구성하고 정치가 시작되면서 돈과 권력의 불평등이 생기고 이것이 인간을 타락시키는 핵심적 요인이다. 소위 진보와 발전에 기반해 사회와 정치가 만들어지면서 지배, 착취, 억압, 부패, 사치 등이 생겨 인간은 사슬에 구속받게 되고 자연 상태의 자유로운 상태로 돌아가고 싶어도 돌아갈 수 없게 된다.

루소의 유명한 명제처럼 "인간은 자유롭게 태어났지만 이내 도처에 쇠사슬에 묶이게 되는 것이다." 쇠사슬이 인간을 어떻게 얽매는 가? 어떤 사람들이 노예 소유주로서, 봉건영주로서, 자본주의 고용주로서 다른 사람을 지배할 때, 이런 사슬들이 인간을 속박한다. 만약 우리가 이러한 관계로부터 해방된다면 즉, 모든 사람이 작은 재산이라도 가지고 있는 경제체제를 만들어 평등한 민주적 관계를 만든다면, 우리는 이러한 사슬로부터 자유로울 것이다. 그러므로 우리는 아마도 사회·정치적 상태의 사슬을 끊기 위해 우리가 할 수 있는 최고의 방법을 알아낼 수 있을 것이다. 그렇다고 도덕적으로 자유로운 자연의 상태로 돌아갈 수는 없다. 그렇다면 대안은 무엇인가? 루소에게 정부(정치)와 사회는 분리시킬 수 없는 상호 연관되어 있는 것이었다. 루소는 사적분야와 공적분야의 구분을 부정하면서 이기적 인간들의 자발적 결합체인 시민사회의 실용적 측면보다는 우애를 바탕으로 한 하나의 도덕적 공동체 혹은 유기적으로 조화된 사회(공동체)를 동경하였다.

　루소는 민주주의가 정부의 한 형태가 아니라 사회에서의 삶의 한 형태라고 생각했다. 개인들은 각자의 권력보다 훨씬 더 크고 개인들이 가진 권력의 산술적인 총합보다도 더 큰 공동체의 집합적 권력을 만드는 데 공동의 참여자가 된다. 개인들은 서로 유대감과 동료애를 가지게 되고 그들의 관계는 더 이상 이기적일 수 없다. 그들은 공동체 속에서 관계를 보살피고 서로에 대한 의무를 수행해야 하는 도덕적 동물이 된다. 그들은 자신들의 자연적 자유를 고차원적인 시민적 자유를 위하여 포기한다. 그들은 고립적인 자유가 아니라 자기 자신과 사회의 주인이 되는 도덕적 자유를 얻는 것이다. 자연적 자유는 자연의 섭리에 의해서 제약받지만 시민적 자유는 일반의지(the General Will)에 의해서 제약받는다. 루소는 욕망에 예속되는 것은 노예가 되는 것인 반면에, 사회에 의해서 만들어진 법에 복종하는 것은 자유롭게 되는 것이라고 주장하였다. 그런데 사회의 법은 누가 만드는가? 홉스와 로크 모두 법 제정의 주체는 정부나 국가로 보았다. 로크는 제한된 정부를 의미한 반면 홉스는 절대정부를 제시하였다. 그런데 루소는 구성원들 각자가 법을 만드는 데 참여한다고 보았다. 개인들은 공동체의 시민권(citizenship)을 통해 평등한 공동체의 일원으로 통합되고, 각 개인의 단순한 의지와는 다른 일반의지가 생겨난다. 일반의지는 개인적 의지의 산술적 총합이 아니라 전체의지로서 공익의 체현인 것이다. 법은 일반의지의 표현이며, 정부는 일반의지의 집행기관으로서 공동사회의 신탁 업무를 수행한다. 인민은 전적으로 일반의지에 따라야 한다. 그러나 이것은 지배와 복종관계가 아니고 진정으로 선택한 올바른 자기 자신의 의지를 따르는 것이다. 이러한 일반의지는 인민전체의 의사이므로 양도될 수 없으며 불가분하다.

　루소는 군주나 개인적인 통치자가 아닌 직접적으로 민주적인 공동체의 운영을 위하여 제안과 아이디어를 제공할 수 있는 입법권력의 바람직함에 대해서 논한다. 루소는 "각 개인들의 의지가 전체의 일반의지를 대표할 수 없는 것처럼 일반의지는 구체적인 목적을 위하여 개인들의 본성을 변화시킬 것이다."고 주장했다. 루소는 일반의지가 개인의 삶 속에서 성생활 같은 사적인 부분이나 자유 혹은 재산과 관련된 구체적인 것에 대해서 법률화하는 것을 허락하지 않았다. 대신에 일반의지는 공동체의 일반적 복지를 촉진하는 일반적인 규칙만을 판단할 것이다. "의지를 일반의지로 만드는 것은 시민의 숫자가 아니라 그들이 연합하도록 하는 공동의 이익이다."

로크와 홉스는 선출된 의회가 공동체 의사결정을 위한 투표를 해야 한다고 주장한다. 특히 로크는 과반수 결정이 정치공동체의 올바른 방향이며 그 결정이 권위를 갖는다고 주장하였다. 그런데 과반수 결정이 왜 옳고 그것을 전체가 따라야 하는지에 대해서는 명확히 설명하지 못했다.

루소 역시 과반수 의사결정 규칙을 부정하지 않았으며 과반수 규칙이 일반의지를 결정할 수 있는 수단이 될 수 있을 것이다. 그러나 투표를 하기 전에 모든 사람은 다른 사람의 관점, 욕구, 이익, 문제점 등을 이해할 수 있는 노력을 해야 하며 선택 가능한 모든 대안들을 모색해야 한다. 그런 과정에 기반하여 토의와 토론을 거쳐서 합의에 도달해야 한다. 합의를 통해 규칙이 채택되고 이행된다. 이런 과정이 원만하게 이루어졌을 때, 합의의 과정에서 소외되어 불평을 늘어놓는 사람들 없이 우리는 하나의 공동체로 통합될 수 있다. 결정이 된다면 우리는 단순히 합의를 받아들이는 것을 넘어서 열정적으로 합의를 지지할 도덕적 의무가 있다. 만약 토의 이후에도 만장일치에 도달하지 않는다면 오로지 그 경우에 투표를 해야 한다. 투표 결과에 기반해 일반적 합의가 도출될 수 있을 것이다.

투표를 통해 일반적 합의를 도출하는 것은 다음의 조건을 충족할 때이다. 첫째, 투표 전에 각각의 개인은 자신의 고정된 이익을 추구하기 위한 투표 행태를 고집하지 않고 열린 마음으로 투표에 임해야 한다. 둘째, 투표를 할 때 개인은 자기 자신의 협소한 이익에 기반해 투표하지 않으며 공동체에 이로운 의지를 고민하면서 자기 자신보다는 공동체 전체를 위하여 최선의 방안에 투표해야 한다. 만약 이두 가지 조건이 충족된다면 만장일치가 없다고 해도 투표는 행해질수 있으며 과반 의사결정이 만장일치 합의에 가까워질 것이다. 이는과반수가 항상 옳다는 것을 의미하지는 않는다. 현대 민주주의 이론가들이 주장하는 것처럼, "민주주의는 과반이 항상 옳다고 주장하지않는다. 그러나 장기적인 관점에서 대부분의 이슈에 대해 과반의 찬성은 한 사람이나 소수의 결정보다 잘못되지 않을 가능성이 높다."예외가 있을 수는 있으나, 전체적으로 과반수가 지지한 결정은 일반의지와 공공선에 더 가까운 결과를 만들어낼 가능성이 높다. 이런 맥락에서 루소는 개인들의 자유가 바람직하다고 생각하지만 진정한 자유는 다수가 만든 법에 복종하는 것이라고 주장했다. 다수가 참여해만든 법이나 정책에 저항하는 사람은 자유로운 존재가 아니라 욕망의 노예일 뿐이다. 결국 도덕적 의무로서의 정치참여가 적극 권장되는 이유인 것이다. 어떤 의미에서 루소는 급진적 로크와 유사한 측면이 많다.

2. 고전적 정치경제학과 시장경제

일반적으로 사회사상가들은 그가 살던 시대를 반영하려는 경향이 있다. 벤담(Bentham)이나 고전적 자유주의자들의 사상에 당시의초기 자본주의 사회가 심대한 영향을 미쳤다는 것은 의심의 여지가없다. 그러나 비록 그들의 담론들이 시대를 반영한다고 해도 그들은시대를 앞서 정치와 경제의 발전을 선도한 측면도 크다. 이것이 그들을 위대한 사상가로 칭송하게 만드는 이유일 것이다.

자본주의적 민주주의(Capitalist Democracy 또는 Capitalism Democracy)이론의 창립자 벤담은 자유주의적 자본주의와 민주주의를 결합시키는(Liberal Capitalist Democracy 또는 Liberal Capitalism Democracy) 것이 바

람직하고 자본주의 사회의 발전을 위해서 최고의 대안이라고 동시대 인들을 설득했다. 민주주의를 접목시킴으로써 자유주의적 자본주의 정치경제가 진보와 발전을 위한 가장 최적의 기회를 제공할 것이라고 기대했다. 이런 정치경제적 질서가 자본가들뿐만 아니라 최대 다수에게 최대의 행복을 제공할 수 있다는 것이다. 현재로서는 우리에게 익숙하거나 혹은 보수적으로 느껴졌을 고전적 자유주의 경제이론이 당시의 지배 계급에게는 매우 낯설고 과격하며 평등주의적인 것이었다. 그래서 종종 철학적 급진주의로 불리기도 했다. 그들이 급진주의자로 불리게 된 이유는 시대적 모순과 문제의 핵심을 지적하고 극복하기를 원했다는 점, 실천적·제도적으로 개혁을 추구했다는 점에 있다.

고전적 자유주의자들은 인간을 과거의 죽은 손(dead hand of the past) — 전통, 관행, 관습적 제도들 — 의 구속으로부터 자유롭게 만들고 해방시키기를 원했다. 하지만 지난 수백 년 동안 진화하고 발전되어 온 기존 제도들, 전통과 관습들, 사회적 구성, 계급관계들, 사회형태를 보존하고 싶어 하였던 고전적 보수주의자들을 화나게 만들었다. 대표적으로 에드먼드 버크(Edmund Burke)는 기존의 체제를 무너트린 프랑스 혁명에 대한 그의 고찰에서 정중한 기사도의 시대는 가버리고 협잡꾼, 회계사, 경제학자, 시정잡배들의 시대가 왔다고 개탄하였다.

고전적 자유주의자들은 구태의 제도들, 즉 봉건주의로부터 자유로워지는 것을 핵심 목표로 삼고 있었다. 영국에서 봉건주의 질서의 와해 및 신질서의 형성은 이미 17, 18세기에 활발하게 이루어졌다. 영국사회의 자유주의적 특징은 제레미 벤담의 행복한 관찰 속에서 잘 묘사되어 있다. 절대군주가 아니라 헌법적 군주가 존재하고, 군주에 의한 자의적 통치 대신에 선출된 대표자들의 의회가 통치를 주도했다. 정부권력의 독단적이고 변덕스러운 행동 대신에 표현의 자유, 언론의 자유, 종교의 자유 등이 허락되었다. 16세기와 17세기 중반까지 세계를 지배한 영국 정부는 국가경제를 규제(수출, 수입, 임금, 가격, 생산 등에 대한 통제)하기보다는 자유방임주의까지는 아니더라도 점점 더 자유로운 시장경제를 향하여 나아가고 있었다. 이러한 시장경제는 개인들이 자기 자신의 이익을 추구하고 이러한 개인들의 상호 교류의 행위가 전통이나 종교적 제도들 혹은 정부에 의해서 이루어지는 것이 아닌 비인격적인 법과 시장 교환 과정을 통해서 이루어지는 경제체제를 의미했다. 시장은 도덕적이고 문화적인 규범들을 최소화함으로써 개인들의 전통적인 역할과 기대들의 틀을 넘어서 자신의 정체성을 개발하게 된다는 것이다.

벤담이 자유주의적 자본주의에 대해 보다 민주적으로 변화되어야 한다고 주장하였을 때 자유주의적 자본주의의 발전은 이미 기정사실이 되어 있었다. 이론적 수준뿐만 아니라 유럽의 경우를 보게 되면 역사적 현실에서도 봉건제의 퇴장과 함께 자본주의(Capitalism)가 자유주의의 전통과 함께 등장하면서 자유주의적 자본주의(Liberalism Capitalism)로 발전되었다. 하지만 시장에서의 경쟁, 노동력의 상품화, 사유재산권 보장, 개인의 이익추구 등은 빈부격차를 심화시켰다. 이는 자본가와 노동자의 갈등으로 사회불안 요소의 원인이 되었고, 대안으로서 노동자들의 정치적, 경제적 자유를 보호받도록 목소리를 낼 수 있는 민주주의와의 접목이 시도되었다. 사유재산을 인정하면서 국가의 역할을 통한 재분배(복지 정책)와 정치참여를 보장하는 자유주의적 자본주의 민주주의(Liberalism Capitalism Democracy)로 진화하였다고 볼 수 있다. 물론 자유주의와 자본주의, 민주주의 흐름 중에서 어떤 것이 먼저 주도권을 가졌고 우세했는지에 따라 변화의 양태는 차이가 있을 것이다. 미국의 경우를 볼 때 봉건제의 경험도 없었고 성인남성의 보통선거권이 이미 19세기 초에 제도화되었다. 그리고 그 당시 미국경제는 경제적으로 독립된 작은 규모의 소유주 중심의 경제였다. 결국 미국은 자유주의 이상 실현을 위하여 유럽으로부터 신대륙에 정착하게 한 자유주의를 바탕으로 한 정치적 경제적 자유를 보장받는 민주주의(Democracy)가 더불어진 자유주의적 민주주의(Liberalism Democracy)로 시작되었다고 볼 수 있다. 산업화는 노예제와 소박한 소유주의 경제가 전복된 남북전쟁 이후에 주로 이루어졌다. 유럽에 비해 상대적으로 낙후한 미국입장에서 자본주의 경제제도의 출현은 경제발전을 위한 선택이었으며 어떻게 산업자본주의를 자유민주주의 체제에 접목시킬지가 관건이었다. 이러한 과정에서 미국은 자유주의적 민주주의 자본주의(Liberalism Democracy Capitalism)로 진화되었다. 결국 자유주의적인 것과 민주주의적인 것이 서로 접목되어 경제적 토대로서 자본주의 사회에 영향을 가하면서 자본주의는 더욱 자유주의적이며 시장중심으로 변화되었다고 볼 수 있다.

우리가 자본주의와 자유민주주의가 결합된 1990년대의 미국에 익숙해 있기 때문에, 자유민주주의적 정치체제를 가진 자본주의에 익숙한 경향이 있다. 그래서 우리는 모든 자본주의가 자유주의적이고 민주주의적이라고 생각하는 경향이 있다. 그러나 실제로 모든 자본주의가 이런 정치적 특징을 갖는 것은 아니다. 16세기의 자본주의는 권위주의적이었다. 또한 제3세계의 많은 나라들과 나치 독일, 파시스트 스페인, 우리나라의 유신체제 등 역시 자유민주주의 국가가 아니었다. 오히려 수백 년의 자본주의 역사의 초기에는 권위주의적 자본주의가 지배적인 형태였으며 영국의 자유민주주의적 자본주의는 역사에서 이례적인 것이었다. 이는 비자유주의적, 비민주적 자본주의의 역사적 모순을 극복하기 위한 노력과 진화의 결과였다. 보통 우리는 자유민주주의(Liberal Democracy)라는 정치 이념적 수사를 사용하는데, 민주적이지 않은 자유주의 사회도 존재할 가능성도 충분히 있다. 분명히 초기 단계의 자유주의적 자본주의 사회 혹은 18세기 영국은 아직 충분히 민주주의적이지는 않았다. 19세기에 이르러서야 우리는 이 세 개념의 합류지점에 도달할 수 있었다.

다음 절에서 살펴볼 마르크스의 분석을 미리 원용한다면, 시장과 경제의 관계를 기준으로 경제체제 유형이 구분될 수 있다. 첫 번째 기준은 경제가 시장에 의해서 지시되는지(예: 18세기 자유방임 자본주의) 아니면 비(非)시장 지시적인지(예: 중상주의(Mercantile Capitalism))가 중요한 기준이다. 시장 지시적(market-directed) 경제는 경제의 운용과 경제적 주체들이 철저하게 시장의 논리와 요구에 반응하여 작동하는 것을 의미한다. 즉, 시장이 경제에 지시적인 역할(directive role)을 수행하는 것이다. 사람들이 경제적 영역에서 무엇을 어떻게 해야 하는지가 시장의 지시에 의해서 안내되고 규제된다. 로버트 달(Robert Dahl)과 찰스 린드블럼(Charles Lindblom)은 『정치, 경제, 그리고 복지(Politics, Economics and Welfare)』에서 시장-지시 경제가 무자비한 시장독재라고 비판했다. 가격과 경쟁에 의해 작동하는 시장경제는 행위자들의 선택을 무제한 보장하는 자유-극대화 경제인 것처럼 보이지만, 그것은 인간의 삶과 생존, 존엄성을 전혀 고려하지 않는다는 것이다. 시장의 규칙과 이에 기반한 비인격적인 법률들은 인간을 특별한 존재로 간주하지 않기 때문이다. 만약 당신이 7살짜리 굶주린 아이를 키우는 병든 어머니라면, 다급하게 찾아간 병원에서는 당신에게 보험이 있는지 먼저 물어볼 것이며, 만약 당신이 병원비를 낼 수 없다면 병원의 서비스를 받지 못한다는 것이 시장-지시 경제의 원리이다. 시장 경제의 규칙은 자비가 없다. 왜냐하면 시장에는 주인이 존재하지 않기 때문이다. 시장의 지시적인 성격은 아담 스미스의 『국부론(The Wealth of Nations)』에서 명료하게 묘사되고 있다. 『국부론』에서 아담 스미스는 시장에서 행위자들은 오직 자기 자신의 이익을 쫓아 움직이고 있으며 그들이 선하거나 악한 의도를 가졌는지는 전혀 문제가 되지 않는다. 예를 들어 제빵업자가 빵을 파는 것은 본인의 이익을 위한 것이지 누군가를 배부르게 하기 위한 이타적 행동이 아닌 것이다. 1911년에 조셉 슘페터(Joseph Schumpeter)는 『경제 발전의 이론(Theory of Economic Development)』의 첫 번째 장에서 다음과 같이 말한다. "자유주의적 자본주의 시장경제에는 의미 있는 지도자들이 필요 없다. 왜냐하면 모든 개인 사업자들과 소비자들은 시장의 수요-

공급, 가격에 의해서 지시받기 때문이다."

두 번째 기준은 생산수단의 소유와 통제가 사적 수준과 사회적 수준에서 작동하는지 여부이다. 사적으로 생산수단을 소유하고 통제한다는 것은 자본주의의 핵심 원리이고 회사나 공장, 자원 등 핵심적인 경제수단들을 개인이나 사적 집단이 소유하고 독립적으로 운영한다는 것을 의미한다. 생산수단의 사회적 소유와 통제는 국가나 공적인 조직들이 생산 수단을 소유하고 운용하면서 결과적으로 경제를 집단적으로 통제한다는 것을 의미한다.

두 가지 기준을 놓고 볼 때, 시장 주도적이며 생산수단의 소유가 사적인 사회의 대표적인 사례는 미국이다. 시장 주도적이며 생산수단의 사회적 소유의 대표적인 사례는 과거 헝가리이다. 비시장-지시적이며 생산수단의 소유가 사적인 사회는 우리나라의 유신체제나 나치 독일이다. 비시장-지시적이며 생산수단의 사회적 소유 형태인 국가는 구소련이다. 이 외에도 생산수단의 소유관계, 노동 분업 등도 경제체제 유형을 구분하는 중요한 기준이 된다.

그림 2-1

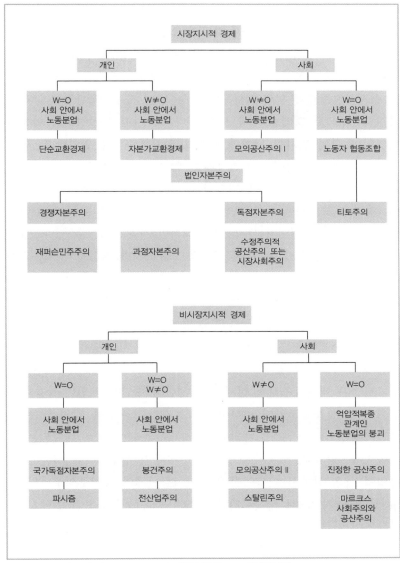

시장지시적 경제

개인 / 사회

| W=O 사회 안에서 노동분업 | W≠O 사회 안에서 노동분업 | W≠O 사회 안에서 노동분업 | W=O 사회 안에서 노동분업 |

단순교환경제 / 자본가교환경제 / 모의공산주의 I / 노동자 협동조합

법인자본주의

경쟁자본주의 / 독점자본주의

재퍼슨민주주의 / 과점자본주의 / 수정주의적 공산주의 또는 시장사회주의 / 티토주의

비시장지시적 경제

개인 / 사회

W=O / W=O W≠O / W≠O / W=O

사회 안에서 노동분업 / 사회 안에서 노동분업 / 사회 안에서 노동분업 / 억압적복종 관계인 노동분업의 붕괴

국가독점자본주의 / 봉건주의 / 모의공산주의 II / 진정한 공산주의

파시즘 / 전산업주의 / 스탈린주의 / 마르크스 사회주의와 공산주의

w=o : 노동자 소유권   모의공산주의 I : 시장지시적
w≠o : 노동자 소유권 없음   모의공산주의 II : 중앙통제

시장지시적 경제와 비시장지시적 경제를 구분한 도표이다. 생산수단을 개인 또는 사회가 소유와 통제를 하느냐는 것이 우선적으로 고려되어야 된다. 개인이 노동자로서 소유권을 갖는 단순교환경제(4장에서 재산을 소유한 평등한 사회를 주장하는 제퍼슨민주주의 참조)와, 현재 우리사회에서 흔히 볼 수 있는 개인이 노동자로서 소유권을 갖지 않는 경쟁자본주의와 독점자본주의로 구분되는 자본가교환경제 그리고 과점자본주의로 형태로 나타날 수 있다. 그 사이에 일정수입 이상의 기업이 정부의 인가를 받아야 하는 법인자본주의가 위치한다. 미국 민주당의 유력 정치인인 엘리자베스 워런(Elizabeth Warren) 메세추세스주 상원의원이 2018년에 발의한 기업의 공공성, 노동자의 경영참여, 경영자 보수제한 등을 포함한 '책임 있는 자본주의법(Accountable Capitalism Act)'이 법인자본주의의 구체적인 사례로 볼 수 있다. 시장지시적 경제 안의 생산수단은 사회가 소유하지만 노동자의 소유권이 없는 수정주의적 공산주의와 시장사회주의로 볼 수 있는 노동분업에는 산업 안에서 이루어지는 모의공산주의 I 이 존재한다. 다음으로 생산수단은 사회가 그리고 노동의 분업은 산업 안에서 이루어지지만 노동자가 소유권을 갖는 과거 유고슬라비아의 티토주의로 대표되는 노동자 협동조합이 있다.

다음은 비시장지시적 경제이다. 생산의 수단은 개인이 소유하고 산업 안에서 노동분업이 이루어져 노동자가 소유권을 갖지 않는 파시즘(우리나라의 유신체제를 이렇게 보는 시각도 존재한다)으로 대표되는 국가독점자본주의와, 노동자의 소유권이 유무인 경우가 병행하는 노동분업이 사회 안에서 이루어진 산업화 전 단계인 봉건주의로 구분할 수 있다. 마지막으로 생산수단을 사회가 소유하지만 산업 안에서 노동분업이 이루어진 중앙통제방식의 스탈린주의로 대표되는 모의공산주의 II 가 존재한다. 마지막으로 생산수단은 사회가 그리고 노동자가 소유권을 갖으며 노동분업의 붕괴로 더 이상 억압적 복종관계가 사회 안에서나 산업 안에서도 존재하지 않는 진정한 공산주의인 마르크스 사회주의 또는 공산주의로 나눌 수 있다.

　이런 기준을 고려할 때, 자본주의 경제 체제는 사회적 소유권 대
(對) 사적 소유권, 비시장지시적 대(對) 시장 지시적, 노동자와 소유자
가 동일한 경우 대(對) 서로 다른 경우, 압제적이고 복종적인 노동의
분업 대(對) 자발적인 친(親)노동 분업을 기준으로 비교될 수 있을 것
이다.

질문: 저는 비시장적 조건 아래서 자본주의가 있을 수 있다는 것을 몰
랐습니다. 어떻게 가능할까요?

답: 물론 어떤 사람들은 비록 노동자나 소유자가 아니며 산업에서 노
동 분업이 있어도 만약 강력한 힘을 가진 정부가 경제를 규제하고 통
제하고 있다면, 그것은 더 이상 자본주의가 아닌 파시즘이라고 주장합
니다. 이러한 권위주의적 자본주의 경제는 자본주의의 가장 분명한 특
징(시장 원리에 충실)이 없는 반면, 고전적 자본주의는 시장 경제와 밀
접하게 결합되어 있습니다. 시장중심이냐 비시장중심이냐 하는 요소는
맥락과 상황 속에서 중요성이 달라집니다. 마르크스는 자본주의의 가
장 중요한 특징은 노동자들이 소유주가 아니라는 데 있다고 주장하였
습니다. 시장 경제를 가지고 있다고 해도 노동자가 기업을 소유한다면
자본주의가 아닐 수 있다는 것인데요. 다른 측면에서, 만약 시장이 사
라지거나 혹은 엄격하게 규제된다고 하더라도, 노동에 압도적인 우위
나 권력을 가진 사적인 자본주의적 소유권이 존재한다면, 이 경제체제
는 자본주의 경제와 고전적으로 연결된 강력한 요소가 있다고 할 수
있습니다.

---

3. 자유주의적 자본주의와 아담 스미스(Adam Smith)

1) 이익들의 조화로운 시장의 원리

권위주의적 자본주의는 자유민주주의적 자본주의자들에 의해서 잔혹한 형태의 자본주의로 묘사될 것이다. 역사적으로 19세기의 자유민주주의적 자본주의자들은 상업자본주의의 권위주의적 성격으로 인해 상업자본주의를 매우 잔혹한 자본주의로 여겨왔다. 자유민주주의적 자본주의자들의 관점에서 자본주의는 19세기에 들어와서 완전하게 성숙된 형태로 꽃을 피웠다. 만약 자유주의적 자본주의가 자유민주주의 자본주의의 부분으로 전제된다면, 우리는 자유주의적 자본주의의 고전적 이론에 대해서 살펴볼 필요가 있다.

고전적 자유주의는 정치적 요소들(자유주의적 로크의 제한된 정부, 선출된 대표자들의 의회, 혁명의 권리, 시민적이고 정치적인 자유들)에 대해서 이야기해왔다. 자유주의적 자본주의 역시 개인과 관련된 사회의 경제적 이론을 가지고 있다.

벤담은 시장 경제의 규칙들에 따라 운영되는 하나의 사회와 경제라는 자유주의적 자본주의를 상정하였다. 시장 경제의 규칙들에는 두 가지 형태가 있다.

① 자기 이익의 규칙(the rule of self-interest)

첫 번째 형태는 자기이익의 추구이다. 벤담과 밀은 이 개념을 극단까지 가지고 간다. 이 개념의 극단은 마치 인간은 이기적이라 보는 홉스적 사고에 가깝다. 개인들은 글자 그대로 순수한 개인들이다. 그들은 사회적인 감성이 전혀 없다. 만약 필요하다면 다른 사람의 쾌락을 희생시키고 다른 사람에게 고통을 주면서까지 그들은 그들 자신의 부와 권력을 추구하기를 원한다. 인간은 이성적이라 여기는 로크와 비슷한 관점을 지닌 아담 스미스는 덜 극단적이다. 로크는 사람들은 준(準)사회적이라고 주장한다. 스미스는 동정(sympathy)이라는 개념을 도입하여 인간은 다른 인간을 동정하는 존재로 간주했다. 그래서 동정은 사람들을 협력하게 만들고 통합하며, 심지어 다른 사람과 상호간 유대감을 가지게 하는 매우 강력한 원동력이라고 주장하는 스미스는 벤담이나 밀보다 덜 극단적이다. 스미스는 로크보다도 인간 존재가 훨씬 더 사회적이라고 믿었다. 그러나 이들 사상가들에게 개인은 자기 이익 추구가 매우 강하며 개인들은 그들의 부와 권력을 경제적·정치적으로 확대하기 위해 노력한다는 생각을 공유하고 있었다.

　　자기 이익을 묘사하는 한 가지 방법은 사람들이 자유를 가지고 있다고 말하는 것이다. 사람들이 사익추구를 한다고 말하는 다른 방법은 그들의 자유를 실현시키는 것이다. 고전적 자유주의는 자기 이익과 자기 이익을 실현시키기 위한 개인의 자유를 위해 정부를 탁월하게 끌어들인다. 즉, 정부는 집단적 이익을 실현시키기 위한 개인의 권리를 보호할 준비가 되어 있다는 것이다. 그러므로 일반적으로 갖지 않은 자들이 추구하는 시민적 권리(Civil Rights)와 가진 자들이 추구하는 시민적 자유(Civil Liberty)는 묘하게 대비된다. 자유에 있어 우리는 자기 이익을 추구한다. 그리고 우리는 정치적 권위에 의해서 자유를 추구할 권리를 보호받는다. 이런 용법에 따르면, 자유는 경제적이고 권리는 정치적이다.

질문: 소극적인(negative) 자유와 적극적인(positive) 자유는 어떻게 구분되나요?

답: 자유는 때때로 무엇으로부터의 자유(from liberty)인지에 따라 규정되곤 했습니다. 홉스는 만약 당신이 당신의 자유를 실현하기를 원한다면 당신은 자유를 위하여 리바이어던의 보호를 받아야만 한다고 말하였습니다. 즉, 리바이어던은 당신의 자유를 위해서 당신이 지불해야하는 비용이며 의무라고 할 수 있습니다. 반면 로크는 리바이어던이 당신의 자유를 짓밟을 수 있으며 자유의 실현을 막을 수 있다고 생각

하였습니다. 로크는 우리의 자유 실현을 침해할 수 있는 정부의 권력을 제한해야 한다고 주장하였습니다. 홉스나 로크에게 자유는 소극적으로 이해되었습니다. 여기서 자유는 자기 이익의 실현에 대한 독재와 변덕스러운 침해로부터의 자유입니다. 로크는 유산자들에 대한 무산자들의 공격보다 정부의 침해를 더욱 걱정하였습니다. 그래서 로크는 입법부의 권력(구체적으로 유산자들을 전복할 수 있는 대중의 권력)을 제한하였습니다. 그러나 양자의 경우에 있어, 자유는 자기 이익의 실현에 대한 침해로부터의 자유라는, 소극적 의미로 이해되었습니다. 다른 측면에는 무엇인가를 향한 자유(liberty to)라는 개념이 있고, 이는 무엇인가를 적극적으로 추구하는 의미를 가지고 있습니다. 예를 들어 투표를 할 자유, 공직에 출마할 자유, 표현의 자유, 결사의 자유, 소비할 자유, 투자할 자유 등입니다. 존 스튜어트 밀은 적극적인 자유에 초점을 맞추었습니다. 그래서 특히 무엇인가를 할 수 있는 재능과 능력을 창조하고 연마하며 활동하는 자유를 강조하였습니다. 분명하게도 밀과 그의 계승자들에 있어, 자유는 소극적이기보다는 적극적으로 이해되었다고 할 수 있습니다. 이것은 그들이 사회에서 정부의 역할을 논할 때 중요한 영향을 미쳤습니다.

모든 사람들이 자유를 행사하며, 헌법적 권리를 통해 정부로부터 권리를 보호받는다면 어떻게 사회전체가 더불어 살 수 있을까? 우리 모두가 자아실현을 하게 된다면 무질서, 무정부, 정치적, 경제적, 사회적 혼돈에 빠지게 될 수 있다. 하지만 다음과 같은 이론들이 해결책을 제시하고 있다.

②-a 이익들의 자연적 정체성 (the natural identity of interests)
두 번째 형태 중 첫 번째는 각 개인들이 자기 이익을 추구하고 극대화할 때에 자동적으로 그리고 자연발생적으로 사회 전체의 이익도 증가한다는 이론이다. 개인들은 자신들의 선호, 욕구, 그리고 이익

은 다르지만 자기 자신의 방식으로 부를 극대화한다면, 부의 총합(즉 사회의 부)은 극대화된다. 일반효용은 개인들의 효용의 총합이다. 그러나 우리는 중요한 암묵적인 가정을 고려해야 한다. 즉, 현대적 용어로 부정적 외부효과(Negative Externalities)가 없어야 한다.

외부효과는 직접적인 경제적 관계를 맺고 있지 않더라도 어떤 경제행위자의 선택과 행동이 다른 경제행위자 혹은 공동체에 긍정적, 부정적 효과를 미치는 것을 의미한다. 누군가가 개인 비용을 들여 나무를 많이 심었다면 환경이 쾌적하고 공기가 정화되는 등 긍정적인 외부효과를 미친다. 그러나 이 사람이 그에 대한 경제적 보상을 받는 것은 아니다. 부정적인 외부효과는 누군가가 몰래 많은 양의 폐수를 강에 버리고 있다면 그는 그에 대한 처리비용을 내지 않지만 마을 사람들은 환경오염으로 인해 두통이나 질병을 앓게 될 수 있다. 이는 부정적인 외부효과이다. 일반적으로 이러한 외부효과는 시장에 의해 자율적으로 통제되기가 쉽지 않기 때문에 정부가 개입하여 해결한다. 앞의 공장 폐수 예에서 정부가 기업에게 공장 폐수 방류로 인한 사회적 비용을 산출하여 공해 방출세를 부과할 수 있다.

그러므로 앞의 이익 추구 이론에서 개인의 부의 극대화가 사회 전체 부의 극대화로 이어지기 위해서는 부정적인 외부효과가 없어야 한다. 즉, 누군가의 부의 추구가 다른 사람의 이익이나 쾌락을 감소시키거나 고통을 주지 않아야 한다. 긍정적인 외부 효과는 이익 추구 이론을 더욱 지지하게 만든다. 왜냐하면 개인들의 이익 추구의 단순 총합보다 사회 전체가 더욱 효율적인 쾌락 극대화를 성취할 수 있기 때문이다. 이러한 외부효과는 시장에 대한 국가(정치)의 개입을 토론하는 중요한 논거가 된다.

그런데 개인의 이익 추구의 합이 전체 이익을 극대화한다는 주장은 1790년대에는 급진적이고 혁명적인 생각이었다. 왜냐하면 18세기까지 전체적인 지적 흐름(코란, 플라톤, 아리스토텔레스, 토마스 아퀴나스(Thomas Aquinas), 루소, 제퍼슨(Thomas Jefferson) 등)에 따르면, 부자가 더 많은 부를 축적하게 되면 빈민은 더욱 가난하게 된다는 제로섬 게임(zero-sum game)이 부의 분배에 대한 일반적인 견해였기 때문이다. 심지어 구약성서(아모스 4장 1, 2절, 선지자 아모스는 부자들이 빈민들을 착취하고 있다고 비판했기 때문에 '정의의 선지자'라고 불린다)에는 빈민들을 속이고 고통스럽게 만드는 부자 남편을 더욱 악하게 만드는 아내의 사치욕을 비판하고 있다.

이러한 부자와 빈자의 대립적 전제에 대한 고전적 자유주의의 새로운 대안은, 아담 스미스가 명료하게 주장한 것처럼, 이익의 자연적 정체성 이론이다. 즉, 어떤 개인을 부자로 만드는 힘과 능력이 무엇이든지 그것은 사회 전체를 더욱 부유하게 만든다. 부를 축적하거나 확장하는 개인이 재벌이든 중산층이든 가난한 사람이든지 상관이 없다. 누군가가 돈을 번다는 것은 사회 전체의 부가 증식된다는 것을 의미한다. 그러므로 이 이론은 사회 전체의 부에 대해 비(非)제로섬 게임(non-zero-sum game)을 전제하고 있다. 모든 사람은 역동적이고 확장적인 자본주의 경제로부터 이익을 얻을 수 있다. 그리고 만약 각 개인이 자기 자신의 부를 추구한다면, 물론 부정적인 외부효과가 없을 경우에, 그들은 부를 더욱 확장하는 것이 가능하며 모든 사람들은 궁극적으로 이익을 얻게 될 것이다.

보수주의 정치경제학자 맬서스(Malthus) 역시 이익의 자연적 정체성을 이야기하였다. 그는 전통적인 지주 귀족들의 이익을 옹호한 반면 자본가들과 새롭게 등장한 중산계급에 대해서 매우 비판적이었다. 그는 고전파 경제학자로서 이익의 자연적 정체성에 대한 재미있는 아이디어를 가지고 있었다. 각 개인이 도덕적 절제(moral restraint)가 필요한 도덕 감정을 채택한다고 가정해 보자. 맬서스에게 도덕적 절제는 28세가 될 때까지 결혼을 하지 않는다거나 혼전 성경험을 하지 않는다거나 결혼 후에 많은 자녀들을 가지지 않는 것 등을 말한다. 만약 각 개인이 이런 도덕적 절제를 독립적으로 수행한다면 인구 규모는 급격하게 성장하지 않는다. 따라서 노동력은 감소하고 노동 공급은 노동 수요보다 적어지게 되어, 수요-공급 원리에 따라 노동력의 가격(임금)은 상승할 것이다.

가난한 사람들에 대한 맬서스의 충고는 만약 그들이 가난해지기를 원하지 않는다면 많은 아이들을 낳으면 안 된다는 것이다. 아이들을 적게 가질수록 점차 노동공급은 작아지고 이에 따라 임금이 올라가고 생활수준도 올라가며 사람들은 더 많은 부를 가지고 소비를 하면서 사회는 더욱 잘 살게 될 것이다. 이것을 이익의 자연적 정체성으로 명시하였다. 사족으로 덧붙이자면, 맬서스는 독특한 인구론을 통해 기아로 인한 대량 사망 역시 궁극적으로는 경제에 해롭지 않다고 주장하기도 했다.

②-b 이익의 자발적 협력 (the spontaneous coordination of interests)

두 번째 형태 중 마지막 이론은 자발적 협력이다. 개별 구성원들이 의식하지 못할지라도 그들은 자기의 이익을 실현하는 과정에서 직간접적인 상호작용을 통해 사회적 협력 체제를 재생산하는 것이다. 고전적 자유주의자들에 의하면, 사회적 경제에 있어 사람들은 상호 의존적이고 상호 연결되어 있다. 만약에 내가 어떤 상품을 사고 있다면, 다른 누군가는 그 상품을 팔고 있다는 것이다. 만약에 내가 노동력을 팔고 있는 노동자라면 다른 누군가는 반드시 임금을 주고 고용하여 상품을 생산하는 자본가이다. 내가 투자를 하고 있는 순간에 누군가는 저축을 할 것이다. 이런 사람들의 행위나 결정은 상호적 연관성을 가지고 서로에게 영향을 미친다. 어떻게 사람들의 결정이나 행위가 구조적 협력을 통해 경제학자들이 표현하는 균형을 이루고 '최적성의 조건'(파레토(Pareto)의 표현)을 실현할 수 있는가? 기본적 생각은 통합, 협력, 연결이다. 프랑스 경제학자 바스티아(Bastiat)는 『경제적 조화들(Economic Harmonies)』에서 조화(harmonizing)라는 아이디어를 활용하였다. 경제적 선택과 행위들은 효율적인 시장의 원리 속에서 보이지 않는 조화를 이루어 궁극적으로 갈등들을 없애고 모두에게 이득이 되는 방향으로 협력을 진행하게 만든다는 것이다. 20세기에 하이예크는 자발적이고 자동적인 시장의 협력에 대한 기본적인 이론을 발전시켰다. 왕이나 중앙권력이 감히 기획할 수 없는 오묘한 협력과 이익 창출이 오직 시장 원리에서만 가능하다. 자발적인 이익 추구자들의 노력과 자유로운 행동이 시장의 원리에 의해 이익 창출의 조화를 가져온다는 것이다.

2) '보이지 않는 손'과 아담 스미스(Adam Smith)의 정치경제학

아담 스미스는 로크와 더불어 자유주의 이념의 형성에 기여한 중요한 이론가이며 동시에 시장을 통한 자발적 협력 사회를 모델로 만든 창립자로 볼 수 있다. 그는 『도덕감정론(Theory of Moral Sentiments)』, 『국부론(The Wealth of Nations)』 등을 통해 도덕 감정과 시장의 자발적 협력이 서로 양립할 수 있는가에 대한 논의를 발전시켰다. 아담 스미스의 논의는 특히 19세기의 독일 사상가들을 매료시켰다.

스미스는 1776년에 출판된 『국부론』을 통해 경제적 자유가 물질적 번영을 가장 잘 증진시킬 수 있다는 것을 입증하려 하였다. 스미스는 인간은 사회 상호작용을 강조하면서 그의 초기 저서인 『도덕감정론』에서 인간의 도덕적 본성에 대해 독특한 주장을 전개했다. 이익 추구와 교환의 상호작용에서 연계되는 동정심은 개인들의 적대적이고 이기적 행태를 순화시켜 안정적 사회를 창조시킬 수 있다고 믿었다. 스미스는 맹목적인 이익 추구가 사회 통합의 기반인 동정심과 배려를 침식한다는 점을 고려하여 정치경제적 해결책으로 시장경제의 인간적 측면을 주장하였다.

또한 시장경제는 개인의 이기적 형태를 충족시키면서도 시장경제에서 야기되는 문제점을 생산적·사회적으로 보탬이 될 수 있는 방향으로 이끌어준다고 믿었다. 나아가 경쟁의 중요성을 강조하면서 간섭은 시장의 잠재적 이익을 해치기 때문에, 정부의 개입은 법집행,

조폐, 항구나 주택 등의 공공사업 등에 한정되어야 한다고 하였다. 스미스 주장의 핵심은 경제적 자유가 공동체의 경제적 부의 증대를 극대화한다는 것이었다. 그 이유는 경제적 자유가 새로운 형태의 노동 분업과 생산기술의 혁신을 가져오게 하는 개인적 동기와 기회를 최대한 제공하며, 결국 노동의 생산성을 증가시키기 때문이라는 것이다. 스미스는 이러한 최적 경제체제를 '자연적 자유의 체제'라 부르고 있으며, 이러한 경제체제는 인위적 장애가 없는 상태에서만 나타날 수 있다고 주장한다.

아담 스미스 Adam Smith (1723~1790)

스코틀랜드 출신의 철학자이자 경제학자이다. 세관 가문의 유복자로 태어나 평생을 독신으로 살았다. 스미스는 글래스고대학교에 입학하여, 도덕철학을 수학하였다. 이후 옥스퍼드대학에서 수학한 뒤, 글래스고대학교 교수로 임용되었다. 스미스에 대해서 풀고 넘어가야 할 오해가 한 가지 있다. 스미스는 단순히 경제학자가 아니라, 도덕철학자이기도 했다는 점이다. 스미스는 자신의 학문을 체계적으로 완성시키는 초기의 국면에서 도덕의 문제에 깊게 천착하였다. 그 결과물이 '도덕 감정론'이었다. 스미스는 도덕 감정론에서 인간행동의 타당함을 규정하는 존재로서 '공평한 관찰자'에 의한 동감을 고찰하였으며, 이는 스미스의 인간관의 큰 줄기를 이루었다.

스미스가 저술한 불후의 저작인 '국부론'은 근대 경제학, 고전학파의 근간을 제공한 불후의 명작이다. 스미스는 경제행위의 동기를 이기심으로 상정하고, 이에 따른 경제행위가 '보이지 않는 손'에 의해 종국적으로 공공복지에 기여한다고 판단하였다. 특히 스미스는 분업을 통한 생산성 향상을 국부의 증대로 이끌 수 있는 핵심적인 요인으로 판단하였다. 그는 생산 및 분배에 대해서 자연법이 작용하며, 이에 따라 스스로 균형을 도모한다는 예정조화설을 주장하였다. 스미스가 지은 국부론을 통하여 경제학의 학문적 위상은 새롭게 갱신될 수 있었다. 그가 체계적으로 정초한 경제학은 과학으로 분류되었으며, 이후 정책으로도 구현되었다. 예컨대 중농주의에 대한 스미스의 비판은 당시 영국의 자유무역정책으로 구체화될 수 있었다.

또한 스미스는 후세대 경제학자의 사상에도 큰 영향을 미쳤다. 스미스의 중상주의를 계승한 리카도는 그의 무역이론을 한층 더 발전시켰으며, 마르크스는 스미스의 노동가치설을 비판적으로 계승하였다.

주요 저서로 「도덕 감정론」, 「국부론」 등이 있다.

고전적 정치경제학의 아버지로 불리는 아담 스미스의 사상에 대해서는 좀 더 자세하게 살펴볼 필요가 있다. 『도덕 감정론』에서 스미스는 시장 경제는 그것이 원활하게 작동하기 위해서는 시장에 부합하는 사람들의 태도와 제도가 전제 조건이 된다고 강조했다. 그 기본적인 토대가 사람들의 도덕 감정이다. 사람들은 일상적인 생활과 종교 등에서 도덕 감정을 지니고 함양하는 존재들이며 이것이 신뢰와 유대에 기반하는 시장경제의 조건이 된다.

아담 스미스는 무엇이 선한 것이고, 무엇이 현명하고 적합한 것인지에 대한 이러한 감정들에 대해 세 가지를 제시했다.

① 자비심(Benevolence): 비록 아주 강하지는 않을지라도 사람들은 타인에 대해 자비심을 가지고 있으며 이것이 평화로운 사회적 관계를 가능하게 만든다.

② 정의(Justice): 사람들은 무엇이 옳은 것인지에 대한 감각을 지니고 있으며 사려 깊은 현명함을 갈망한다. 이러한 정의와 현명함은 다른 사람들을 정의롭게 대할 것을 요구한다. 내가 다른 사람을 올바르게 대우하지 않는다면 다른 사람도 나를 불공평하게 대우할 가능성이 높다. 이것은 일종의 황금률(golden rule: 남에게 대접을 받고 싶은 그

대로 너희도 남을 대접하라)의 사려 깊은 형태이다. 종교뿐만 아니라 실천적인 지혜가 사람에게 정의를 추구하게 만든다.

③ 동정심(Sympathy): 인간은 다른 인간들에게 동정적이며 현대적 의미에서는 공감(empathy)으로 확장시킬 수 있다. 스미스에게 동정심의 중요한 특징은 다른 사람들과 나를 동일시하고 타인의 입장에서 생각해 보는 능력이다.

스미스는 상호작용을 하는 사람들은 서로에 대해 더욱 큰 자비심과 동정심, 정의감을 갖게 된다고 주장한다. 또한 그는 개인이 그의 마음과 영혼에 일종의 양심적인 관찰자(Spectator)를 가지고 발전시키면서 자기 자신의 행동을 성찰하게 만든다고 주장했다. 스미스는 만약에 사람들이 서로에 대해 최소한의 동정심을 가지지 않는다면, 사람들은 서로를 신뢰하지 않을 것이며 그런 불신의 관계에서는 시장경제의 교환 행위가 일어나지 않을 것이라고 단언했다. 서로에 대해 불신과 배신에 대한 두려움이 만연하다면 이런 사회는 준(準)내전 상태이며 시장경제가 작동할 수 없다. 교환에 기반한 시장경제가 작동하기 위해서는 사람들 사이에 최소한의 신뢰가 있어야 하며 이런 신뢰에 기반한 교환행위는 사람들 사이에 동정심과 도덕 감정을 더욱 만연하게 만든다. 시장경제는 맹목적인 화폐와 상품의 냉정한 교환을 넘어서 인간의 도덕 감정을 필요로 한다.

사유재산의 원천적 악을 비난했던 루소와 반대로 스미스는 사람들이 부를 획득하여 불평등이 발생하더라도 가난한 사람들은 부유한 사람들을 전복하기보다는 그들을 부러워하고 복종하며 따르기를 원한다고 주장했다. 스미스는 도덕 감정의 체제에 있어 어느 정도의 불평등은 가난한 사람들도 수용할 것이라고 생각했다. 가난한 사람들에게 중요한 것은 그들이 공평하게 대우를 받는 것으로서 하루하루의 노동에 대한 공평한 보상과 그에 합당한 공평한 임금을 받는 것이다. 스미스의 또 다른 주장은 부유한 사람들이 그들의 부를 낭비하지 않는다는 것이다. 그들은 자신들의 부를 투자하고 노동자들을 고용하는 데 사용한다. 투자는 일거리를 제공하기 때문에, 투자가인 유산자들은 의도하지 않더라도 선한 행위를 하는 것이다. 스미스가 이야기하고 있는 '보이지 않는 손(an invisible hand)'의 원리는 어떻게 시장경제가 자기이익을 추구하는 개인들을 선한 결과로 인도하는지에 대한 경제 이론을 제공하고 있다. 즉 "개인들은 보이지 않는 손에 이끌려 자신의 의도와 상관없이 다른 사람의 목적을 위해 봉사한다"고 설명한다.

보이지 않는 손은 신의 섭리처럼 공급과 수요를 합리적으로 조절한다. 공급자와 수요자들은 상반된 이익을 가지고 있으며, 공급자들은 높은 가격에 많은 물건을 팔기를 원하는 반면 수요자들은 낮은 가격에 많은 물건을 사기를 원한다. 시장경제는 흥정과 합의를 통해서 이러한 갈등을 조화시키고 모두에게 유익한 결과를 이끌어낸다. 만약 공급자들이 주어진 가격에 그들이 가지고 있는 모든 물건을 팔 수 없다는 것을 발견한다면 그들 중에 일부가 가격을 내릴 것이다. 이것은 시장 교환에 있어 자동적으로 그리고 자발적으로 문제를 해결하는 데 도움을 줄 것이다. 가격이 떨어진다면 수요는 올라갈 것이다. 반대로 수요가 공급보다 높다면 일부 수요자들은 높은 가격에 상품을 구입할 것이다. 결국 가격이 올라가게 되고 수요는 내려가게 된다. 수요가 감소되면 가격은 다시 낮아지게 될 것이다. 시장을 통해서 수요와 공급은 적절하고 합리적인 수준으로 조정된다. 시장은 살아 움직이는 역동성이 특징이며 자기 이익을 추구하는 개인들이 모두가 서로 경쟁하는 상태에서, 수요와 공급의 관계에 따라 가격을 올리거나 낮추게 만드는 변화를 일으키는 인간들의 집합이다.

사람들의 취향에 변화가 있어 특정 상품에 대한 수요가 상승했다고 가정해보자. 그렇다면 분명히 과거의 적정한 가격은 더 이상 균형 가격이 아니며 시장은 공급－수요의 불균형 상태에 있다. 이제 수요가 공급보다 크기 때문에 시장의 힘이 균형점을 찾기 위해 작동하게 되고 가격은 올라가게 되고 그 결과 수요는 떨어지게 되어서 새로운 균형 가격에 도달하게 된다. 결과적으로 공급은 수요를 조절한다. 만약 수요자들이 소비자이고 사업가들이 공급자라면, 공급자들은 소비자들이 원하는 것을 충족시키는 시장경제에 의해서 판매량을 조절할 것이다. 자유주의적 자본주의 시장 경제에서 소비자들은 궁극적인 주권을 가지고 있다. 따라서 아담 스미스는 소비가 생산의 유일한 목적이라고 말하였다. 자본주의에서 상품은 팔기 위해 생산된다. 이런 원리 속에서 공급자들은 서로 경쟁관계에 놓여 있다. 이들은 다른 사람보다 더 좋은 상품을 낮은 가격에 만들고 더 많이 팔기 위해 노력한다. 새로운 기술은 상품의 가격을 낮추고 소비자들은 이로부터 이익을 얻는다. 이 과정에는 경쟁이 기술촉진과 상품가격 하락 등에 매우 강력한 역할을 한다. 비록 사업가들이 소비자들이나 노동자들보다 더 부유하지만, 그들은 다른 사업가들과 경쟁관계에 놓여 있다. 만약 한 사업가가 새로운 기술을 개발하거나 도입하지 못한다면, 그는 경쟁 상황에서 매우 불리해지게 될 것이다. 만약 어떤 자본가가 기술개발을 통해 생산 비용을 획기적으로 낮추게 되면 그 수익은 자본가와 소비자 모두에게 이익이며 사회 전체에 이익이 된다. 더구나 경쟁은 새로운 사업 분야에 진출하게 만들 것이며 그 분야의 공급이 많아지게 되면 가격은 하락할 것이다. 분업 역시 촉진된다. 일시적으로 초과 이윤이 발생할 수 있지만 정상(normal)을 초과하는 이익은 없다. 정상 이윤(normal profit)은 이미 비용 그 자체의 개념에 포함되어 있다. 모든 자본가의 생산과 가격은 하나의 균형점으로 수렴되며 그 비용에는 이미 경쟁 비용이 포함되어 있다.

스미스는 검소하고 성공을 원하는 자본가들이 자기 이익을 실현하기 위해서는 두 가지를 수행해야 한다고 주장했다.

① 자본가들은 경쟁에서 이기기 위해 획득한 이익을 바로 자본으로 투자를 해야 한다. 더 많은 자본의 투입은 노동수요를 증가시키고 이는 임금상승으로 이어진다. 게다가 임금상승은 다시 인구 상승(출생률 증가와 사망률 감소)을 촉진시킨다. 그리고 인구 증가는 더 많은

노동력의 증대로 이어지고 더 높은 GNP와 이익을 창출한다. 각 개인은 투자와 자본축적을 통해서 자기 자신의 이익을 창출하기 위해서 노력한다. 그리고 이런 활동들이 모여 시장경제의 확장과 발전을 만들어 낸다.

② 자본가들은 노동 분업과 기술향상을 위해 노력해야 한다. 분업과 기술향상은 노동의 생산성을 높여주고 생산단가를 낮춰 이익을 높여준다. 그리고 자본의 규모를 확장시켜 준다. 스미스가 설명한 순수한 자유시장경쟁자본주의 경제에서는 소비자의 이익에 대한 착취는 없다. 독점이나 담합이 없는 자유 시장경제에서는 경쟁 속에서 자본가들은 궁극적인 정상 이윤을 획득하게 된다. 초과 이윤을 위한 자본가들의 경쟁은 자본가를 포함하여 모두에게 이익이 된다.

그러므로 하이에크가 강조한 것처럼 이러한 종류의 협력은 자발적이다. 협력은 인공적으로 만들어진 것도 아니고 공적 권위에 의해서 강요된 것도 아니다. 그것은 개인들의 행동을 통하여 자발적으로 생겨났다. 이것이 자본주의적 협력의 가장 큰 강점이다. 즉, 공산주의처럼 협력을 계획하는 사람이나 중앙권력이 없는 것이다. 이후 1874년에 프랑스 경제학자인 레온 왈라스(Leon Walras)가 이 문제에 대해서 논의했으나 순수한 경쟁자본주의 체제에서는 특정인이 수요-공급을 기획하거나 가격을 조정하지 않는다는 것이다. 왈라스는 가격을 올리고 내리는 세계적인 경매인이 있다는 단순한 가정을 제시했지만 실제 세계에서 경매인은 없다. 그렇다면 가격의 조정은 어떻게 일어난단 말인가? 이 질문은 오늘날까지 여전히 논쟁 중에 있다. 그러나 스미스는 이 문제에 대해 굳이 신경쓰지 않았다. 그냥 시장의 보이지 않는 손에 의해 자연발생적으로 일어난다고 주장한다. 자발성과 신비로운 가격의 원리는 시장경제의 아주 특별한 점이다. 그리고 자발적인 교환의 협력체로서 시장과 정부의 역할에 대해 중요한 주장을 도출한다.

시장에 조화와 협력이 있는 반면에 부조화들이 존재하는가? 이런 질문에 대해 고전적 자유주의자들의 대답은 '아니요'인 것처럼 보인다. 오로지 경제적 조화들만 존재한다. 마르크스(Marx)가 무엇보다도 비판한 것은 이런 시장의 조화에 대한 믿음이었다. 그러나 만약 우리가 고전파 경제학자들의 저작들을 살펴본다면, 우리는 흥미롭게도 고전적 경제학자들이 자본주의 시장의 부조화를 만드는 다양한 요소들을 인식하고 인정하였으며 논쟁하였다는 것을 발견하게 될 것이다. 실제로 고전적 자유주의 경제학자들은 그들의 계승자들인 신고전주의 경제학자들보다 부조화를 인정하는 데 훨씬 더 솔직하였다.

고전파 자유주의 경제학자들이 시장의 부조화들과 관련하여 명료하게 인지한 현상은 독점이다. 시장경제의 조화를 이야기할 때 전제는 경쟁의 보장이다. 만약 공급의 독점이 있다면 가격은 경쟁이 있는 경우보다 높을 것이다. 스미스가 주장한 것과 같이 "독점의 가격은 가능한 높은 가격보다도 가장 높게 만든다." 독점 자본가들은 이익이 극대화되는 시점까지 가격을 올릴 것이다. 설사 가격이 경쟁적인 상황에서 더 높아질 수 있다고 하더라도 독점가들은 전체적인 이익 극대화를 위해 가격을 자의적으로 조정할 것이다. 그런 상황에서 주권자는 소비자들이 아니라 독점가들이다. 왜냐하면, 독점가들이 가격을 정하기 때문이다. 사업가들이 다른 공급자들과 경쟁하는 상황에서 가격 수용자(price taker: 주어진 가격을 따르는 사람)의 지위를 받아들이는 것과 독점가들이 가격 결정자(price maker: 가격을 정할 힘을 가진 사람)인 독점 상황 사이에는 근본적인 차이가 있으며 이것이 부조화의 핵심적인 현상이다.

그뿐 아니라, 시장의 부조화는 재산의 힘(Wealth Power) 즉, 소유에 의해서도 나타난다. 자유주의적 자본주의 사회에서는 모든 사람이 동등한 부를 가지고 있지 않다. 광산을 소유한 자본가들과 노동자들이 대결하게 되면 노동자들이 패배할 가능성이 높다. 왜냐하면 광부들은 하루하루 먹고 살아야 하기 때문에 파업을 계속 할 수 없다. 재정적으로 사업주들은 노동자들보다 오래 버틸 수 있는 재력이 있다.

아담 스미스 역시 갈등 상황에서 소유주들이 노동자들보다 더 오래
버틸 수 있기 때문에 소유주와 노동자 둘 간의 어떤 협상 상황에서도
자본의 소유자들이 강자라고 지적한다. 현대 사회에서도 이러한 논의
는 존재한다. 노사 대립에서 '사를 이기는 노는 없다'는 말이 상기되는
지점이다.

　부조화의 또 다른 형태는 재산의 불평등이다. 스미스는 사유재산
의 소유도 없고 자본의 축적도 없는 상태를 초기의 야만적인 사회상
태(early and rude state of society)라고 불렀다. 그러한 사회에서 노동자
들은 자기 자신의 노동과 자신의 간단한 노동 도구들을 소유한다. 토
지는 신이 준 공평한 선물로 모든 사람이 자유롭게 접근 가능하다.
유일한 질문은 사냥꾼이 사냥한 사슴과 토지 사이의 교환조건이 어
떻게 될 것인가 하는 것이다. 그러한 사회에서는 토지가 사적 소유가
아니기 때문에 지주도 없고 자본 축적이 없기 때문에 자본가도 없다.
자본가에게 자신의 노동력을 판매하는 노동자도 없다. 단지 루소가
이야기한 소박한 소유주들만 있을 뿐이다. 그러므로 생산물(사냥한 사
슴)은 그것을 생산한(사냥한) 노동자(사냥꾼)에 속했다.

　이제 토지가 사적 소유로 점유되었다고 가정해보자. 사냥꾼은 토
지에 접근하기 위해 지대를 내야 한다. 그의 생산물(사냥한 것) 중 일
부는 더 이상 그의 것이 아니며 그것은 반드시 지주에게 바쳐야 한
다. 비록 지주가 생산물을 내기 위하여 아무것도 하지 않았음에도 불
구하고 말이다. 그러므로 유용하지만 희소성을 가진 토지 같은 사적
재산을 고유한 지주와 노동자 사이에는 갈등이 발생한다.

　다음 단계에서 일부의 사람들은 자본을 축적하는 반면에 다른
사람들은 그렇게 하지 못한다. 스미스는 자본을 축적하지 못한 사람
들은 그들을 도와줄 주인이 필요한 상황에 처해 있다고 설명했다. 그
리고 그들은 임금과 노동의 교환을 위해 자본을 소유한 사람들을 찾
는다. 결국 노동자들의 노동은 자본가들의 권위 아래에 놓인다. 자본
가들은 자신들에게 권한이 부여된 생산물을 생산하도록 노동자들에

게 지시를 한다. 자본가들은 이런 생산물을 팔아 임금을 주거나 지대나 이자를 얻기 위해 사용하고 이윤을 보존한다.

아담 스미스는 실제로 생산의 노동 이론과 생산물의 처분 권력 이론을 펼쳤다. 자본가들은 단순히 생산수단을 소유한 것이며 이로 인해 노동자들은 자신의 노동에 의한 생산물을 지주들과 자본가들과 공유해야 한다고 주장하였다. 만약 노동자들이 노동의 생산물에 대한 권리를 인지하였다면 그들은 이런 경제체제를 좋아하지 않았을 것이다. 그러나 스미스는 노동자들이 받는 임금과 생필품 등은 사적 소유에 기반한 자본주의 경제의 수혜물이라고 설득하였을 것이다. 자본가들은 생산 수단을 소유하고 물건을 만들어내고 공급과 수요, 가격과 비용, 생산과 소비 사이의 조화에 의해 시장경제는 원활하게 작동시키고 그 수혜물은 자본가와 노동자가 마땅한 몫으로 가져가는 것이다. 만약 당신이 노동자들이 모든 생산물을 가지는 다른 사회로 이동한다면, 당신은 황금알을 낳는 거위를 죽인 것과 같다. 그러나 사회주의자들은 또 다른 거위가 있다고 주장할 것이다.

실제로 스미스는 사회주의자는 아니었지만 그에게서 경제학을 배운 리카도를 따르는 사회주의자들은 스스로를 리카디안 사회주의자(Ricardian Socialists)로 명명하면서 노동자들이 생산물을 가져야 한다고 주장했다. 이들은 스미시언 사회주의자(Smithian Socialists)로도 불릴 수 있을 것이다. 그들은 고전적 자유주의 주장을 뒤집어 사회주의적 결론을 이끌어 냈다.

분명히 스미스는 자유주의적 자본주의 경제를 철저하게 옹호하였다. 왜냐하면 부유하고 자본을 가진 사람들이 시장에서 더 많은 부를 얻기 위해 경쟁적인 투쟁으로부터 많은 이익이 발생하고 그것이 가난한 사람들과 권력을 가지지 못한 사람들에게 확산되기 때문이다. 그리고 이것은 '보이지 않는 손'에 의해 움직이는 시장의 축복으로 인해 가능한 것이다. 스미스는 이것을 부정해서는 안 된다고 굳게 믿었을 것이다. 그런데 이 문제는 아직 민주주의가 충분히 나타나지 않은

초기 자본주의 시대와 비교할 때, 산업혁명 이후에는 다른 양상으로
진행되었다. 민주주의는 산업자본주의가 양산하는 정치적, 경제적 불
평등이 부조화의 핵심 문제라고 비판했다. 그리고 평등에 기반한 민
주주의에서는 시장의 부조화를 해결하기 위해 정부가 보다 적극적인
개입과 역할을 해야 한다는 역사적인 쟁점에 불을 붙였다. 민주주의
가 없는 사회에서 부조화는 영구적인 부조화로 남을 것이다. 그리고
부조화는 주로 투표권이 없는 무산자들에게 부정적인 영향을 미친다.
그런데 이제 민주주의가 확산되면서 무산자들은 조직화되고 단결된
목소리를 내기 시작한다. '자본주의는 모든 이들에게 축복'이라는 가
설이 의심받고 도전받는 시대가 된 것이다.

4. 칼 마르크스(Karl Marx)의 정치경제학 비판

1) 급진주의의 시대적 배경과 흐름

급진주의 사상의 원류는 매우 오래되었다고 할 수 있으나 근대
적 의미의 급진주의는 새롭게 등장한 자본가들과 자본주의에 대한
비판에서 중요한 흐름으로 형성되었다. 근대의 급진주의는 부분적으
로 18세기 말과 19세기 초 정치적, 경제적 자유주의에 대한 비판으로
시작하였다. 마르크스를 포함한 급진주의자들은 자유주의의 핵심요
소인 자기 이익, 경쟁, 그리고 개인적 자유 등의 개념에 대해서 비판
을 가하였다. 급진주의자들이 보기에 인간은 천성적으로 사회적 혹은
공동체적 존재이며 개인은 혼자가 아니라 상호 간에 협동하면서 살
거나 일을 하는 존재라고 주장하였다. 그런데 자본주의와 시장은 인
간을 이익 추구적인 고립된 존재로 만들어 모래알 같은 원자론적 사
회로 해체시키고 있다는 것이다. 급진주의자들의 관점으로는 모든 사
람이 상당한 정도의 자유, 정의, 행복을 누릴 수 있는 사회의 토대는
개인들 간의 경쟁이 아니라 협동이었다. 따라서 급진주의자들은 더
많은 평등과 생산수단에 대한 공적 통제가 많은 사람들의 자유와 정

의를 위해 매우 본질적인 요소라고 강조했다. 특히 급진주의자들의 관점에서 사유재산은 소수의 사람에게는 권력과 특권적 지위를 부여하고, 또 다른 사람들을 빈곤과 무력의 나락으로 떨어뜨리는 계급 갈등과 사회 분열의 근원이었다. 실제로 급진주의자들의 주된 목적은 부와 권력을 사회 전체에 걸쳐 고르게 배분할 프로그램을 만드는 것이었다.

한편 19세기를 거치면서 고전적 자유주의자들은 점점 반평등주의적, 대중에 대해 비관적으로 되어 가고 있었는데, 이것은 결국 급진주의 사상을 노동자들과 지식인들 사이에 더욱 확산시키는 결과를 가져오게 되었다. 급진주의 이념의 영향력은 미국과 유럽에서 자유주의 이념과 정책의 변화를 통해서 간접적으로 전이되어갔던 것이다. 그러나 다른 한편으로 급진주의가 사회주의나 공산주의로 발전해감에 따라 이에 반대하는 진영에서는 개인의 재산을 보호하려는 사람들이 자유주의를 새롭게 강화하고 보완하려는 노력이 진행되었다.

마르크스주의로 상징되는 급진주의 이념은 플라톤의 『국가론』까지 거슬러 올라갈 수 있으며 17세기의 수평주의자(the Levellers)와 평등주의 운동단체(the Diggers), 토마스 무어(Thomas Moore)의 『이상사회(Utopia)』에서도 영향력을 발견할 수 있다.

생시몽(Henri de Saint Simon)은 근대적 급진주의를 과학적이고 체계적으로 정리하려 노력하였다. 그는 인류의 역사에서는 낡은 형태의 사회가 사라지면 반드시 새로운 형태의 사회가 나타나 그 자리를 대신한다고 생각하였다. 그는 근대의 산업사회는 엄청나게 복잡해서 서로 다른 여러 부류의 전문가와 기술자들의 기술과 지식이 조화를 이루어야 작동될 수 있다고 하였다. 이러한 사회에서 공동체와 동떨어져 고립적으로 살아가는 자유주의적 개인관은 허구라고 비판했다. 즉, 산업사회의 현실 세계에서 개인은 자신의 사회적 역할과 생산기능으로 환원된다는 것이다. 특히, 생시몽은 재산을 사유에서 공공의 통제로 옮겨야 한다고 명시적으로 요구하지는 않았으나, 이윤을 놓고 서로 경쟁하는 사람들이 어떤 재화는 너무 많이 생산하고 어떤 재화는 아주 적게 생산함으로써 '과잉생산'과 '과소생산'을 만들어내기 때문에 자유방임적인 자본주의는 비효율적이라고 하였다. 그는 계획을 통해 전문가들이 자본주의보다 더 효율적이고 공정한 체제를 제공할 수 있으며, 사회적 필요를 예측하고 충족시킬 수 있다고 주장하였다. 이러한 초창기 급진주의의 흐름은 차츰 사회주의 사상으로 변화하게 되었다. 초기의 사회주의는 근본주의적이고 이상적이며 혁명적 성격을 띠고 있었다. 사회주의의 목표는 시장 교환에 기초한 자본주의 경제를 폐지하고, 자본주의 경제를 질적으로 다른 사회주의 경제로 바꾸는 것이었다. 이러한 사회주의의 가장 영향력 있는 대표자는 마르크스였으며, 그의 이념은 20세기 공산주의의 기초가 되었다.

칼 마르크스 Karl Marx (1818~1883)

　독일의 철학자이자 정치경제학자이다. 마르크스는 프리에르 시의 부유한 변호사 가문에서 태어났으며 본 대학, 베를린 대학에서 법학을 수학하였으나, 헤겔 철학에 심취하여 철학과 역사학에 천착하였다. 마르크스는 본디 청년헤겔학파의 성원으로 참여하였으나, 이후 관념을 중시하는 사조로부터 결별을 선언하고 독자적인 철학 체계를 세우는 데 천착한다. 익히 알려진 바와 같이, 마르크스의 사상은 헤겔 철학과 포이어바흐의 독특한 사유와 깊게 유착되어있다.

　헤겔 철학의 핵심은 변증법이다. 변증법은 모순 혹은 대립을 기초로 사물의 운동을 설명하려는 논리를 뜻한다. 기존의 사물은 모순은 존재하지만 인식하지 못하며 옳다고 믿는 '정(正)'의 1단계로 시작된다. 이윽고 '정'의 결함을 들추어내는 사물, 즉 반(反)이 나타나서 양자는 서로 대립한다. 이 과정은 불필요하고 소모적인 대립에 그치는 것이 아니라, 보존할 것은 보존하되 폐기할 것은 폐기하는 과정의 2단계를 거치게 된다. 이 과정을 거친 후에 도출된 사물은 앞서의 두 사물보다 고차적인 '합(合)'에 해당하며 '절대정신'을 향하여 3단계로 진보한다. 포이어바흐는 신의 존재론적 기원을 인간의 창조로 보았으며, 신에 대한 숭배를 인간 자신의 피조물에 통제력을 상실한 '소외 상태'인 것으로 규정하였다. 그리고 포이어바흐는 당대 독일 사유의 관념적 경향으로부터 탈피하여, 인간을 지극히 물질적인 존재로 상정하였다.

마르크스는 두 사유를 철학적으로 종합함으로써 자신만의 새로운 유물사관을 창조한다. 마르크스는 헤겔의 변증법적 운동이 궁극적으로 지향하는 목표를 관념 대신, 포이어바흐와 같이 물질 즉 '경제'로 대입한다. 그리고 변증법적 운동의 핵심적인 위상에 있는 '모순'을 노동의 '소외'와 결부 짓는다. 노동자는 스스로 창조한 생산물에 대해서 통제력을 상실함으로써 소외를 당한다. 그리고 경제적 소외는 노동자의 삶 뿐만이 아니라, 사회 전반으로부터 파급되고 만다는 것이 마르크스의 진단이었다.

주요 저서로 「자본론」, 「정치경제학 비판」 등이 있다.

2) 마르크스(Marx)의 자본론과 정치경제학 비판

보통 정치경제학은 마르크스 혹은 마르크스주의자들의 상표처럼 사용되는 경향이 있다. 그러나 정치경제학은 앞에서 서술한 것처럼 1760년대 리카도 등 영국 고전학파가 사용된 이후 1870년대까지 일반적인 경제학을 의미하는 학문 분과를 의미하였다. 고전적인 정치경제학은 정치와 경제의 관계에 기반하여 경제를 위한 정치(국가)의 역할을 중점적으로 다루는 학문을 의미했는데, 마르크스는 이러한 (신)고전적 정치경제학이 본질적으로 국가권력과 결탁한 부르주아(자본가) 계급의 이익에 복무한다고 비판하면서 자신의 정치사회 사상을 '정치경제학 비판'으로 이름 붙였다. 이 책에서는 정치경제학 개념을 마르크스의 정치경제 이론까지 포함하는 넓은 의미로 사용하고 있다.

헤겔(Georg Wilhelm Friedrich Hegel)의 변증법과 포이에르바하(Ludwig Feuerbach)의 유물론을 비판적으로 계승하고 창조적으로 재구성한 변증법적 유물론의 마르크스는 특히 1867년 『자본론(Capital)』에서 자본주의 생산양식을 분석한 정치경제학 비판을 통해 자본주의 작동원리를 분석하고 노동대중에 대한 착취와 억압 메커니즘을 규명했으며 자본의 폭력성을 강조하면서 자본주의 경제의 모순과 붕괴를 도출하였다.

특히, 마르크스는 당대의 고전적 자유주의에 대하여 산업자본가들의 이해관계를 보호하려는 허위적 이데올로기라고 비판하면서 자본주의 작동 원리를 분석하여 억압과 착취 메커니즘을 제시하였고 그 결과 공산주의가 도래할 것으로 예측했다. 궁극적으로 마르크스는 경제적 변화가 어떻게 인간의 행동과 정치사회의 변화를 야기할 수 있는지를 설명하고자 했다.

마르크스의 정치경제학은 경제를 우선시하는 입장을 분명히 했다. 먼저 마르크스는 사적 유물론을 통하여 경제적인 생산관계와 같은 물질적인 조건이 정신적인 가치에 우선하며, 이러한 유물론적 경제구조가 인류역사를 통하여 변증법적으로 하나의 목적을 향해서 발전해 나간다고 보았다. 그는 생산력과 생산관계라는 개념을 중심으로 경제적 토대가 정치, 사회, 문화, 법 등 상부구조를 결정한다는 일관된 법칙을 통해 인류의 역사와 현실 세계를 설명하려고 노력했다. 그는 인류의 역사가 생산력과 생산관계의 변화에 따라 변증법적으로 진보하여 왔으며, 인류 역사의 발전단계를 '원시 공산사회'로부터 '고대 노예제'와 '봉건제'를 거쳐 '자본주의 시대'에 도달한 것으로 인식했다. 그리고 이러한 인류 역사의 흐름은 '사회주의 사회'를 거쳐, 궁극적으로 '공산주의 사회'에 도달하게 될 것이라고 보았다.

마르크스는 경제적 생산관계를 중심으로 자본주의 사회의 구조를 설명하였다. 그는 사회가 상부구조와 하부구조로 이루어져 있으며, 상부구조는 정치와 문화, 그리고 종교 등으로 이루어져 있고, 하부구조는 노동과 자본 간의 상호관계인 생산관계가 그 핵심을 이루고 있다고 설명했다. 마르크스에 의하면 상부구조는 그 토대인 하부구조에 의해 도구적 또는 국가의 상대적 자율성(교육 등을 국가가 통제 가능)만을 인정하는 구조적으로 결정되는 위치에 놓여 있다. 다시 말해 마르크스의 주장은 물질적인 하부구조에 의하여 정치·사회·문화적인 상부구조가 결정된다는 것이다.

마르크스는 일반적이고 추상적인 '경제체제(economic system)'라는 개념보다 좀 더 기술적이고 구체적인 분석이 가능한 '생산 양식(mode of production)'이라는 용어를 사용한다. 마르크스에게 생산 양식은 경제체제라는 말보다 더 포괄적인 개념이다. 그것은 경제활동 및 상품 생산을 포함하여 전체적인 삶의 양식을 의미한다. 생산 양식은 다음의 3가지를 포함한다. ① 생산력(forces of production): 노동력, 기술과 자원을 의미하는데 이 요소들의 결합이 사용가치가 있는 어떤 상품의 생산능력을 구성한다. ② 생산과 교환의 사회적 관계들(social relations of production and exchange): 생산과정에 결합된 인간과 집단의 관계와 요소들. 사유재산, 경쟁, 시장교환, 노동 분업 등이 포함된다. ③ 마르크스가 상부구조(superstructure)라고 부른 것: 법, 정치, 도덕, 이데올로기 등이다.

자본주의가 경제체제를 의미하는 대신에 삶의 총체적인 양식을 의미한다는 것은 대단히 정치적이고 역사적인 의미를 갖는다. 여기서 삶의 양식은 단순히 상품을 생산하는 물질적 영역을 넘어서 그것에 기반하여 사회 전체를 구성하는 정치적, 경제적, 기술적 관계들의 전체적인 집합을 의미하는 동시에 그런 영역과 분리시킬 수 없는 삶의 방식과 의식을 의미한다. 그러므로 마르크스가 자본주의적 생산 양식을 이야기할 때, 그는 우리가 흔히 사용하는 '사회'를 논하고 있는 것이다. 우리는 흔히 경제체제와 정치·사회적 체제를 구분한다. 이 경우에 자본주의, 자유주의, 민주주의는 분리되는 것이고 종종 이 경우에 각각의 개념은 협소하게 정의된다. 마르크스 역시 『자본론(Capital)』에서 자본의 운동과 원리에 초점을 맞추고 정치적, 법적, 도덕적인 측면을 제외시키면서 시장경제를 논하고 있지만 이는 분석상의 편의를 위한 것이다. 자본에 대한 분석은 생산수단(자본)을 소유한 자본가 계급과 노동력만을 소유한 노동자계급의 생산관계로 나아가고 이에 기반하여 정치사회적, 문화적, 법적 논의가 유기적으로 연관되어 분석된다.

질문: 마르크스는 자본주의를 분석할 때 노동자계급과 자본가계급의 적대적 관계를 지나치게 강조합니다. 이들의 존재가 자본주의의 필수적 조건입니까?

답: 마르크스에게도 계급은 두 개 이상 존재합니다. 예를 들어 귀족, 소작농, 소규모 자영업자와 자작농 등이 존재합니다. 다만, 마르크스는 계급구조를 분석할 때 유의미한 집단은 부르주아(bourgeoisie)와 프롤레타리아(proletariat)라는 두 개의 거대한 계급으로 양극화되며 나머지 집단도 이런 구조에 수렴된다는 것입니다.

마르크스는 『공산당 선언(Communist Manifesto)』에서 다양한 계급구조가 두 개의 극단적인 계급으로 환원되어가며 이는 자본주의뿐만 아니라 자유주의, 민주주의 요소 및 변화·발전과 밀접한 관계가 있다고 강조한다. 마르크스에게 자본주의는 자유주의, 민주주의와 구분되는 것이 아니라 자본주의 자체가 자유주의, 민주주의 요소를 모두 포함하고 있으며 자본주의가 발전해가면서 특정 요소를 억압하거나 배제, 지지하는 경향을 나타낸다. 자유주의와 민주주의 모두 자본주의 발전에 중요한 영향을 미친다는 것이다.

그러나 이러한 결합과 경향은 역사적이기 때문에, 자본주의 사회는 어떤 특정한 시기에 더 자유주의적이거나 덜 민주주의적일 수 있다. 이러한 차이와 변화를 설명하기 위해 마르크스는 그가 사회구성체(Social Formation)라고 부른 확장된 범주를 사용한다. 생산양식이 분석적 범주라면 사회구성체는 역사적 범주이다. 생산양식에 기반한 사회의 역사적 변화를 분석하는 개념이 사회구성체이다. 모든 사회 구성체는 발생과 성장, 성숙 과정, 그리고 더 높은 사회 구성체로의 이행 과정에서 그 나름대로의 일정한 법칙성을 가진다. 노예제, 봉건제, 자본주의, 사회주의 등이 대표적인 사회구성체이다.

마르크스의 자본주의 분석에서 가장 중요한 요소는 생산수단을 소유한 부르주아 계급과 생산수단을 소유하지 못한 채 노동에 의존해서 살아야 하는 프롤레타리아 계급으로 나뉘고 이 두 계급 간에 적대적인 갈등이 존재한다는 것이다. 이런 적대적인 갈등의 가장 큰 원인은 자본가 계급이 프롤레타리아 계급을 무한 착취할 수밖에 없는 자본주의 구조이다.

자본가들이 가지고 있는 단순기계나 생산수단(자원, 원료, 도구)은 그 자체로 생산력을 창출할 수 없다. 오로지 이러한 생산수단을 바탕으로 노동자가 가진 노동력을 활용해야지만 상품을 생산하고 이윤을 확보할 수 있다. 때문에 자본가는 잉여가치를 창출하기 위해 다양한 방법을 통해 노동력을 착취한다. 뿐만 아니라 노동자는 임금 이상의 이윤을 창출하여 잉여가치 증가에 절대적 영향을 미친다. 하지만 자본가는 노동자의 최소생활과 다음세대 노동자 출산을 위한 최소생활의 임금만을 지불한다. 노동자는 먹고 살기 위해서 노동력을 팔 수밖에 없으며 이들의 생사권을 좌우하는 자본가에게 종속될 수밖에 없다. 마르크스는 자본주의 생산력이 증가할수록 기존의 생산관계와 모순이 심화되면서 소수로의 부가 집중되고 근로대중은 궁핍화된다고 분석했다.

또한 마르크스는 자본주의 경제와 정치 관계를 분석하면서 자유민주주의를 비판한다. 자본가들이 자유주의 사회를 실질적으로, 제도적으로 지배한다. 자본가들은 물질적 재화의 생산과 분배, 잉여가치를 사실상 독점하고 있고 민주적으로 선출된 공직자들조차 자본가들의 이익에 복무하는 부르주아의 집행위원회와 다름 없다. 그래서 마르크스는 국가에 대하여 "근대 국가의 행정부는 전체 부르주아의 공동업무를 관리하기 위한 위원회에 불과하다"고 주장했던 것이다. 마르크스는 경제적, 사회적 권력이 계급관계를 만들어내고 계급갈등을 통제하기 위해 국가를 필요로 한다고 주장했다. 그리고 지배계급이 피지배계급을 억압, 착취하는 새로운 수단으로서 국가를 파악했다.

마르크스는 자본주의 사회에 있어 근대 국가란 부르주아 계급이 지배하고 있는 경제적 생산관계가 주축을 이룬 하부구조에 의해 결정되는 상부구조의 일부분이기 때문에, 필연적으로 이 관계를 유지시키기 위한 하나의 도구로서 기능할 수밖에 없는 부르주아 계급의 꼭두각시에 불과하다고 본 것이다. 특히 그는 생산수단을 소유·통제하고 있는 경제적 지배 계급이자 정치적 지배 계급인 부르주아 계급에 의해 이루어지는 지배 행태들을 분석하는 데 중점을 두었다.

마르크스에게 자본주의를 정당화하는 정치 즉, 자유주의는 경제적 영역에서 자본가 계급 등 부르주아의 이익을 보호하는 공권력을 정당화하는 체제이다. 그러므로 마르크스에게 자유주의는 허구이며 억압적이다. 반면에 민주주의는 다수의 무산대중이 소수의 부르주아를 제압하고 국가기구를 장악하여 사유재산의 소유권과 통제권을 국가로 귀속시킨다면 인민을 위한 정치체제로 만들 수 있다고 보았다. 즉, 자본주의 사회에서는 프롤레타리아트가 단결하여 먼저 국가 내에서 혁명과 투쟁을 통해 부르주아가 소유하고 있는 정치권력을 찬탈해야 한다고 주장했다. 마르크스는 프롤레타리아트가 부르주아로부터 정치권력을 확보한 뒤 불평등과 착취, 소외의 근원이 된 사유재산을 폐지하고 진정한 미래 공산주의 사회를 건설해야 한다고 생각한 것이다. 궁극적으로 마르크스는 프롤레타리아 계급의 혁명을 통해 국가 및 지배 계급이 소멸되는 공산주의 사회를 주장하였다.

마르크스에 따르면, 역사는 자유민과 노예, 귀족과 평민, 영주와 농노, 장인과 직인 등 억압자와 피억압자 관계와 같은 지배계급과 피지배 계급간의 투쟁의 역사이다. 이것이 원시공동체로부터 시작한 노예제에서 봉건주의로, 자본주의 사회구성체로 변화해온 원동력이다.

마르크스는 자본주의 사회에서 노동의 비인간적 측면 역시 날카롭게 통찰했다. 마르크스는 자본주의에서는 노동자 대중들이 물질적 경제적 제약으로 인해 잠재력을 실현 못한다고 비판했다. 먼저, ① 노동의 결과로부터 소외: 노동자들이 자신의 생산품을 온전하게 향유할 수 없으며, ② 노동 소외: 창조적 노동이 인간의 유적 본질(자신의 행동과 생각을 통제)을 유지해야 하지만 생존을 위한 수단으로 노동이 전락하고, ③ 노동 과정에서의 소외: 일과 작업장에서 감독과 통제에 순종해야 한다는 점, 마지막으로 ④ 인간 소외현상: 생존과 경쟁에서 더 많은 재화 획득의 지위를 차지하기 위하여 인간을 대상화한다고 비판했다. 더구나 이런 인간 소외는 노동자들 사이에서도 발생한다. 생산기술의 발달로 노동자들의 자리를 대신해 기계가 차지하는 비율이 높아지면서 노동자들 사이에서도 서로 경쟁을 해야만 한다. 자신의 노동력을 상품으로 삼고 자본가에게 자신을 팔기 위해서 같은 노동자인 타인을 적대시해야 한다는 점이다.

한편, 19세기 후반부터 노동조건, 임금, 노동조합의 성정, 그리고 사회주의 정당들의 증진을 통해 노동자 계급을 자본주의 사회 속으로 점진적으로 통합하고자 하였던 개혁적 사회주의 전통이 출현하기 시작하면서 사회주의로의 평화적이고 점진적이며 합법적인 전환이 가능하다고 주장하였다. 이러한 현상은 '의회주의적 길'을 채택함으로써 일어났다. 이러한 개혁 사회주의는 두 가지 기원에 의존하였는데, 하나는 로버트 오웬(Robert Owen), 찰스 프리에(Charles Fourier), 윌리엄 모리스(William Morris)와 같은 사상가와 연결된 윤리적 사회주의가 지니는 인간적 전통이었고, 다른 하나는 베른슈타인(Eduard Bernstein)에 의해 발전된 수정주의적 마르크스주의 형태였다. 독일 사회민주당의 초기 당원이었던 베른슈타인은 영국의 페이비언주의(Fabianism)와 칸트 철학에 영향을 받아 계급적 전쟁의 부재를 강조하였던 경험적 비판은 발전시켰고 사회주의로의 평화적 전환 가능성을 주장하였다.

Ⅲ.
자본주의·민주주의 개혁의 정치경제학

1. 근대 초기의 급진적 사상가들

상업자본주의 시대를 배경으로 17~18세기의 내전을 거치는 동안에 민주주의 이론이 촉발되기 시작했다. 이들은 자본주의가 양산하는 불평등의 문제에 대응하면서 자본주의와 민주주의 관계에 대한 다양한 이론적, 실천적 주장들을 전개했으며 이후 정치경제 사상 및 제도 개혁에 큰 영향을 미쳤다. 첫 번째 흐름에는 해링턴(Harrington)과 수평주의자들(the Levellers) 그리고 디거스(the Diggers)를 포함하여 평등을 주창하는 다양한 흐름이 있었다.

1) 해링턴(Harrington)과 오세아나 공화국

해링턴은 이 시기에 가장 유명한 사상가 중 한 명이었다. 그는 정치와 경제의 밀접한 관계를 강조하며 두 영역을 분리시키는 것은 불가능하다고 주장했다. 해링턴의 사상을 이해하기 위해서는 우선 통치체제에 대한 논의가 필요하다. 어떤 사회의 권력과 부가 독점적으로 한 사람의 손에 집중된다면 그 체제는 공국(Principality)이라고 불리는 군주국이 된다. 이것은 봉건 시대에 지배적인 형태였다. 강력한 왕권을 행사하기 위해 군주는 사회적 부에 대해 독점적 권력이 필요했다. 그러나 현실적으로 군주들이 직면한 많은 문제들의 핵심은 군주들이 절대적 부를 소유하지 못했으며 반면에 지주·귀족 같은 강력한 독자 세력이 경제적인 영역에서 상당한 부를 차지하고 있었다는 점이다. 따라서 군주는 준(準)과두제를 통해서 다른 부유한 토지 소유자들과 권력을 공유해야 했다. 이런 현실은 잉글랜드에 군주를 견제하는 의회가 존재했다는 것을 통해 알 수 있다. 따라서 해링턴은 홉스가 이야기하는 완전한 리바이어던은 존재할 수 없다고 주장한다. 왕과 의회가 양립할 수 있는 것은 권력과 부가 밀접한 관련을 맺을 수밖에 없기 때문이다. 따라서 영국과 같은 현실에서 일반적으로 한 명의 통치자가 정치권력을 소유한다고 할지라도 과두적 지배는 불가피하다. 그런데 민주주의 혹은 준(準)민주주의는 많은 시민들이 적은 재산을 가지고 있다고 할지라도 정부의 운영에 참여하는 것이다. 루소가 주장하듯이 만약 사회의 규모가 아주 작다면 시민들은 직접 통치에 참여하거나 혹은 그들 중에서 선출된 대표자들을 통해 정부를 운영하면 될 것이다.

해링턴은 분명하게 민주주의적 대안 즉, 사회 전체에 넓게 퍼진 정치적 민주주의와 공평한 부의 분포(즉 극도로 부유하거나 권력을 장악한 개인이나 집단이 없는 아리스토텔레스의 헌법적 정부)를 지지했다. 가장 이상적인 경우는 소박할지라도 모든 사람이 비슷한 규모의 재산을 가진 소유자가 되는 것이다. 민주주의를 유지하기 위해서는 소수가 많은 재산(당시로서는 토지가 대표적 사유물)을 소유해서는 안 된다. 따라서 해링턴은 어느 개인도 일정 규모 이상의 토지를 소유하지 못하게 하는 농업법을 제안했다. 이는 모든 사람이 동일한 크기의 땅을 가져야 한다는 것은 아니다. 다만, 어느 누구도 가장 최소의 기본 토지의 면적보다 몇 배 이상의 토지를 소유하지 못하게 하는 것이다. 우연하게도 이것은 플라톤이 『법률(The Law)』에서 제기한 해결책과 동일한 것이다. 물론 아담 스미스는 이런 제도가 부를 극대화하는 데 비효율적이라고 비판했을 것이다. 그러나 효율성이 정의로운 공동체를 위한 유일한 기준은 아니다. 예컨대, 상업자본주의는 소박한 토지소유자들의 농업사회보다 더 효율적일 수 있지만, 공동체 전체에 유익하게 부가 분배되는 데는 효과적이지는 않을 수 있다. 조직이론분야의 선구자적인 이론을 수립한 행정학자이자 최고 경영자였던 체스터 바냐드(Chester Barnyard) 역시 그의 저서 『The Functions of the Executive (행정부의 기능)』에서 개별적인 일과 비즈니스의 기준에서는 아무리 효율적일지라도 사회 전체로 볼 때는 해악을 가져올 수 있다고 지적했다. 해링턴 역시 상업 자본주의의 효율성은 인정하였지만 농부들이 그들의 땅을 잃고 재산이 없는 노동자로 전락하는 것의 심각한 해악을 우려했다. 따라서 건강한 민주주의 사회를 유지하기 위해서 상업 자본주의는 적합하지 않으며 비슷한 재산을 소유한 다수에 기반한 민주주의와 연계된 경제체제를 만들어야 한다는 것이다.

특히 해링턴은 역작 『오세아나 공화국(The Commonwealth of Oceana)』에서 다수 인민이 공평한 토지 소유로 인해 진정한 주권자가 되는 공화국을 묘사하고 있다. 이런 공화국은 비교적 평등한 재산의 균형에 기반해 수립되었기 때문에 안전하고 완전한 공화국이 될 수 있을 것이다. 더구나 해링턴은 아테네 폴리스(도시국가)의 "누구나 통치할 수 있고 통치받을 수 있다"는 원리를 연상시키듯 시민들 사이에 공직의 순환적 교체를 강조했다는 점에서 시민적 공화주의자인 동시에 공공선에 대한 시민의 책무를 강조했다. 그는 이러한 원리를 17세기 영국의 현실에 적용시키고자 노력했다는 점에서 이상적 현실주의자라고 볼 수 있다. 미국 건국의 시조들에 영향을 미친 해링턴은 아리스토텔레스의 영향을 받아 극심한 경제적 불평등은 자유로운 공화국에 암적인 요소임을 강조하면서 적절한 규모의 소유를 통해 독립성을 구가할 수 있는 중산층 계급의 중요성을 강조했다. 해링턴은 이후의 사상가들에게 큰 영향을 주었으며 상업자본주의와 민주주의의 관계에 대해 근본적인 문제를 제기했다. 즉, 민주주의 정치경제는 소박하고 평등한 소유권에 기반한 경제 체제를 필요로 하며 상업 자본주의는 이에 적합하지 않다는 것이다.

영국의 정치가이자 정치철학자이다. 명문 가문의 장남으로 태어나, 옥스퍼드 대학에서 수학하는 중 중퇴, 30년 전쟁에 종군하였다. 이후 여행길을 떠나 각국의 언어, 정치, 사회제도를 연구하여 귀국한 후, 혁명의회의 의원으로 선출되어 정치가로서 활약하였다.

해링턴의 정치이론과 사상은 국내뿐만 아니라 서구의 학계에서도 충분히 소개되지 못했다. 그러나 해링턴은 권력분립주의를 실현시킬 수 있는 제도적 모형을 제시하였다는 점에서 사상사에 한 획을 그은 이론가이다. 해링턴의 사상의 정수를 알려주는 저서는 '오세아나 왕국'이다. 오세아나 왕국은 토마스 모어의 유토피아처럼, 가상의 이상적인 국가의 원형과 원리를 고찰한 저서이다.

해링턴은 해당 저서에서 공화주의를 주장하였으며, 특히 법의 지배를 실현시킬 수 있는 정치기구 모형에 천착하였다. 주목할 지점은 17세기에 이미 권력의 부패와 집중을 방지하기 입법부와 행정부, 사법부의 권력분립을 제안했다는 점이다. 이러한 해링턴의 착상은 현실적으로 미국 정부제도에도 큰 영향을 미쳤으며 현대정치학의 구성에 근본적인 영향을 미쳤다.

또한 해링턴은 정치와 경제, 즉 민주주의와 자본주의 사이의 관계까지도 고찰했다. 해링턴은 권력이나 부 중 한 요소가 비대칭적으로 분배될 경우, 나머지 하나도 그 영향을 받아 분배의 왜곡을 가져온다고 판단했다. 특히 그는 부의 분포가 권력의 향방에 결정적인 영향을 미친다고 판단했다. 그러므로 만민의 평등함을 전제하는 민주주의가 유지되기 위해서는, 모든 인민이 일정 수준의 토지와 재산을 보유해야한다고 주장하였다. 주요 저서로 「오세아나 공화국」 등이 있다.

2) 수평주의자(the Levellers)와 재산의 평등

수평주의자들은 그 명칭이 시사하는 것처럼, 경제와 사회가 균등해지기를 원한 평등주의자들이었다. 그들은 모든 사람의 사유재산권은 보호받아야 한다고 생각했으며 동시에 모든 사람이 일정 이상의 사유재산을 가져야 한다고 생각했다. 만약 모든 사람이 적절한 재산을 가진 시민들이라면 그들은 정치적으로도 동등하고 적극적인 시민이 될 수 있다. 그런 시민들은 자신과 공동체를 위해 직접 정부를 운영하거나 일 년 동안 봉사할 대표자들을 선출하여 정부를 운영할 것을 주장하였다.

질문: 만약 모든 사람들이 동일한 재산을 균등하게 나누어 가진다고 하여도 그런 평등한 상태를 유지한다는 것은 어렵습니다. 과거 소비에트연방처럼 사유재산을 부정하는 사회가 아니라면, 부의 분배를 획일화하는 것은 불가능한 것 아닐까요?

답: 근대 초기의 사상가들은 이런 지적 자체가 잘못된 것이라고 대응했을 것입니다. 해링턴의 핵심 주장은 농업법이었으며 이것은 사유재의 분배의 문제가 아니라 그 소유에 제한을 두자는 것이었습니다. 수평주의자들의 문제의식 역시 재산 규모의 차이가 나는 것을 반대하지 않았습니다. 다만, 특정한 대규모 자산가들이 부의 대부분을 장악하고 있다면, 재산이 아주 적거나 없는 사람들이 재산을 가지는 것이 불가능하고 인격적으로 종속될 것이라고 강조하고 있을 뿐이죠.

민주주의 원리가 실현되는 정치체제를 유지하기 위해서는 시민들 사이에 재산 규모의 격차가 너무 커서는 안 된다. 만약 대규모 자산가들이 존재하지 않고 모든 사람에게 일정 정도의 토지나 재산의 확보가 가능하다면 사유재산을 증식하기 위해 필요한 저축은 가능할 것이다. 그러나 만약 내가 현대·기아 자동차회사를 인수할 정도로 사유재산을 축적하는 것을 허용해서는 안 된다는 것이다. 따라서 대규모 자산가가 없을 경우에는 자산 규모가 큰 사람과 작은 사람 사이의 불공정한 경쟁이 줄어들 것이다. 물론 이에 대해 비판자들은 규모의 경제가 더 효율적이라고 주장할 것이다.

일정한 재산을 가지지 못한 사람들은 반드시 저축을 해서 재산을 증식해야 한다. 그리고 저축을 하기 위해서는 소득이 있어야 한다. 그러므로 누군가가 재산(당시에는 토지)을 소유하지 않았다면 그는 재산을 소유한 사람들에게 종속되어 일을 해야 한다. 더구나 소수가 막대한 재산을 소유하고 있다면, 재산이 없는 사람들은 그들의 노동이나 임금을 위하여 자신의 이익을 대변할 수 있는 노동과 임금의 자율적 교환은 어렵다.

아담 스미스도 이런 불평등한 권력관계에 대해 다음과 같이 이야기했다. "노동자들은 언제나 어디서나 임금 인상을 위해 단결을 한다. 반면에 주인들은 언제나 어디서나 임금 인하를 위해 결탁을 한다. 그러나 우리는 이러한 상황에서 누구에게 더 유리한지 잘 알고 있다." 우리 모두 알고 있듯이 분명하게 부유한 재산소유자들에게 유리하다. 그러므로 우리가 아주 막대한 토지나 재산을 소유한 소수들과 재산이 없는 노동자들로 나뉜 사회에 살고 있는 한, 재산이 없는 사람들이 유의미한 자기 재산을 가지기 위해 저축을 할 정도의 임금을 받는 것은 어려운 일이다. 그들은 겨우 먹고 살 정도의 최소한의 임금만 받게 될 가능성이 크다.

수평주의자들은 사유재산 제도를 없애거나 공동 소유의 재산을 설립하거나 모든 사람이 동일한 재산을 가져야한다고 주장하지는 않는다. 그들이 원한 것은 가능한 한 많은 사람이 소박한 규모의 토지 혹은 적당한 사유재산을 가지는 것이다. 이 목표를 이루기 위해서 수평주의자들은 중하층 계급의 사람들을 위한 '사회정책'을 주창했다. 수평주의자들은 낮은 계층의 사람들에게 기술교육을 시켜서 미래의 농부가 되고 재산소유자가 될 수 있게 만들면서 큰 농장과 경쟁할 수 있는 교육법을 주창했고 소상인을 위한 조세법 및 관세를 지지했다. 그리고 막대한 부를 가진 사업주들에 대해서는 더 큰 과세를 부담지우는 조세법 등을 제안했다.

정치적 측면에서는 이러한 소박한 재산소유자들이 정부를 운영하도록 해야 안정된 사회를 유지할 수 있다고 주장했다. 소박한 시민들이 대표자를 선출하고 또 대표자로 선출될 수 있어야 한다. 당시의 시대적 배경 속에서, 이러한 정치제도를 유지하기 위해서 우리는 소박한 소유주의 경제를 필요로 한다. 수평주의자들은 특별히 노동자들에게 유리한 정치적·경제적 이론을 주창하지 않았다. 다만, 사유재산을 가진 사람만이 선거권을 가져야 한다고 주장한 점을 볼 때, 그들에게 지금과 같은 보통선거권에 대한 명확한 의식은 없었다. 하지만 소박한 소유주의 경제 하에서는 대부분이 선거권을 갖게 된다고 볼 수 있다.

당시로서 이들의 주장은 급진적인 사유재산 민주주의 형태를 띠었다고 볼 수 있다. 적은 재산을 가진 사람들에게도 선거권을 폭넓게 확장했으며, 이들로 구성된 의회 구성원들을 선출하여 정치권력에 대한 철저한 감시와 통제를 매년 하기를 요구하였기 때문이다.

3) 디거스(the Diggers)와 급진적 평등주의

디거스는 수평주의자들보다 훨씬 더 극단적인 좌파 집단이었다. 때문에 영국 혁명 이후 통치자가 된 크롬웰의 군대는 디거스들을 해산시켰다. 대표적으로 윈스탠리(Gerrard Winstanley)는 『옳음에 대한 새로운 법(The New Law of Righteousness)』과 『자유의 법(The Law of Freedom)』이라는 책에서 수평주의자의 생각을 더욱 급진적으로 전개했다. 그는 개인들이 사유재산을 모아서 작을 땅을 소유하려는 것은 소용이 없다고 강조했다. 왜냐하면 상업 자본가들은 평범한 사람들과 비교할 수 없을 정도로 더 큰 부를 증식하면서 강력한 세력이 되어가기 때문이다. 그러므로 더 급진적인 평등화 조치들이 있어야 한다는 것이다. 예를 들어, 토지는 경작을 할 수 있는 사람들만 소유해야 하며 또한 직접 농사를 짓는 농민들에 의해서 공동으로 소유되어야 한다는 것이다. 이 문제에 대한 디거스의 주장은 다음과 같이 요약될 수 있다. "자기 자신이나 가족, 이웃 주민들처럼 형제애와 유대감으로 빵을 나누어 먹을 수 있는 사람들이 협력하여 경작할 수 있는 크기 이상의 땅을 어느 누구도 소유해서는 안 되며 자신의 토지 경작을 위해 누군가를 고용할 수 없다."

이러한 소유 규모에 대한 제약은 보통선거권의 확장으로 연결된다. 모든 성인 남성은 투표자가 되며 공직에서 일할 공평한 자격과 권리를 갖는다. 의회는 이런 사람들 사이에서 선출된 대표들로 구성되며 시민들에게 책임감과 의무를 다해야 된다. 이것은 성인남성 선거권이 의미하는 민주적 특징이다. 비록 여성에게까지 적용되지는 않았지만 이런 주장은 당시로서는 대단히 급진적인 주장이었으며 보통선거권의 확장을 불러온 민주주의에 중요한 영향을 미쳤다.

해링턴으로부터 수평주의자, 디거스 그리고 윈스탠리까지 이어지는 밀접한 연관성이 있다. 정치체제가 더 급진적으로 민주주의 이상에 가까울수록 경제체제는 더 급진적으로 비자본주의적(사유재산의 부정)으로 진행한다는 점이다. 그리고 그 반대의 논리도 성립한다. 즉, 자본주의 경제체제를 인정할수록 사유재산의 신성함과 시장경쟁을 옹호하게 되며 이는 다른 정치적 영향이 없다면 민주주의를 축소하게 된다. 그 이유는? 부자들의 재산을 빼앗을 수 있는 빈민들이 정치에 참여해서는 안 되기 때문이다. 그러므로 17세기의 급진적인 사상가들은 당신이 만약 민주주의를 원한다면 당장 사악한 자본주의를 막아야 한다고 주장했을 것이다. 반대로 당신이 만약 상업 자본주의(부와 경제적 힘이 소수의 상인과 상업 자본가들에게 집중되어 있는 사회)가 좋은 제도라고 생각한다면, 그런 소수의 독점상태를 보호할 수 있는 절대 군주처럼 강한 통치자 혹은 부유한 상인이나 지주들로 구성된 의회가 가장 좋은 정치제도라고 주장할 것이다. 그러므로 이런 정치체제는 대중민주주의보다는 과두제 성격이 강한 민주주의가 될 것이다. 어쨌든, 17세기의 홉스부터 급진적인 민주주의 사상가들까지 민주주의와 자본주의는 양립하기 힘든 체제였으며 하나를 가지기 위해서는 다른 하나를 포기 또는 양보해야 하는 관계였다.

2. 계몽군주론과 보수주의

1) 디드로(Diderot)의 개혁사상과 계몽군주

계몽군주 이론은 18세기 프랑스 사상가(합리주의자)들의 지배적인 관점이었다. 드니 디드로(Denis Diderot)는 자신의 절대의지에 의하여 통치하는 절대군주와 로크의 법에 의해 통치(Rule of Law)하는 헌법적 군주 사이의 계몽군주를 제안했다. 계몽군주는 절대군주의 모든 권력을 법에 의해 보장받고 막강한 권한을 행사할 수 있다. 그러나 계몽군주는 17, 18세기 시대적 변화를 통찰한 지적인 계몽철학자들에 의해서 합리적으로 계몽되어 있기에 절대군주와 달리 시대의 요구에 충실하게 부응할 수 있다. 계몽군주가 통치하는 정부를 통해 계몽 사상가들이 추구하는 전통적·경험적 요소보다는 원칙과 이성이 지배하는 국가와 사회의 진보를 이루려고 시도했다. 이 부분에서 계몽주의자들은 보수주의자들의 비판을 받는다.

드니 디드로 Denis Diderot (1713~1784)

프랑스의 계몽주의 철학자이자 작가이다. 디드로는 상파뉴에서 소매상의 아들로 태어났다. 그는 예수회 산하의 학교에서 문학학사 학위를 취득하였다. 디드로는 앙드레 르 브르통과 조우하면서 프랑스 지성사의 한 획을 긋는 계기를 맞이한다. 디드로의 재기발랄함을 눈여겨본 서책상인 브르통은 그에게 체임버스 백과사전의 불어 번역을 제의한다. 제의를 수용한 디드로는 작업을 시작하였으나, 당초 취지와는 달리 아예 새로운 내용을 담은 사전을 편집하기 시작하였다. 디드로의 작업은 프랑스 식자층의 대대적인 관심을 끌었으며 몽테스키외 등 약 180여명의 연구가들이 편찬 작업에 참여하였다. 백과전서 편찬사업은 1751년 제 1권 출간 후에 과학과 예술, 기술에 관한 사전이 1772년에 최종 권이 발간되면서 그 대장정을 종료하게 되었다. 20년간 디드로는 편찬사업에서 대부분의 편집을 일임하였다.

그러나 디드로가 백과전서를 편찬한 과정은 고행에 가까웠다. 백과전서 편찬 초기에는 수많은 식자들이 관심을 보이고 적극적으로 기고하였으나, 견해 차이 등으로 작업에서 이탈하기 시작하였다. 정치적 탄압도 디드로의 편찬 작업을 괴롭혔다. 초기에는 프랑스 정권 차원에서 사업을 장려하였으나 인간의 이성, 사상의 자유, 과학과 기술의 가치, 종교적 관용 등 민감한 사안을 주창하고 신학과 교회의 전횡을 비판하면서 국가의 가장 큰 관심은 인민이라고 주장했기 때문에 프랑스 왕실로부터 극심한 탄압을 받았다.

결국 정치적 탄압과 보복을 두려워한 출판업자들에 의해서, 백과전서의 일부 내용은 삭제된 채 출판되고 말았으며 디드로는 깊은 아쉬움을 표하였다. 그러나 디드로가 대체 불가능한, 불멸의 학문적 업적은 결코 삭제할 수 없다.

주요 저서로 「백과전서」, 「수도녀」, 「달랑베르의 꿈」이 있다.

디드로 역시 시민을 시민답게 만드는 것은 사유재산이라고 생각했다. 국가 내에서 일정한 소유물을 가지고 있는 사람은 그의 신분적 계층에 상관없이 몫을 가진 시민(proprietor)으로서 국가와 공적인 업무에 관심과 참여할 자격을 가지고 있으며, 재산을 소유하고 있기 때문에 그는 목소리를 내야 하며 자신의 대표자를 가질 권리를 가진다. 그러므로 계몽군주의 첫 번째 중요한 임무는 재산을 가진 사람들의 재산과 발언권을 보호하는 것이다. 여기서 계몽군주의 특징은 보수적인 로크의 생각과 비슷한 요소를 가지고 있다.

이에 비해, 계몽철학자들은 정부가 재산을 보호할 뿐만 아니라 자유를 더욱 적극적으로 보호하고 촉진하기를 원한다. 왜냐하면 더 큰 자유를 누릴 때 사람들은 그들의 재산을 극대화하고 확장할 수 있는 최고의 상태에 놓이기 때문이다. 15세기부터 18세기에 걸쳐 유럽에서 중앙집권적 군주국가 체제가 성립되면서 근대적 산업 체제를 확립하기 위해 채택한 국가본위의 간섭정책인 중상주의 시대에 개인들은 그들의 재산을 최대한으로 확장시킬 수 있는 자유를 가지지 못했다. 그러므로 자유에 대한 보호는 재산소유자로서 개인들이 자신들의 권리와 이익을 극대화할 수 있게 되는 길을 여는 것이다. "사람들을 자유롭게 남겨두어라. 그러면 그들은 자기이익의 법칙(the laws of self-interest)에 따라 그들 자신의 의지를 따라갈 것이다." 이런 명제는 18세기에 자기이익 추구자로서 근대적인 인간형에 대한 담론이 확산되기 시작했다는 것을 의미한다. 이미 살펴본 것처럼, 『국부론』과 『도덕 감정론』에서 스미스는 통치자는 사람들이 자신의 의도한 바에 따라 행동하는 것을 간섭하면 안 된다는 주장을 전개했다. 왜냐하면 시장에서 자기 자신의 이익을 추구하는 사람들의 행동이 모여 공익을 성취하게 만드는 사회적 협력과 통합의 원리가 존재하기 때문이다. 계몽 철학자들은 이러한 관점을 기반으로 군주에게 시민들을 간섭하지 말고 자유와 재산만을 수호하는 것이 최선의 통치라고 조언하였다.

돌바크(Baron d'Holbach)는 "자유는 동료 시민들 사이에 추정되는 평등에 있지 않다. 허구적 평등은 우리의 본성과 공존할 수 없는 민주주의가 키우는 키메라(사자의 머리에 염소 몸통에 뱀 꼬리를 단 그리스 신화 속 괴물)이다. 우리의 몸과 마음에는 존재를 불평등하게 만드는 본성과 능력의 차이가 있다"고 하였다. 그러나 돌바크가 실제로 사람들이 불평등하다고 주장하는 것은 아니다. 그는 사람들의 자연적인 불평등을 강조하고 있는 것이다. "진정한 자유는 인간의 자연적인 불평등을 치유할 수 있는 법을 보호하는 것에서 존재한다. 부자이건 가난하건, 다수이건 소수이건, 주권을 가지고 있건 종속되어 있건, 모든 사람들을 공평하게 법을 통해 보호하는 것이다." 자유주의자 로크와 같이 돌바크는 정부는 모든 사람의 재산과 자유를 보호해야 하는 의무를 가진다고 말한다. 정부는 어떤 개인이라도 자유롭게 자신의 일을 할 수 있는 법률적 보장을 통해 가난한 사람들과 소수를 보호해야 한다. 이것이 17, 18세기 자유주의 사상가들의 핵심적 생각이었다.

2) 보수주의의 아버지, 버크(Burke)의 민주주의

보수주의는 17~18세기의 혁명적 상황에서 특히 당시에 급부상하고 있던 고전적 자유주의 그리고 합리주의와 대립각을 세우며 체계화되었다. 19~20세기 초반에 형성된 유럽의 전통적 보수주의는 봉건주의 하에서 귀족계급을 대표하는 세력이 중심이 되어 계몽주의 사상과 산물을 거부하는 입장을 의미했다. 프랑스 혁명을 전후하여 당시의 새로운 시대적 흐름인 르네상스, 종교개혁, 사회계약, 인민주권, 평등, 입헌주의 등을 정치적으로 비난하고 종교적인 중세적 이상과 귀족주의적 위계질서를 찬미하는 핵심적 입장을 담고 있다. 보수주의는 인간의 능력은 차이가 있다는 전제하에서 이성의 힘을 맹신하여 인간의 이성에 의한 새로운 사회 건설을 위험하고 무책임한 것으로 비난했다. 대신에 세대를 거쳐 전승되는 복합적인 관습체계로서 전통과 관행, 과거의 유지에 대한 합리적 성찰과 신념을 강조했다. 왜냐하면 이러한 관습체계가 사회를 안정되게 유지하는 기반이 되기 때문인 것이다.

영국의 유명한 정치가이자 철학자이며 작가인 에드먼드 버크(Edmund Burke)는 고전적 보수주의의 아버지라고 불리운다. 영국 하원의원이었던 버크는 고전적 보수주의의 가장 명료한 대변자였다. 물론 버크 자신은 결코 자신을 보수주의자로 칭한 적이 없으나(사실 1800년대 이전에는 자유주의 혹은 보수주의라는 정치용어가 존재하지도 않았다)

자신의 연설과 저작들 속에서 독특하게 보수적인 정치적 입장을 표명하였다. 특히 그는 당시에 자유와 평등의 대명사처럼 불린 프랑스혁명에 대해 반발하면서 저서『프랑스혁명에 대한 성찰(Reflections on the Revolution in France)』에서 프랑스 혁명을 맹비난했다. '그들의 행위는 평등이란 이름의 평준화였고, 자유란 명목의 허무주의였으며, 인민이란 이름하에 행사된 절대적이고 총체적인 권력이었다'고 주장했다. 버크는 인간의 본성과 정부에 대해 혁명가(자코뱅(Jacobin))들이 잘못된 인식을 하고 있으며 자유에 대한 관념 또한 오도하고 있다고 믿었다. 혁명가들은 실제로 존재하는 일반 대중들에게는 관심이 없으며, 교육과 설득을 통해 그리고 필요하면 무력과 공포를 이용하여 그들이 원하는 부류의 인간들을 만드는 데 절대적 권력을 사용하였다는 것이다. 보수주의자 버크는 인간 이성의 불완전성을 강조한다. 이성과 과학의 발전에 입각하여 오랫동안 형성된 사회 전체를 재조직화하는 시도는 무책임하며 오히려 사회질서를 파괴하게 된다는 것이다. 보수주의는 사회에 대한 전통적인 이해방식을 강조하며 상식과 경험적 이성의 중요성을 강조한다. 특히, 보수주의는 18세기를 전후하여 급부상하고 있었던 자유주의적 인간관을 고립된 개인주의를 선동하고 인간을 저열한 사익 추구자로 만든다고 맹비난했다. 보수주의에 따르면, 좋은 삶은 오랫동안 사회적으로 형성된 가치관을 믿고 존재의 거대한 네트워크 내에서 각자의 위치에 맞는 역할을 수행하는 것이다. 이런 관점에서, 보수주의는 가문과 혈통을 중시하며 사람들의 재능과 능력은 서로 다르기에 이에 근거하여 자신에게 맞는 사회적 역할과 기여를 통해 유대감, 소속감을 강화하는 정치적 입장을 간주한다. 때문에 가문, 혈통, 계급, 인종, 성별 등에 기반한 불평등을 자연스러운 것으로 간주했다.

또한 그는 혁명가들이 개인의 권리와 이익 및 선택이라는 것에 집중함으로써, 사회를 이익들의 집합체 혹은 서로 관련이 없는 독립적인 원자들로 이루어진 모래알의 사회로 간주하게 만든다고 비난하였다. 그는 사회를 유기체적 관점에서 바라보면서 사회는 '사회적 직물(social fabric)'과 같은 것으로 개개의 구성원들은 융단 속에 엮여 있는 실들과 같은 존재라고 하였다. 버크는 특히 "사회는 부분들의 총합보다 더 큰 실체이며 그 자체로 존재하는 별개의 실체이며 과거와 미래를 가진 실체"라고 하여 복잡한 상호연관성을 가진 유기체적 사회를 제시했다. 유기체적 사회는 건강한 인간의 신체와 비유할 수 있는데 인간의 신체에도 두뇌와 심장, 모발과 편도선이 있듯이 사회에도 위계와 서열이 존재한다. 즉, 더 중요한 인간과 집단, 덜 중요한 인간과 집단이 존재하는바, 개인, 조직, 제도가 전통적으로 주어진 역할과 기능을 수행할 때 그 사회는 원활하게 작동한다는 것이다. 합리적이지도 않고 자율적이지도 않으며 능력도 같지 않은 인간들이 이러한 유기체적 사회 속에서 살아갈 수 있는 것은 정부와 오래 지속되어 온 관습, 그리고 전통이 있기 때문이다. 정부, 관습, 그리고 전통은 필수불가결한 것이기 때문에, 정부 역시 필요에 따라 언제나 분해되고 조립될 수 있는 기계적 성질의 것이 아니다. 사람들은 정부에 복종하고 존경하며 심지어 숭배하는 습관까지도 습득해야 한다고 주장함으로써 국립교회와 귀족 정부를 옹호하였다. 또한 평범한 사람이 현명하게 선거를 할 수 있는 시간과 경향을 습득할 수 없다고 생각하여 민주주의에 대해서는 부정적인 견해를 가지고 있었다.

버크뿐만 아니라 고전적 보수주의는 일반적으로 천부적 귀족계급(natural aristocracy)이 사회 지도층 역할을 할 때 사회 발전이 잘 이루어진다고 강조한다. 정치공동체에는 대표자 집단과 평민 집단이 존재하는바, 농민이나 노동자, 도시 부르주아보다 왕실, 토지소유귀족, 성직자들에게 더 큰 특권과 책임을 부여하는 것이 신의 질서에 부합한다. 특히 귀족 계급은 개명된 지도자로서 이익 추구적이지 않고 부의 분배로부터 초연한 통치 집단이며 이들의 역할과 리더십이 절대적으로 중요하다. 때문에 이들은 이익과 정념의 지배를 받을 가능성이 높은 일반 대중을 계도하고 사회의 질서를 유지해야 한다. 이렇게 개인과 집단마다 타고난 고유한 지위와 역할을 인정하게 되면 다양한 차등도 인정해야 한다. 즉, 가문과 재산에 따라 차등적 경제적, 정치적 권리를 향유해야 한다는 것이다. 그러므로 통치 집단은 대중들의 변덕과 거부감에 휘둘려서는 안 되며 평민, 무산자들의 정치참여를 핵심으로 하는 민주주의는 신성한 전통적 질서를 붕괴시킬 것이다.

무엇보다도 민주주의는 다수의견에 대한 강조를 통해 사회 다양성의 조화(다원주의)를 무너트리고 획일적이고 평등주의적인 프레임에 넣어 대중(masses)이라는 개념을 창조하게 되어 시간이 지날수록 대중에게 의존하게 된다는 것이다. 이러한 결과물은 신임투표적 독재(plebiscitary dictatorship)라는 형태로 귀결된다.

버크는 통치체제와 의회의 귀족적 본질에 대해 다음과 같은 두 가지 중요한 주제에 대해서 이야기하였다.

에드먼드 버크 Edmund Burke (1729~1797)

영국의 철학자이자 정치인이다. 버크는 명문 대학인 트리니티 칼리지(Trinity College)에서 수학한 후에 정치가, 문필가, 그리고 미학자로서 활약하였다. 버크가 철학적 기초를 세운 보수주의의 정수는 1790년 저술한 『프랑스 혁명에 대한 성찰』(이하 '성찰')에 담겨있다. 버크는 프랑스혁명이 일어난 직후, 그 과정에서 나타난 과격성과 급진주의를 최초로 비판하였다.

버크는 '성찰'에서 프랑스혁명을 '몽매하고 잔혹한 열정이 이끄는 폭정'으로 묘사하고 통렬하게 비판한다. 버크가 프랑스혁명에 가혹한 비판을 한 까닭은 현존하는 법률과 제도를 역사적인 전통으로 이해하였기 때문이다. 예컨대 기존의 체제는 일견 불합리한 것으로 비추어질 수 있다. 그러나 그것은 과거부터 꾸준히 갱신되면서 발전한 역사적 소산이며, 과거와 현재와 미래에 살아갈 사람들의 지혜가 집약된 결정체이다. 이러한 지혜의 결정물은 '섭리'에 해당하며, 섭리는 조율의 대상이지 타도의 대상이 아니었던 것이다.

또한 버크는 세력 간 균형을 프랑스 혁명에 대한 비판의 논거로 활용했다. 현존 체제는 공동체의 지혜만이 아니라, 귀족과 대중 사이에 달성된 균형을 반영하는 질서이기도 하였다. 질서의 변화는 서로 다른 이해를 가진 세력 간의 양보와 공존이 가능한 선에서 이루어져야한다고 본 것이다. 버크의 사상은 그 논리적 정합성과는 별개로 다분히 귀족적이라는 비판이 뒤따랐다. 그러나 버크의 사상이 민중에게 오로지 적대적인 것은 아니었다. 버크는 사회적 약자에 대하여 귀족들이 충분한 책임을 질 필요가 있다고 역설하였다. 이러한 온정주의적 측면은 유럽 보수 정파가 실천한 복지정책의 사상적 근간이 되었다. 또한 보수주의의 정치적 맞수였던 자유주의 정파로 하여금 사회복지를 포섭하는 '사회적 자유주의'로 변화를 유도하는 촉매제 역할을 하였다.

주요 저서로 「프랑스혁명에 대한 성찰」, 「숭고와 미의 근원을 찾아서」가 있다.

① 대중과 과반수 의사결정의 규칙

버크는 대중 혹은 전체 유권자나 전체 시민에 대해서 논의할 때, 과반수 의사결정의 한계를 비판하는데 이는 민주주의 비판과 연관이 있다. "더 현명하고 더 전문적이고 더 부유한 사람들이 더 어리석고 잘 알지 못하며 더 가난한 사람들을 계몽하고 보호하는 전통에 의해 지휘되는 관습적인 사회규범을 가진 국가(state of habitual social dis-cipline)에서는 숫자의 많고 적음이 항상 중요한 고려 사항이 되는 것은 아니다." 만약에 당신이 이러한 관습과 오랜 규범의 조화를 방해하고 질서를 깨버린다면 어떻게 될 것인가? 만약에 대중이 그들의 귀족적 지도자들의 지시를 따르지 않고, 대중들이 관습적 규범에 순응하지 않으면 어떻게 될 것인가? 그렇다면 우리는 이제 민주정이 아니라 폭민정(mobocracy) 속에서 살게 된다. 혹은 민주정과 귀족정의 결합이 아닌 폭민에 의해서 통치받게 될 것이다. 이러한 상황에서 사람들은 그들에게 적합한 지도자를 부정하고 그들에 대항하는 군대가 되며 탈영병, 방랑자, 야생 짐승이 된다. 이러한 경우에 권위에 대한 순종이란 없으며 이익이 있을 때마다 그들은 싸우고 죽일 것이다. 즉, 우리 모두 그런 야생의 세계를 피할 수 없게 될 것이다.

그래서 민주주의에 대한 버크의 관점은 매우 제한적이다. 민주적 유권자들이 관습적 규율(habitual discipline)에 따르며 도덕적인 지도자들을 따르는 한에 있어서 민주주의는 수용될 수 있다. 버크의 사회는 매우 정교하게 설계된 위계적 사회이다. 그것은 분명한 계급 분화 사회이며 그런 사회 안에는 사람들이 전통과 규범을 지키는지 감시하는 모든 종류의 조직들과 집단들이 있다. 그래서 종교는 버크에게 대단히 중요한 규범이며 관행과 규율을 따르게 만드는 전통이다. 종교적 경건성은 사람들에게 주어진 질서와 역할을 부여하는 신의 질서에 순응하게 만들·것이다. 이 점이 사회개혁을 주장하는 마르크스가 "종교는 마약이다"라고 정의하는 이유일 것이다.

② 선출된 의원의 독립성 문제
버크는 자신을 선출한 브리스톨의 시민들에게 의회의 구성원으로서 지지자들과 대표의 관계, 그리고 대표와 의회의 관계에 대해서 다음과 같은 내용으로 연설했다.

첫째, 브리스톨에서 인민에 의해 선출된 대표자로서 버크는 브리스톨 인민들의 복지와 행복에 대해서 깊게 고민하고 있다고 말한다. 그리고 만약 그가 이런 의무를 의회에서 추진하지 않는다면 사람들은 그들을 다음 선거에서 내쫓을 권리가 있다.

둘째, 그러나 그는 영국 전체, 즉 국가를 위해서 일하기 위해서 선출되었다. 의회가 하는 일 중 가장 중요한 일은 올바른 정책을 판단하고 판결하는 것이다. 일반 대중은 전문가도 정치적 지도자도 아니다. 그들은 단순히 투표자일 뿐이다. 버크는 유권자들의 삶에 관심을 가지

겠지만 그들은 자신들의 이익을 위해서 버크가 받아들이지 않을 권위적인 지시나 명령을 내려서는 안 된다. 버크는 그들에게 고용된 사람이 아니다. 대표자는 자기 자신이 사려 깊은 판단을 내려야 하는 독립적인 사람이다. 그렇지 않다면 사람들 스스로가 의회에 있어야 할 것이다. 의회는 서로 다르고 적대적인 이익을 가지는 집단들을 단순하게 대리하는 대사들의 의회(Congress of Ambassador)가 아니라 국가 전체에 중대한 문제를 깊이 생각하고 심의하는 의회(Deliberative Assembly)이다. 우리는 오늘날에도 이러한 비슷한 논의를 국회의원들로부터 들을 수 있다.

한편, 버크는 자유주의를 비판한 보수주의자이지만 고전적 자유주의와 유사한 측면을 가지고 있다. 그는 입헌군주(The Constitutional Monarchy)를 이야기하면서 정부는 강력한 권한을 갖지만 개인의 사적 이익과 경제를 자의적으로 간섭하지 않는다고 강조한다. 버크는 일종의 대의민주주의라는 영국적 맥락에서 입헌군주를 지지한다. 버크는 아테네적인 민주주의를 신뢰하지 않았으며 로크처럼 정부는 독단적이거나 변덕스럽지 않아야 하며 경제에 간섭하지 말아야 한다고 주장했다. 버크의 정부 역할에 대한 의견 중 많은 부분 고전적 자유주의자들과 공유하는 부분이 많으며, 그의 주장을 다음과 같이 요약할 수 있다.

첫째, 정부는 철저히 공적인 사안과 평화와 안전, 질서, 그리고 번영을 위한 것에만 권한을 행사해야 한다. 정부는 사적인 영역은 개입하지 말아야 한다. 대신에 사적이지 않은 영역에 대해서는 정부의 권위 아래에 두어야 한다. 이것은 법을 통해 정부의 개입 영역을 규정하여 정치권력의 자의성을 제한하기 위함이다.

둘째, 정부는 국가에서부터 지방, 교구에서 개인 가정에 이르기까지 사려깊게 관여해야 한다. 지방의 일은 지방 정부에 맡겨야 하며 각각의 지역적 수준에 맞는 정부의 기능이 있으며 또한 지역 단위에서는 지방정부가 개인과 집단들의 요구에 더욱 효과적으로 대응할 수 있다. 지역적으로 낮은 수준일수록 개인과 가까운 단위에서 개인들의 요구를 처리하는 데 더 적합할 것이며 반대로 중앙정부로 갈 수로 지역의 요구는 더 멀어진다고 볼 수 있다. 그러므로 중앙 정부는 더 작은 기능만을 수행해야 하며 지역 정부 수준에게 더 많은 기능과 역할을 부여해야 한다. 그가 주장하는 지방분권의 강화는 그만큼 개인의 자유를 보장하기 위한 시도로 볼 수 있다.

셋째, 인간 존재에는 자연적, 태생적 차이가 있지만 자연적 귀족주의가 말 그대로 생물학적인 것은 아니며 그것은 출신성분에 훈육과 교육 등이 합쳐진 것이다. 그럼에도 귀족들은 통치하기에 적합한 사람들이다. 이것은 매우 플라톤적인 생각이다. 어떤 사람들은 자연적으로 통치하기에 적합하고 어떤 사람들은 자연적으로 노동에 적합하다. 버크는 노예제를 주장하지는 않았지만 노동에 적합한 사람들은 고용주들과 계약을 할 수 있는 자유를 가지고 있음을 강조했다. 그런데 영국처럼 자연적으로 오랜 전통의 귀족이 통치해온 정치체제는 그 자체로 바람직하며 그것은 소수의 통치자들의 이익을 대변하는 과두정이 아니라 타고난 지도자들의 집합인 귀족정이다. 그러면서 버크는 "영국의 정부는 행복하게도 귀족정이다"라고 마무리하였다.

고전적 자유주의자인 아담 스미스는 이러한 버크의 주장에 대해 쌍둥이 아기가 성장해서 의사와 짐꾼으로 살아가는 일화를 제시하면서 버크의 귀족주의 논리를 반박한 바 있다. 스미스는 이 이야기에서 정치적인 함의를 도출하지는 않았다. 그러나 급진적인 사람은 아마도 다음과 같이 지적할 수 있을 것이다. 순수하게 후천적 요인에 의해 만들어진 불평등은 인위적인 제도를 통해 얼마든지 평등하게 만들 수 있다. 쌍둥이 아기가 원한다면 모두 의사가 될 수 있는 사회적 조건을 만들어야 한다는 것이다. 정부는 이러한 정책을 만들어주어야 한다. 버크는 '평준화하려는 자는 결코 평등화하지 못한다'라고 반박했다. 후천성은 오랜 전통과 관습과 규율에 의해 만들어진 것이기 때문에 선천적인 것과 밀접한 관련을 가진다. 후천적으로 평등하게 만드는 것은 귀족적인 정치가들을 부정하는 것이며 사회적으로도 유익하지 않다. 설사, 자연적인 귀족 가문 출신들이 잘못을 하더라도 우리는 그들의 품성을 믿고 지지해야 한다. 대부분의 경우에 그들은 이성적이고 고결하게 정부를 운영할 것이기 때문이다. 사회적 지위 상승은 사회적 단계가 필요하다.

버크는 오래되고 부패한 선거구 조정에 대해서도 반대한다. 그는 선거제도가 잘못될 수는 있지만 이것조차 우리의 전통이라고 주장한다. 만약 우리가 현재의 선거구제를 바꾸고 노동자들이 많이 살고 있는 리버풀에 더 많은 대표자들을 할당한다면 우리의 땅에 불확실성과 혼란과 무질서가 따라올지 누가 알겠는가? 오랜 체제는 유지하는 것이 좋다. 그리고 그런 체제는 과거의 유산이 가능한 오래도록 유지되도록 하면서 점진적으로 오랜 시간에 걸쳐서 바꿔야 한다. 그러나 자유주의적 관점에서 이러한 유산은 중세봉건사회의 유산일 뿐이며 새롭고 역동적이며 진보적인 사회는 근대 산업 자본주의 사회이다. 이러한 새로운 사회는 버크 같은 보수주의자의 충고를 따르기보다 새로운 변화의 요구에 집중해야 할 것이다.

한편, 버크의 사상을 기반으로 한 영국의 보수주의는 이후 온정주의적 보수주의(Paternalistic Conservatism) 혹은 토리 민주주의(Tory Democracy)라는 이름으로 디즈레일리(Benjamin Disraeli)와 처칠(Winston Churchill) 등에 의해서 이어졌다. 디즈레일리는 부자와 빈자라는 두 개의 민족으로 나누어지는 영국에 대한 경고 속에서 사회혁명에 대한 광범위한 불안을 표현하였다. 이 경고는 위로부터의 개혁이 아래로부터의 혁명보다 더 유익하다고 인식하는 특권층이 지니고 있는 이기주의에 대한 호소였다. 이 메시지는 높은 신분에는 도덕적 의무가 수반된다는 노블리스 오블리제(Noblesse Oblige)라는 신(新)봉건적 이념에 기원을 둔 의무와 사회적 책무의 원칙에 대한 호소를 통해 지탱되었다. 사실 이 관점에서 볼 때, 의무는 특권의 대가라고 할 수 있다. 권력가와 재산가는 사회적 응집력과 통일이라는 일반적 이해관계에서, 가난한 자를 돌볼 책임을 물려받았다. 이러한 견해는 영국 보수당에 의해서 정치적으로 주장되었는데, 사실 이러한 온정주의적 보수주의는 사회평등의 이념이라기보다는 유기적 균형, 즉 응집력 있고 안정적인 위계조직에 기초한 사회의 안정을 유지시키기 위한 방편이었다.

3) 자본주의의 시대적 특징

보수주의자들은 인간의 정체성을 재물로 파악하며 비인격적으로 다루는 자본주의를 비판했지만, 자본주의의 등장과 성장은 시대적 소명이었다.

영국의 산업혁명 이후 비약적으로 성장하면서 전 세계적인 경제 체제를 통합시키던 자본주의는 본질적으로 다음의 두 개의 조건에 의해서 정의된다.

(1) 유산자와 노동자의 자산 소유 형태가 근본적으로 다르다. 유산계급은 자본과 토지를 소유한다. 노동자들은 오직 자신의 노동력만을 소유한다. 그리고 노동자들은 자신의 노동력을 자본을 가진 고용주들에게 판매하여 삶을 유지한다. 생산력을 가지고 있는 자본가들은 노동자들의 노동력과 원자재, 도구, 장비 등 생산수단을 결합하여 상품을 생산하고 판매하는 과정을 감독한다.

(2) 계급적으로 분화된 자본주의 사회의 두 번째 요소는 시장 자본주의 경제(market capitalist economy)이다. 자본주의는 생산 수단의 사적 소유 체제로 특징지어진다. 그러나 노예제나 봉건주의 그리고 소박한 소유주들의 경제에서도 생산 수단의 사적 소유권은 있었다. 자본주의를 이런 다른 경제체제와 구분 짓게 만드는 것은 시장경제와 뚜렷한 계급사회가 결합했다는 점이다. 노예제나 봉건주의는 계급적으로 분화된 사회이지만 시장경제가 주된 경제 논리는 아니다. 소박한 소유주들이 구성하는 경제(simple proprietary economy)는 시장경제에 기반하고 있지만 계급적으로 첨예하게 분화된 사회는 아니다.

그래서 시장경제와 계급사회라는 두 개의 구조적인 요소가 18, 19세기 근대 자본주의의 핵심을 형성한다. 쉽게 말해 모든 상품이 시장에서 판매될 목적으로 생산되며 이 과정에 소수의 자본가 계급과 다수의 노동자 계급이 뚜렷이 구분되고 적대적인 관계를 형성한다고 볼 수 있다.

16, 17세기의 상업 자본주의(Commercial Capitalism) 이후에 18세기 자본주의의 토대는 제조업 자본주의(Manufacturing Capitalism)였다. 제조업 자본주의의 근본적인 특징은 공장(factory)의 출현이다. 공장에서 노동자들은 하나의 작업장에서 함께 모여 자본가나 자본가가 고용한 관리자의 감독 아래서 일을 한다. 제조업 자본주의에 비해 산업 자본주의(Industrial Capitalism)는 기계화에 기반한 대량생산체제가 확산되었다는 것이다. 산업혁명 초창기에는 면직 산업 발달이 기계화를 추동했고 이후 기계화는 철강 산업, 철도 산업, 석탄 산업, 그리고 심지어 농업분야에까지 확대되었다. 이것은 독립적인 소규모 농장과 자영업자들을 퇴출시켰고 도시적이고 산업적인 공간에서 자본주의적 사회적 관계를 비약적으로 확장시켰다. 이런 산업자본주의 등장과 확산이 이 시기 사상가들의 경제적인 배경이었다.

한편, 마르크스가 자본주의 생산양식을 분석할 때 그는 방법론적으로 순수한 자본주의를 상정했으며 시장경제, 생산력, 생산수단의 소유여부 등을 기준으로 자본주의 본질적 특성을 부각시켰다. 물론 마르크스와 다른 사상가들 역시 순수한 사회주의가 존재하지 않는 것처럼 순수한 자본주의도 존재하지 않는다는 것을 알고 있었다. 어떻게 보면, 역사적으로 모든 사회는 자본주의, 사회주의, 공산주의, 무정부주의, 개인주의, 자유주의, 파시즘, 보수주의, 급진주의, 소박한 자산경제, 봉건주의, 노예주의 등 서로 다른 일부의 요소들이 부분적으로 결합된 경제를 가지고 있다. 어떠한 체제를 열거하더라도 분명히 대부분의 경제는 다양하고 이질적인 요소들을 포함하고 있다. 예를 들어, 19세기 초 영국은 다른 국가에 비교할 수 없을 정도로 자본주의가 발달한 국가였다. 그러나 이 시기의 영국 역시 순수한 자본주의는 아니다. 영국에서 산업혁명은 면직 산업에서 시작되었다. 그런데 미국의 남북전쟁 이전까지 영국 면직 산업의 발전을 위해서는 대량의 면화를 노예노동으로 운영되는 미국의 남부지역에서 수입해야만 했다. 즉, 영국은 산업혁명을 추동한 면직 산업을 노예경제에 의존하였다고 볼 수 있다. 그러므로 18세기 말과 19세기 초의 영국의 자본주의 사회구성체는 순수한 시장경제가 아니라 국제적인 분업 속에서 노예제를 전제하고 있었다. 그러므로 실제로 순수하고 완전한 자본주의 경제체제는 현실 속에서 발견하기 힘들다는 것을 기억해야 한다. 그럼에도 산업화되고 견고하게 발전하고 있는 자본주의는 노예제가 없을 뿐만 아니라 양극화된 계급구조를 중심으로 운영되는 사회적 특징을 가지게 될 것이며 자본주의와 자유주의, 민주주의와 어떤 관계를 맺고 있느냐가 사회구성체의 근본적인 요소가 될 것이다.

3. 개혁적 공리주의자들의 정치경제사상

이제 우리는 더 이상 소농 기반 경제나 토지의 공평한 분배 문제를 넘어서 자본주의가 개인적, 사회적으로 확고하게 뿌리내리고 확장되어가는 19, 20세기의 산업자본주의를 배경으로 활동한 사상가들을 살펴볼 것이다. 이 시대에서 자본주의는 돌이킬 수 없는 대세였고 자본주의 발전 및 물질적 풍요에 대한 믿음이 지배적인 시대였다.

이제 시대적 과제는 자본주의 경제체제에 민주주의를 어떻게 어떤 수준으로 결합할 것인가 하는 것이다. 이 과제는 지금까지도 쟁점이 되고 있는 것으로서 해결책을 모색 중인 인류의 과제이다. 홉스(Hobbes), 로크(Locke), 볼테르(Voltaire), 해밀턴(Alexander Hamilton) 같은 자유주의 사상가들은 대중에게 너무 많은 민주주의가 보장된다면 유산자들의 재산과 이익은 무산자들의 공격을 받아 위태롭게 될 것을 우려했기 때문에 약한 수준의 민주주의를 지지했다. 민주주의가 자본주의 및 자본가들의 이익에 심각한 위협을 줄 수 있다는 두려움은 많은 사상가들이 공유하고 있던 내용이었다. 18세기와 19세기 자유민주주의를 이론적으로 체계화한 벤담과 제임스 밀의 주된 업적은 자본주의에 민주주의의 아이디어와 제도를 접목시키는 것이었으며 달리 말해 이는 이미 현실적으로 존재하고 있던 자유주의적 자본주의의 민주적 요소를 조정하는 것이었다.

1) 고전적 자유주의 시대의 정치적 쟁점

우리는 고전적 자유주의의 두 가지 측면에 대해서 강조해왔다. 첫째로, 개인의 경제적, 정치적 자유 및 그러한 자유를 실현시킬 수 있는 권리를 보호하며 둘째로, 고전적 자유주의자들이 고전적 보수주의와 급진주의 사이에 위치해 있다는 점이다. 급진주의자들은 사회의 토대 즉 전통과 재산권 문제에 깊게 파고들어 그것들을 총체적이고 근본적으로 변화시키는 방식을 지향한다. 한편 고전적 보수주의자들은 오랜 세월동안 역사적으로 검증된 전통적 제도들은 아주 점진적으로 신중하게 바꾸어야 한다고 주장한다. 심지어 매우 부패한 제도나 체제조차도 그 단점에도 불구하고 오랫동안 유지되어 왔다는 점에서 쉽게 폐기해서는 안 되며 미세하게 조정되어야 한다고 강조한다.

이에 비해 자유주의자들은 부패한 구체제를 종식시키기를 원한다. 고전적 자유주의자들에게 정치적으로 중요한 개혁의 성과는 1832년의 영국 개정선거법(Reform Act)이다. 이 법은 봉건적 특권도시로서 하원의 다수 대표를 선출한 버러(Borough: 영국의 특권도시 또는 국회의원 선출 자격을 지닌 자치도시) 도시의 선거구를 없애고 유권자 수에 비례하는 대표를 선출하는 선거구 개혁이었다. 이를 통해 유권자의 절대다수를 차지하는 큰 도시에서 대표들의 숫자가 증가했다. 그 이후로 점차 중산계급(자본가) 출신들이 의원으로 많이 선출되었다. 그래서 영국의 개정선거법은 자유주의와 자본주의 진전을 지지하는 매우 강력한 법률이 되었다. 이 법은 또한 역사적인 변동의 전환점으로서 토지 귀족과 더 부유한 상인들이 차지하고 있던 의회를 이제는 부르주아 산업자본가 및 중산계급의 이익과 경제체제로서의 자본주의를 대변하는 정치사회적 제도로 만들었다.

이 시기의 사람들은 이러한 선거법 개정과 산업 자본주의의 발전을 '급진적(radical)' 변화라고 인식했다. 적어도 이런 변화들은 '자유주의적(liberal)'인 개혁으로 묘사되었다. 이런 변화는 보수주의자들의 요구처럼 아주 느리지도 않았고, 급진주의자의 주장처럼 하룻밤에 모든 것이 바뀌는 것도 아닌 적당한 속도와 형태를 가진 변화였다. 자유주의적 변화는 규모, 깊이, 총체성에 있어 중간 수준이었다. 물론 자유주의자들은 기존의 전통적, 봉건적 구체제를 변화시키는 데 더 강하고 급진적인 방식을 원했다.

의회의 다수를 차지하게 된 자유주의자들에게 정치적, 경제적으로 중요한 개혁 과제는 1845년의 곡물법(Corn Laws) 폐지였다. 곡물법은 토지 귀족들이 지배하던 이전의 의회에서 통과되었다. 토지 귀족들은 모든 종류의 곡식에 관세를 부과하였으며 그 목적은 미국과 유럽으로부터의 저렴한 곡물의 손쉬운 수입을 방해하는 것이었다. 영국의 수요를 고려할 때 적은 수입과 비싼 곡물 공급은 영국에서 생산된 곡물 가격을 생산비와 비교해서 훨씬 더 높게 책정하게 만들었다. 이를 통해 토지귀족이 다수를 차지하던 국내 곡물 생산업자들은 엄청난 이윤을 남겼다. 이윤이 높아짐에 따라 토지에 대한 수요도 증가했다. 그리고 토지는 소수의 지주들에게 독점되어 있었기 때문에 지대 역시 더욱 상승했다. 곡물법의 궁극적 목적은 높은 지대를 유지해서 토지 귀족들에게 유리한 부의 분배를 유지하는 것이었다. 고전적 자유주의자들에게 곡물법은 나쁜 국가의 상징이자 악이었으며 수용할 수 없는 것이었다. 곡물 수입에 매우 높은 관세를 부과하는 대신에 고전적 자유주의자들은 자유 무역에 부합하는 법 개정을 요구했다.

질문: 1832년의 선거법 개정이 이루어지지 않았다면, 곡물법 폐지가 가능했을 것이라고 생각합니까?

답: 개정선거법 없이 곡물법에 대한 폐지는 일어날 수 없었거나 아니면 지연되었을 것입니다. 곡물법이 처음에 만들어진 구체적인 이유는 프랑스와의 전쟁 때문이었습니다. 만약 곡물이 프랑스로부터 수입된다면, 영국의 파운드화가 프랑스로 가게 되고, 프랑스 사람들은 직간접적인 방식으로 영국의 군수품을 구매했을 것이며 이는 영프 전쟁에서 불리해지는 것입니다. 그러므로 프랑스가 전쟁과 관련된 물품을 살 수 없도록 하기 위해서, 프랑스의 주요 상품을 수입하지 못하게 만들었던 것입니다. 그러나 프랑스와 전쟁이 끝나면서 곡물법을 지지하는 근거는 사라졌습니다. 그러나 곡물법으로 이익을 받고 있던 지주 및 봉건적 지배세력이 장악하고 있던 의회에서 곡물법은 폐지되지 않았습니다. 그러나 선거법 개정으로 의회에서 신흥세력이 의회의 다수를 차지하면서 곡물법 폐지가 가능했던 것입니다. 그런데 만약 중산 계급이 사회적 부의 중요 세력이 되어 권력을 가지지 못했다면, 그들은 선거법 개정법을 통과시키지 못했을 것입니다. 그러므로 1832년의 선거법 개정은 아마도 곡물법 폐지의 촉진제였을 것입니다. 그러나 근본적인 원인이라기보다는 직접적인 원인이었습니다. 산업혁명 그리고 그 이후에 신흥 중산계급 혹은 자본가 계급이 더욱 강력해지고 부를 축적한 것이 곡물법 폐지의 근본적인 원인이었다는 것입니다. 그러나 선거법 개정법 없었다면 곡물법 폐지는 아마도 오랜 기간 동안 지연되었을 것입니다.

중세질서가 해체되고 고전적 자유주의라는 시대적 흐름으로 볼 때 곡물법은 반드시 폐지되었어야 했다. 왜냐하면 관세는 자유 무역을 억압하기 때문이고 이는 자유 시장원리에 위배되는 것이었기 때문이다. 그런데 고전적 자유주의자들은 철강 같은 다른 제품에는 관세를 부과하는 것에 크게 반대하지 않았다. 그러나 곡물에 대한 관세는 지주귀족 계급의 이익을 보장하면서 구 지배세력을 강화시킬 수 있었기 때문에 어떤 타협도 없이 폐지되어야 했다.

왜 귀족들이 이익을 얻으면 안 되는가? 자유주의자들에 따르면, 자본주의는 역동적이고 진보적이며 경제적 성장과 생활수준의 증대를 가져와 만인에게 혜택을 준다고 주장한다. 그런데 토지 귀족은 자본가 계급에게 돌아간다면 더 큰 경제 성장을 만들 수 있는 소득과 부를 차단하여 자신들의 이익만 극대화시키고 있다. 리카도(Ricardo)는 "지주들의 이익과 나머지 전체 사회의 이익은 어디서나 갈등 관계를 가진다."고 지적했다. 즉, 지주들의 불로소득은 자본주의 경제발전을 가로막는 악의 주범이 되는 것이다. 지주들은 노동 없이 지대를 받는 기생계급으로서 그들의 토지 소유권은 경제발전에 어떤 기여도 하지 않는다.

그런데 자유주의의 정치적 입장은 애매하다. 왜냐하면 그들은 보수주의와 함께 토지나 공장 등 사유재산 보호라는 이해관계를 공유하는 동시에 한편으로는 지주 지배세력을 전복하고 자본가가 지배하는 자유주의 사회를 지향하고 있기 때문이다. 그들은 이런 애매한 사회경제적 입지 속에서 사회 전체의 이익을 위한다는 급진적인 주장을 끝까지 밀고 가지는 않았다. 그래서 보수주의이든 자유주의이든 노동자 계급의 문제는 뜨거운 쟁점으로 양측은 자신의 이익을 위해 노동자 계급을 끌어들이려 했다. 자본가들은 만약 그들이 기업 투자를 한다면 경제는 성장하고 노동 수요가 증가해 실업률이 감소하고 노동자의 삶이 나아질 것이라고 주장했다. 즉, 임금 인상과 노동 시간 단축, 더 나은 노동 환경을 조성한다는 것이다. 그러므로 노동자들은 그들에게 우호적인 자본가 계급 및 신흥 중산 계급의 자연적 동맹 세력이 되어야 했다. 반면에, 토지 귀족들은 다른 관점에서 노동자계급을 유인하려 했다. 즉, 자유주의자들은 자본가들에게 종속되어 있고 자본가들은 노동자들을 노예화하여 착취하고 억압하며 최소한의 양식으로 살 정도의 급여로 그들을 굶게 만든다고 비난했다. 때문에 노동자들은 선천적으로 덕이 있고 고귀한 귀족들이 노동자들을 보호하고 자선을 베풀 수 있는 노블리스 오블리제(Noblesse Oblige) 정신을 가진 토지귀족의 동맹세력이 될 수 있으며 노동자들은 자신을 보살펴줄 귀족 지배세력을 필요로 한다고 주장하였다. 자본가 계급이 노동자들을 굶주림으로 내몰 때, 보수주의자들이 자본가들에 대항하여 노동자들의 생존을 보장할 수 있다는 것이다. 그런데 실제로 영국에서 19세기 초에 보수주의 정당인 토리당은 공장법(Factory Legislation) 제정 등을 통해 노동자들의 생명과 건강, 복지를 위해 자본가들의 무자비한 착취를 막아내는 기여를 했다. 이런 온정주의적 조치들에 대해 당시로서는 지배계급이 사회주의적 조치를 시행했다는 점에서 토리 사회주의자(Tory Socialists)라고 불리기도 했다. 공장법은 노동시간 통제, 여성과 아이들의 노동 감독, 야근 등을 제한하였으며 노동 환경의 청결 및 위생 등의 전반적인 문제를 다루었다. 영국적 특수성 속에서 보수주의자들은 급진주의자들과 공통적으로 자본주의의 비인간적 측면을 비판하고 산업혁명을 비난하면서 자본가의 노동착취와 억압에 대해 비판했다.

질문: 19세기에 아주 비참했던 노동자 계급의 생활수준은 귀족들 아래서의 농노들의 생활수준과 비교해서 어떠했습니까?

답: 우리는 18세기 후반과 19세기 초반의 노동자의 생활수준과 농노들의 생활수준을 단순하게 비교해서는 안 됩니다. 왜냐하면 영국의 농노는 13세기부터 있었기 때문입니다. 봉건주의에서 자본주의로 넘어오는 몇 세기에 걸친 점진적 이행 과정을 거쳤습니다. 그래서 봉건주의와 새롭게 등장한 자본주의 사이에는 상당히 중첩되는 토지 소유권 경제가 있었습니다. 이러한 체제는 산업혁명이 일어나면서 붕괴되기 시작하였고 농촌과 비교되는 도시의 매력(일자리와 비교적 높은 임금)을 찾아서 많은 인구들이 농촌을 떠나기 시작합니다. 다른 측면에서, 그

시기에 영국의 농촌에서 운영되던 효율적인 농장에서 농노의 삶은 아마도 도시의 노동자계급의 삶보다 나았을 것입니다. 그러나 18세기 초중반과 비교할 때, 18세기 후반과 19세기 초반의 노동자 임금은 전체적으로 상승했습니다. 그러나 노동자 계급의 삶이 얼마나 나아졌는지를 보여주는 몇몇 지표들은 이런 해석과는 상이합니다. 무엇보다도, 주택 문제는 농촌보다 훨씬 나빴습니다. 왜냐하면 18세기 후반에 너무나 많은 사람들이 단기간에 도시로 몰려들었기 때문입니다. 당시에 도시들은 이러한 몰려드는 인구에 준비가 되어있지 않았습니다. 중산계급 자본가들의 이익을 위해 일하는 도시의 행정담당자들은 기업이나 공장의 이익과 상관없는 공공 주택, 상하수도, 위생 등 기본 생활 보장 같은 시스템을 준비하지 않았습니다. 따라서 콜레라, 장티푸스, 디프테리아 같은 전염병들이 농촌에 비해 도시에 만연할 수 밖에 없었고, 1832년 리버풀에 살고 있는 노동자의 평균 기대 수명은 고작 32살이었습니다. 이를 통해 농촌지역에서의 주거 상황이나 일용양식의 신선도, 위생 등은 도시보다 좋았던 것과, 질병 역시 더 적었고 시대 수명 또한 높았음을 알 수 있습니다.

삶의 질을 측정하는 다양한 요소들을 고려할 때 영국의 도시에 사는 사람들은 시골에 사는 사람들보다 더 힘들게 살았다. 더욱이 19세기 초의 나폴레옹과의 전쟁기간 동안 영국의 도시에서는 매우 심각한 경제적 파괴와 박탈이 있었다. 그리고 영국의 지배계급과 중산계급은 프랑스에서 농민과 노동자 등 하층계급이 혁명을 일으킨 것처럼 영국의 노동자계급이 지배체제 및 사유재산권 체제를 전복하지 않을까 두려워했다. 이에 대한 직접적인 대응은 하층민에게 시민권을 부여하지 않는 것이었다. 만약 노동자들이 세 명 이상 모인다면 그것은 체제전복 음모로 탄압을 받았다. 또한 통행금지시간 이후에 외부에 있는 것은 불법이었으며 정부에 대한 불만을 공개적으로 이야기하는 것도 불법이었다. 그래서 만약 우리가 그 당시 노동자라면, 교수형에 처해지는 것이 매우 흔한 일이었을 것이다.

　한편, 많은 제도와 방식이 변화하는 불안과 불확실성의 시대에 도시와 비교할 때 농촌지역에는 빈곤한 농민들을 보호하는 매우 조직된 제도들이 있었으며 이는 보수주의의 공로라는 평가도 있었다. 아마도 농촌 인구의 전체적인 실질 임금 수준은 도시보다 더 낮았겠지만 농촌에서는 농노들이 엄청난 기근 아래로 떨어지지 않도록 관리하는 관습이 존재했다. 하층민에 동정적인 보수주의 지방 정부가 제공하는 빈곤법이 있었으며 노블리스 오블리제의 의무를 실천하는 귀족들이 있었다. 도시에서는 이러한 자선과 시혜들이 결코 일어나지 않았다. 그래서 여러 가지 측면에서 농촌보다 도시의 노동자 계급의 삶이 더 나빴다.

　다른 측면에서, 19세기의 후반에 영국 경제 전체에 산업화가 진행되고 확산되어 면직 산업뿐만 아니라 여러 산업의 생산성이 전반적으로 증가하면서, 이윤율은 국가 전체적으로 비약적으로 증가하였다. 그리고 이러한 이윤 중의 일부가 빈곤한 노동자에게 수혜를 주기 시작하였다. 그리고 19세기 후반에 이르면 노동자들의 생활수준, 실질 임금 수준, 노동자 계급의 교육 수준, 그리고 선거권 같은 정치적 권리를 보장받는 데 있어 분명한 향상이 있었다.

　여기서 우리가 주목해야 할 내용은 19세기 초의 고전적 자유주의자들 사이에서 특히 벤담과 제임스 밀, 그리고 존 스튜어트 밀과 그의 계승자들이 이제는 점점 민주주의적 요소들을 받아들였다는 점이다. 실제로 자유주의적 자본주의는 점점 민주주의의 요소들을 포함하면서 자유주의적 자본주의 민주주의 방향으로 이동했다는 것이다.

　맥퍼슨(C B Macpherson)이 관찰한 것과 같이, 고전적 자유주의자들은 명백히 자유 시장자본주의를 지지하고 촉진하기를 원했다. 때문에, 그들은 자본주의를 위해 다양한 역할과 사업을 하는 정부를 원했다. 예를 들어, 아담 스미스는 정부의 세 가지 중요한 기능으로서 ① 법과 질서 유지 ② 외국의 침략으로부터의 보호 ③ 사적인 기업이나 시장이 담당할 수 없는 공공 서비스 및 제도를 제공하는 것. 대표적으로 교육, 도로, 항만, 우체국, 탐험과 발견, 예술과 과학 등이 포함되었다.

이런 정부가 제공하는 제도와 서비스의 함의는 사적 개인이 쉽게 추진할 수 없으며 너무 큰 비용이 드는 것들로 사회전체에 이익을 제공해 준다는 것이다. 그러므로 정부의 권위를 통하여 이러한 공적 사업이나 제도를 제공하는 것은 자유주의적 자본주의 시장원리를 위반하는 것이 아니다. 현대 신자유주의의 대표적인 이론가로 알려진 노벨상 수상자 하이예크(Hayek)도 정부는 시장의 정보를 중앙으로 집중화해서 통제하는 것은 재앙을 불러일으키는 것이기에 정부가 할 일은 사적인 개인들을 방임하고 그들이 서로 협력할 수 있는 공적인 사업과 제도들을 마련해 주는 것이라고 주장했다. 그런 것들은 사적인 개인들이 할 수 없는 영역이자 과업이다. 그러므로 현대 자본주의 사회에서도 외부적 공격으로부터 보호, 법과 질서의 유지, 공적 사업과 제도들을 제공하는 것이다. 그리고 이런 사회적 이익/사회적 비용에 들어가는 정부의 예산 집행은 옳다고 본다.

그런데 정부의 역할에 대해 독특한 내용을 주문한 자유주의 사상가들도 있다. 예를 들어, 우리가 앞에서 살펴본 토마스 맬서스(Thomas Malthus)는 노동자들이 그들이 하고 싶은 대로 내버려 둔다면, 그들은 성욕에 빠져 점점 더 많은 아이들을 가질 것이고 인구는 급격하게 팽창하여 노동의 공급과 수요를 교란시키고 마침내 임금하락으로 노동자들에게도 안 좋은 결과를 야기할 것이라고 생각했다. 맬서스의 아이디어는 "28살 전에 결혼하지 마라", "결혼 전에 성관계를 가지지 말아라"하는 것과 같은 성교육을 통해 노동자들에게 도덕적 절제를 정부가 추진해야 한다는 것이었다.

그런데 맬서스는 몇 가지 이유에서 산업화나 경제발전을 하나의 해결책으로 생각하지 않았다. 산업화가 추진된다면 노동 수요는 올라가고 임금이 올라가며 경제적 여유에 기반해 인구도 많아질 것이다.

인구가 더 많아지면 식량에 대한 수요도 올라가며 이는 식량을 생산하는 토지에 대한 수요 증가로 이어진다. 이것은 지대를 올릴 것이다. 사실 맬서스는 지대가 올라가는 것을 문제 삼지 않는 토지귀족이었다. 문제는 지속적으로 자기 팽창적인 자본주의가 자본 축적을 통해 너무 많은 소비재들을 만들어 내면(동시에 경쟁에서 이기기 위해 생산비용을 낮추면서 임금도 낮아질 것이다) 공급이 소비재 수요를 초과할 것이며 결국 상품의 초과공급이 일어날 것이다. 과잉생산은 결국 기업의 위축과 파산을 가져올 것이며 실업률이 높아질 것이고, 결국 불황에서 빠져나올 수가 없다. 결국, 우리도 익숙한 과잉생산, 과소비설을 통해 맬서스가 하고 싶은 이야기는 우리가 경제안정을 유지하기 위해서는 시장에서 생산된 상품을 소비할 수 있는 부유한 사회계급이며 이들은 토지 귀족이다. 토지 귀족은 그러므로 사회적 기여자들이다. 왜냐하면 그들은 노동자나 자본가들이 구매하지 않아 초과 공급되는 재화를 구입하기 때문이다. 따라서 토지 귀족은 과잉 생산이 생기는 것을 회피하도록 돕는다.

고전적 자유주의적 시장자본주의를 지지한 리카도(Ricardo)는 다른 해결책을 제시했다. 그는 맬서스와 비슷하게 임금이 올라가면 경제적 여유에 기반해 인구도 증가할 것이며 결국 맬서스가 이야기한 문제가 일어날 것이라고 생각했다. 그러나 리카도의 해결책은 지주들이 시장의 모든 비싼 것들을 구입하게 만드는 것은 아니다. 만약 영국이 식량 생산보다는 공산품 생산에 집중하고, 다른 나라에 비해 그런 생산 체제가 효율적이라면 미국이나 유럽에 공산품을 수출하고 영국은 미국과 유럽으로부터 식량과 원자재를 수입할 수 있을 것이라는 것이다. 그러므로 곡물법이나 특정 상품에 높은 관세를 부과하는 것은 영국의 자유무역에 기반한 경제발전을 가로막는 것이다. 그러므로 리카도는 곡물법을 폐지해야 한다고 주장했다.

리카도는 만약 곡물법이 폐지된다면 사회 전체에 이로울 것이라고 주장했다. 곡물법이 폐지되면 곡식 값이 내려가고 식량가격이 내려갈 것이다. 식량은 노동자 계급들의 예산에서 가장 큰 몫을 차지하는 단일 품목이기에 실질 임금은 올라가게 되며 동시에 이윤도 올라가고 이윤은 산업화에 재투자된다. 그리고 다시 노동 수요와 임금이 올라간다. 그러므로 만약 곡물법이 폐지된다면, 실질 임금은 두 가지 이유로 상승한다. 첫째, 노동에 대한 수요가 올라가고, 둘째, 식량 공급이 많아져서 곡물 가격이 떨어지면 생활비가 하락하기 때문이다. 그런데 리카도는 이러한 좋은 선순환이 일어나지 않은 이유는 지주들 때문이며 지주들이 장악한 정치적 권력을 전복하고 사회에 유해한 법률을 폐지해야 한다고 주장한다. 리카도는 이런 논리에 기반하여 산업화와 자본주의 경제발전 그리고 정치의 관계와 관련된 매우 복잡한 경제 이론을 발전시켰다.

질문: 많은 이론가들에게 자유주의의 개념은 일관적이지 않아 보입니다.

답: 그것은 사실입니다. 사람들은 다른 시기에 다른 방식으로 '자유주의적(liberal)' 개념을 사용했습니다. 당장 우리가 앞에서 살펴본 해밀턴과 제퍼슨의 용법을 사례로 들 수 있습니다. 보통 고전적 자유주의는 최소방임국가, 보수주의는 개입주의적 국가관으로 통하지요. 해밀턴은 분명 친기업적인 국가를 지지했으며 자유주의적 성향이 강합니다. 그런데 그는 강력하고 중앙집권적인 정부가 시장에 적극 개입하는 것을 지지했습니다. 이에 비해 보수적인 제퍼슨은 제한적인 정부 역할을 지지했으며 질서유지 및 최소한의 경제적 기능에 국한된 작은 중앙정부를 원했습니다. 그리고 지방분권적이고 지방정부의 권한을 강조했습니다. 그런데 이런 대비는 전통적이고 고전적인 자유주의 – 보수주의 이념에 비추어보면 거꾸로 된 것입니다. 그런데 19세기 말에 가면 다시 정반대가 됩니다. 자신들을 보수주의자라고 생각한 사람들은 경제에 대한 정부의 최소 개입과 정부의 최소 역할을 주장합니다. 이에 비해 자유주의 주류 세력은 자본주의 경제위기를 극복하기 위한 정부의 적

극적인 역할을 강조합니다.

　그러므로 "자유주의(liberalism)"를 하나의 정형화된 이념으로 정의하기보다는 역사적 맥락과 권력관계 속에서 이해하는 것도 유용합니다. 예컨대, 영국에서는 자본주의가 진전되면서 점차적으로 자유주의적 가치와 권리들이 확장되고 산업혁명 이후에는 정치적 자유가 급진적으로 확장됩니다. 자유주의자들이 개인들의 경제적 자유와 시민적, 정치적 자유를 촉진하는 데 기여했다고 평가해도 무방할 정도입니다. 그런데 미국에서는 다르게 나타났습니다. 왜냐하면 미국에서는 산업자본주의가 성숙하기 전에 그리고 자유주의가 강력하게 나타나기 전에 성인 남성의 보통선거권이 이미 19세기 초에 보장되었습니다. 그 때의 미국 경제는 여전히 작은 규모의 소유주(자작농) 기반의 경제였습니다. 본격적인 산업화는 노예제 폐지와 소박한 소유자 경제가 전복된 남북전쟁 이후에 주로 이루어졌기 때문에 미국에서는 자유주의, 민주주의의 정치적 변화와 자본주의의 경제적 변화 사이의 관계가 영국과 비교했을 때 상반된다고 볼 수 있습니다. 그때 미국에서 주된 이슈는 이미 어느 정도 시행 중인 자유민주주의적 체제에 어떻게 산업 자본주의를 접목할 것인지의 문제였습니다. 그렇기에 19세기의 미국에서 자유주의적 자본주의 민주주의(liberal capitalist democracy) 진행은 영국의 그것과는 달랐다고 볼 수 있습니다.

2) 벤담(Bentham)의 공리주의와 민주주의

　만약 우리가 원하는 유일한 것이 자유시장자본주의 경제를 유지하고 발전시키는 것이라면 아마도 민주주의는 필요하지 않을 수 있다. 그러나 벤담과 제임스 밀 등 공리주의자들은 보통 선거권을 통해 자유주의적 자본주의 사회의 발전을 지지하는 길을 안내했다. 그러나 이들이 민주주의를 적극 주창했다고 보는 것은 과장일 것이다. 자본주의에 기반한 정치경제 체제를 안정적으로 유지하기 위해서 어떤 정치적 원리가 필요한지를 모색하는 과정에서 벤담과 제임스 밀은

'가진 자들(소수)'을 '가지지 못한 자들(다수)'로부터 보호하는 방법을 찾으려 했고 그런 점에서 소수의 착한 정부를 위해 민주주의 아이디 어를 적극 활용했다고 보는 것이 타당할 것이다. 이러한 의미에서 벤 담과 제임스 밀의 민주주의를 보호적 민주주의(Protective Democracy) 라고 부른다.

제레미 벤담 Jeremy Bentham (1748~1832)

　영국의 철학자이자 법학자이다. 벤담은 중산층 토리당 지지자 가문에서 태어났다. 법률가 가문에서 태어난 벤담은 웨스턴민스터 학교에서 수학한 후, 옥스퍼드 대학의 학위를 수여받는다.

　벤담은 공리주의의 근간을 마련한 사상적 태두이다. 벤담은 쾌락과 고통을 인간 행동의 영향을 미치는 요인으로 보았으며, 그 둘을 계산함으로써 가장 큰 수준의 쾌락을 산출할 수 있는 행동은 정당화될 수 있다고 보았다. 여기에서의 공리란 공공의 이익, 즉 최대다수의 최대행복을 의미한다. 즉 벤담이 제창한 공리 개념은 단순히 개인주의적인 차원의 쾌락을 의미하는 것이 아니었다. 벤담의 공리주의가 법학과 통치에 관한 윤리학적 근간을 제공할 수 있는 까닭은 바로 공리 개념에 내포된 공적 성격에 의거한다.

　벤담은 자신의 공리주의 철학을 기초로 정치학과 입법학을 주창하였다. 최초의 저서 「통치론 단편」에서는, 공리주의를 기초로 통치자, 특히 입법자가 당파적 이익이 아니라 국민 전체의 이익에 복무해야함을 강변하였다. 그 후에는 자신의 논문집인 '공직 적성의 최대화, 비용의 최소화'를 통하여 조세를 최소로 하되, 조직의 역량을 최대화할 수 있는 '효율국가'를 제창하였다.

　주요 저서로 「통치론 단편」, 「도덕과 입법의 원리 서설」, 「정부소론」 등이 있다.

(1) 제레미 벤담(Jeremy Bentham)과 제임스 밀(James Mill)의 공리
주의

벤담과 제임스 밀은 기본적으로 자유주의적 자본주의를 상정했
기 때문에 그들은 논의를 진행하면서 민주주의를 어떻게 접목시키고
자본주의에서 민주주의를 어느 정도 실현할 수 있는지를 탐색했다.
벤담에게 중요한 문제는 다음과 같다. 자본주의가 더 민주적으로 변
할 수 있는가? 급격하게 모든 성인 남녀가 투표권을 가지는 것이 가
능한가? 모든 사람들의 선거권과 피선거권을 보장하는 보통 선거권을
제공하는 민주주의 사회가 안정적인 정치체제인가? 벤담과 밀은 19세
기 초의 영국을 자유주의적 자본주의로 규정하면서 아직 충분히 민
주주의 체제는 아니라고 평가했다.

그렇다면 자유주의적 자본주의에서 중요한 쟁점은 무엇인가? 케
네(Francois Quesnay)와 튀르고(Anne Robert Jacques Turgot)와 같은 중농
주의자들과 아담 스미스, 제레미 벤담, 데이비드 리카도, 제임스 밀,
그리고 존 스튜어트 밀 등과 같은 자유주의적 자본주의 이론가들의
저작을 살펴본다면 모두의 핵심 주제는 인간과 사회의 상호관계였다.

고대 사상가들에 비해 이런 근대 사상가들은 사회적, 정치적 동
물로서의 인간 존재에 대해 심층적이고 풍부한 철학을 가지고 있지
는 않았다. 잘 알려져 있듯이, 아담 스미스는 우리가 저녁식사를 할
수 있는 것은 농부 등 타인들의 이타적인 마음 때문이 아니라 저마다
의 자기애와 이익 추구 때문이라고 설명했다. 어떤 기업체에서 사람
들이 고용되어 일하는 것 역시 조직을 위해서도 아니고 근로자를 위
한 것도 아니다. 이런 주장의 전제는 인간이 자기중심적이며 자신을
위해 부와 권력을 극대화하는 존재라는 것이다. 이것은 자기 이익의
추구가 국가 전체의 부를 창출하고 확장한다는 그의 『국부론(The
Wealth of Nations)』에 잘 나타나 있다. 벤담은 이익과 부의 추구에 대
해 다음과 같이 주장한다. "부와 권력 사이의 연결은 가장 끈끈하고
친밀하다." 부를 쫓는 사람은 권력 역시 추구한다. 부는 권력을 얻는

도구이며 권력은 부를 얻는 도구이다. 그리고 벤담은 "인간은 생산의 가장 강력한 도구"라고 주장한다. 그러므로 모든 사람은 그 자신의 안위와 이익을 위해 다른 사람들의 서비스를 활용하고 고용하며 지배하기를 갈망한다. 이런 힘이 바로 권력이다. 그러므로 권력을 향한 강렬하고 보편적인 갈망은 종속과 지배에 대한 증오를 비례적으로 야기한다.

제임스 밀은 다음과 같이 말한다. "한 인간이 다른 사람의 고통은 상관하지 않고 자신의 행복을 위해 타인을 굴복시키고 타인의 재산을 귀속시키고 싶어 하는 것은 인간의 본성을 지배하는 법칙이다." 이것이야말로 자유시장자본주의의 전제를 반영한다. 왜냐하면 자유시장사회에서 유산계급은 자신들의 부와 권력을 유지하거나 확장하기 위해 다른 사람들의 노동과 서비스를 이용할 수 있기 때문이다. 그러므로 벤담은 소박한 소규모 자산가들의 평등한 사회를 논하는 것이 아니다. 그는 특정 계급은 더 많은 부와 권력을 활용해 행복을 증식시키고 다른 한 계급은 가난하고 권력을 가지지 못한 계급적으로 분화된 사회를 전제하고 있다.

물론 벤담은 훌륭한 자유주의자로서 이런 계급들이 자연적으로 혹은 선천적으로 타고나는 중세 귀족이나 보수주의 사회의 계급들이 아니라 개별 노동자들이 열심히 일하고 저축한다면 자본가가 될 수 있음을 강조한다. 또한 시장 경쟁, 새로운 기술, 자원의 개발, 수요－공급의 변화 등 불확실한 시장경제 속에서 자본가도 부를 잃고 노동자가 될 수 있다. 어쨌든, 자유주의적 자본주의에서 인간 본성에 대한 가정은 개인들이 그들의 부와 권력을 극대화하기 위해서 노력하는 존재라는 것이다. 가장 높은 수준의 추상 수준에서 벤담은 개인들이 행복을 추구한다고 가정한다. 행복의 다른 말은 쾌락이다. 긍정적이며 만족을 주는 어떠한 것도 쾌락이라고 할 수 있다. 고통은 부정적이고 만족감을 잃어버리게 하는 그 어떤 것이다.

벤담의 행복/쾌락과 관련된 주장은 두 가지로 압축된다.

① 서술적인 언술: "자연은 실제로 쾌락과 고통을 지배하면서 인간을 예속시켜왔다." 이는 홉스적인 생각의 직접적인 변용이다. 홉스는 "인간 본성을 총괄적으로 지배하는 법칙은 우리의 쾌락을 위해 인간의 신체와 재산을 종속시키는 것"이라고 주장했기 때문이다. 벤담은 종속에서 벗어나기 위한 사회계약은 허구이며 이런 허구적 개념을 통해서는 국가의 존재이유나 시민들 간의 관계를 현실적으로 설명할 수 없다고 생각했다. 과학적인 인간 본성에 입각할 때에만 올바른 정치경제 원리가 도출된다. 인간의 가장 중요한 동기는 자신의 욕구를 충족하고 만족 혹은 효용을 극대화하며 고통을 최소화하는 것이다.

② 당위적인 언술: 통치권자들도 인간이기에 통치 권력의 이기적인 강력한 남용을 막으려면 정부의 역할을 정당하게 통제하는 것이 절대적으로 요구된다. 벤담은 "민주주의는 그 특징으로서 통치세력의 억압과 약탈로부터 구성원을 보호하는 목적과 효과를 가진다"고 주장했다. 구체적으로, "사람들의 행복 증진이 입법부의 목적이 되어야 한다. 일반 효용(general utility)이 법률의 이성적 원칙이 되어야 한다. 공동체의 후생을 위하여 무엇이 좋은지를 아는 것은 그 좋은 것을 생산하는 수단을 발견하기 위한 과학과 기술을 구성하는 데 기여한다." 그러므로 정치가 혹은 입법가들이 해야 하는 일은 특정한 개인의 행복이 아니라 사회전체의 일반 효용이나 일반 행복을 촉진하는 것이다.

이제 벤담은 개인들이 최소한의 국가 개입아래 자유 시장에서의 이익 추구와 상품 교환, 경제적 거래를 통해 개인의 효용을 최대화하려는 경쟁을 하며 공동체 전체의 효용이 극대화된다고 주장한다. 벤담은 강한 방법론적이면 정치적 개인주의적인 일반 규칙(a general rule)을 제안한다. 그러므로 "정부는 모든 사안들에 있어 개인들을 자유롭게 내버려 두어야 한다. 왜냐하면 개인들이 자신의 이익이 무엇인지를 알고 무엇인가 할 수 있는 최고의 판단자이기 때문이다." 훗날 존 스튜어트 밀(John Stuart Mill)의 유명한 자유주의 정치윤리 즉,

"남에게 피해를 끼치지 않는 한 그의 자유는 절대 보장되어야 한다"는 위해(危害)의 원리도 자유주의를 상징하는 명제이다. 그러므로 술에 취해 다른 사람들에게 해를 끼치지 않는 선에서의 음주는 허용되지만 음주운전은 명백하게 타인에게 해를 줄 수 있기 때문에 제한되어야 한다는 것이다. 서로에게 피해를 주는 행위로부터 개인을 보호하는 것이 아닌 한, 어떤 법의 간섭도 용납되어서는 안 된다. 그런 금지와 간섭은 개인들을 고통스럽게 만들 것이며 그런 권력은 정당성을 상실한다.

그런데 벤담에게 개인의 삶이나 정책의 정당성, 정의를 판단하는 기준은 효용이며 이런 맥락에서 공동체 일반의 이익이 최고의 가치를 가진다. 규범적이거나 철학적인 공공선이나 일반의지, 자연권 같은 것은 존재하지 않는다. 그러므로 문제의 핵심은 좋은 법과 정치가 개인들의 자기이익 추구에 필요한 제도들을 잘 만들고 운용하느냐이다.

자기 이익을 추구하는 개인들이 존재할 뿐이며 그런 이익의 합으로서 오직 일반효용만이 존재한다. 그렇다면 어떻게 우리는 집합적인 사회가 될 수 있는가? 벤담과 밀에게는 자연 상태도 사람들을 응집시키는 자연법도 존재하지 않는다. 개인들은 자신의 효용을 촉진하면서 부와 권력을 극대화하기 위하여 노력한다. 결국, 존재하는 모든 것은 개인들과 그들 사이의 상호관계이다. 사회, 국가, 공동체와 같은 집합적인 것은 존재하지 않는다. 그런데 동시에 벤담은 최대다수의 최대행복을 원했다. 이것이 벤담에게 난점으로 작용한다. 이 논의에서는 벤담의 근본적인 윤리적 원칙이 중요하다. 그의 당위적 원칙은 입법자들이 사람들이 그들의 효용을 추구할 수 있도록 할 수 있는 모든 것을 다해야 한다는 것이다. 벤담의 윤리적 원칙은 각 개인은 평등하며 어느 누구도 다른 사람보다 더 높은 대우를 받을 수 없다는 것이다. 이것은 매우 급진적인 윤리적 가정이다. 그리고 이러한 윤리적 평등 개념 때문에 벤담과 공리주의 학자들은 때때로 철학적 급진주의자들로 불렸다. 추상적으로 높은 수준에서 벤담은 모든 개인은 평등하며 이러한 평등한 개인들의 집합이 사회라고 이야기한다. 법은 개인들을 차별해서는 안 되며 법 앞에 모든 사람은 평등해야만 한다. 정의는 법원 건물 앞에 서 있는 평등의 저울을 가진 눈가리개를 한 여인으로 상징할 수 있다. 그러므로 평등하지 않은 영역이나 제도가 있다면 그것은 부패한 것이며 만인의 평등의 원리에 맞게 바꾸어야 한다. 이것이 현대 사회의 중요한 정치적 흐름인 평등주의적 자유주의(Egalitarian Liberalism)의 중요한 원칙이다. 벤담에게는 공동체와 개인들 간의 어떠한 신비한 유대감도 없다. 때문에 벤담은 우리는 서로 다른 개인들의 평등을 보장하면서 최대 다수의 이익을 보장해줄 법 체제가 필요하며 아마도 이것이 사회의 통합과 질서를 가능하게 만들 것이다. 벤담의 공리주의는 방법론적 개인주의를 채택하고 있는 것이다.

질문: 벤담이나 밀에게 자유주의의 핵심은 무엇인가요?

답: 개인의 경제적 자유와 시민적, 정치적 자유가 보장되는 것을 의미합니다.

질문: 벤담이나 밀에게 자유주의는 개인주의 혹은 물질주의도 의미하는 것입니까?

답: 저는 자유주의자가 반드시 물질적인 이익을 최우선시할 필요는 없다고 봅니다. 그러나 자유주의자는 개인주의자가 될 가능성이 높습니다. 기본적으로 개인의 자유와 권리를 가장 중시했기 때문입니다. 정치이념에는 다양한 가치들과 개념들이 결합되어 있습니다. 어색하기는 하지만, 개인적 가치와 집단적 가치를 결합시키는 자유주의도 가능합니다. 예를 들어, 사회주의를 개혁하려 했던 고르바초프(Gorbachev)는 글라스노스트(자유주의적 개혁개방)를 지지했지만 그들에게 자유주의는 집단주의적 원리와 개인의 사유재산과 원리들이 결합된 체제를 의미

했습니다. 때문에 우리가 '자유적'이라는 용어를 사용할 때 그것이 반드시 특정한 자유주의를 지칭하는 것을 의미하지는 않습니다. 그런데 고전적 자유주의는 사회의 구성단위로서 개인에 초점을 맞추고 그들의 이념적 주장도 개인의 자유와 권리로 상징되는 이해관계를 보호하고 신장하는 것이기 때문에 벤담 같은 공리주의자들은 분명히 개인주의적이고 또 물질주의적입니다. 중요한 것은 이 시기에 공리주의적 자유주의자들은 급진적이거나 보수적인 사람들의 이념과 비교되는, 인간과 사회에 대한 독특한 자유주의적 철학을 확실하게 가지고 있었다는 점입니다. 그런데 고전적 자유주의가 대부분 개인주의를 강조했지만 그렇다고 18세기 자유주의가 반드시 개인주의를 의미한 것은 아닙니다. 또 개인주의를 강조했다고 해서 반드시 물질주의적이거나 자유주의를 의미한 것도 아닙니다. 예컨대, 버크는 방법론적으로 개인을 강조했지만 그에게 개인은 조직과 집단의 일원으로 위계적인 사회적 구성원일 뿐이었습니다. 개인을 강조했지만 개인은 항상 언제나 집단에 의해 규정되는 것이고 특히 지주 귀족이야말로 국가의 핵심적인 세력이라고 강조합니다. 이것은 분명히 자유주의적 관점은 아닙니다. 이에 비해 고전적 자유주의자들에게 지주세력은 사회에 무익하며 전복되어야 할 대상입니다.

(2) 최대다수의 최대행복과 정부의 목표

벤담의 '최대다수의 최대행복 원칙'은 중요한 네 가지의 목표를 해결할 수 있다고 주장한다. ① 생계(subsistence) ② 풍요로움(abundance) ③ 평등(equality) ④ 안전(security). 그리고 이런 목표와 관련된 정부의 적합한 역할은 무엇인가?

① 생계: 정부는 인민의 생계와 관련해서 인위적으로 무언가를 할 필요가 없다. 왜냐하면 각 개인은 배고픔이라는 고통을 피하기 위해 열심히 일을 할 것이기 때문이다. 문제는 노동을 통해 자신의 욕구를 충족시키려는 자연적 본능을 방해하는 정치적 장애물을 제거하

는 것이다. 그런데 부를 많이 가진 사람들에게는 재화가 많아져도 그만큼 쾌락이 더 많이 증가하지는 않기 때문에(한계효용 체감의 법칙) 평등한 관점에서 일반 이익에 대한 계산이 중요하다.

② 물질적 풍요: 벤담과 제임스 밀은 기본적으로 최소국가론을 옹호했지만 개인의 이익 극대화를 위해서는 과감한 국가 개입을 주창하기도 했다. 정부가 자본주의 경제의 번영을 촉진하는 데 사용하는 방법은 법 앞의 평등, 통화 공급 통제, 중앙은행 운영, 재정정책, 사유재산 보호 등을 포함하여 여러 가지가 있다. 만약 우리가 통화 공급을 개인들에게 맡긴다면, 개인들은 자신의 사적 은행을 만들어서 화폐를 마구 찍어내어 다른 사람들에게 피해를 줄 것이다. 때문에 정부는 거시적인 중앙은행을 필요로 한다. 또한 정부는 통화 공급을 확대하고 독점을 막기 위해서 공정한 시장경쟁을 관리해야 한다. 좀 더 복잡한 주장은 저축과 투자의 확대를 위한 조치들이다. 이 주장은 20세기의 케인즈(John M. Keynes)를 떠올리게 하는데, 정부는 사람들의 저축과 투자 중 어느 것이 더 경제번영에 유리할지를 판단하여 재정정책을 운용해야 한다는 주장이다. 가장 기본적인 정부의 역할은 사유재산 보호이다. 이를 통해 개인들은 자신들의 재산이 안전하다고 느끼고 부와 권력을 추구하기 위해 더욱 적극적인 시장 활동을 펼칠 것이다. 정부는 직접적으로 재화를 생산하지 않는다. 그러므로 공장과 광산과 농장을 소유한 자본가들이 그들의 부와 권력을 극대화하는 사업에 전념할 수 있도록 전체적인 법의 체제와 공적인 기구들을 제공해야 한다. 이러한 주장은 방법론적, 정치적 개인주의와 정부 역할의 결합을 통해 사회 전체의 부와 권력이 극대화되는 공리주의적 목표를 달성하게 만든다.

③ 평등: 우리는 이미 법 앞의 평등에 대해서 언급하였다. 평등에는 또 다른 종류가 있다. 존 스튜어트 밀이 특별히 강조한 기회의 평등이다. 노동과 사업을 통해 자기 이익을 추구하는 기회에서 차별받아서는 안 된다. 쉽게 말해 부의 추구를 위한 공평한 기회를 통해 돈

잘 벌고 부유한 노동자도 나올 수 있는 제도가 필요하다는 것이다. 다음으로 고전적 자유주의와 관련된 평등으로서 경제적 조건의 평등(부의 평등 혹은 최소한의 평등한 행복)이다.

벤담이 주장한 '우리가 행복을 극대화해야한다'는 것은 평등에 대한 다음과 같은 전제를 필요로 한다. 첫째, 개인들은 그들 자신의 행복을 증진하기 위해 노력한다는 전제. 둘째, 정부는 일반 행복(효용)의 극대화를 위해 법을 구성해야한다는 당위적 전제. 셋째, 모든 개인들은 법 앞의 평등뿐만 아니라 공공정책과 법률의 목적 달성을 위해 동등하게 적용되어야 한다는 윤리적 원칙. 넷째, 모든 사람은 윤리적으로 평등할 뿐만 아니라 쾌락을 향유하는 능력적 관점에서 평등하다는 전제이다. 이런 전제에 충실하게 개인과 정부의 역할이 전개된다면 전체 효용은 극대화되고 사람들의 경제적 조건의 차이 역시 최소화될 수 있다. 쾌락을 위한 동등한 능력을 가지고 있다면 대부분의 사람들의 한계효용 곡선의 모양과 위치는 비슷할 것이며 전체 효용이 극대화되는 지점에서 평균치는 최고점을 갖는다. 그렇다면, 봉건적 구질서는 공리주의 원리에 정면으로 위배된다. 왜냐하면, 농부들과 토지귀족들 사이에서 부의 원천으로서 토지가 평등하게 분배되지 않는다면, 전체 효용은 내려가게 될 것이다. 그래서 고전적 자유주의자들에게 공통된 윤리적 원칙은 각 개인이 동등하게 대우받아야 한다는 것이다.

그런데 벤담은 당위적으로 개인들이 동등하게 대우받아야 한다고 말했고 실제로 법 앞의 평등을 주창했지만 개인들이 행복에 대한 동등한 감성과 능력을 가졌다는 것은 엄밀한 사실이 아니라고 현실적으로 생각했다. 예컨대, 여성은 남성보다 행복에 더욱 민감하며 부유하고 성공한 사람들이 가난한 사람들보다 행복에 더 적극적으로 반응하며 부를 추구한다. 그러므로 그의 윤리적 원칙에 모순되기는 하지만, 부의 불평등한 분배가 여전히 전체의 행복을 극대화할 수 있다. 그럼에도 벤담의 논리에는 기본적으로 부를 공평하게 분배할수록 사회 전체의 효용은 극대화될 가능성이 높다는 가정을 함축하고 있다. 이와 관련해서는 교육이 중요해진다. 보수주의자의 선구자인 버크(Burke)처럼 귀족 가문 출신을 절대적으로 강조하지 않지만, 자유주의자들에게 부유한 사람들이 행복에 더 적극적으로 반응하는 것은 교육 때문이다. 그러므로 가난한 사람들이 부에 대한 반응 능력을 향상한다면 사회 전체의 효용은 더욱 높아진다. 그러므로 최대다수의 최대행복을 추구하는 데 있어 이제 교육 정책은 엄청난 함의를 가진다. "가난한 사람들을 교육하라. 그러면 그들은 부유한 사람들보다 부를 즐기는 능력에 있어 반드시 열등하지 않을 것이다." 물론 벤담은 모든 사람들의 부에 대한 반응 능력을 분석하고 향상시키기 위해 노력하는 정부를 적극적으로 묘사하거나 지지한 것으로 보이지는 않는다. 오히려 벤담은 자본주의 체제 안에는 불평등이 있을 수밖에 없으며 다만 어느 정도 감소시킬 수 있다고 생각했다.

④ 안전: 벤담은 위의 세 가지 목적을 달성하기 위해서는 사유 재산의 안전이 가장 중요하다고 강조한다. 또한 정부는 재산의 안전과 시장 제도에 도전하는 세력들의 위협을 막아내야 한다. 때문에 우리는 가장 강력하고 절대적인 정부의 목적을 인정하게 된다. 시장과 재산의 안전이 가장 근본적으로 중요하다. 만약 불평등을 줄이기 위해 사유재산을 침해한다면 부의 소유자들은 불안할 것이며 이는 투자의 축소와 자본 축적의 위태로움을 야기할 것이다. 이러한 투자와 자본 축적의 감소는 실업, 물가상승, 경제적 불황, 기아 등으로 이어질 것이다. 반대로 재산의 안전한 보호는 기업가 정신을 자극하고 경제성장을 촉진하며 실업과 물가상승률을 낮추고 투자를 위한 자본축적을 촉진할 것이다. 그러므로 평등의 가치는 안전이라는 가치에 양보를 해야 한다. 그러므로 평등과 안전의 가치가 충돌할 경우에 공공정책이나 법률은 사유재산과 재화의 보호를 우선시해야 한다.

그래서 벤담의 요지는 그가 평등주의적 개인주의를 반대하지는 않지만, 그것은 물질적 풍요를 보장하는 안전과 충돌하지 않는 경우에만 해당된다는 것이다. 그런데 이는 역사적인 사실과 부합하지 않는 측면이 있다. 즉, 관행적인 재산세 및 부의 분배가 불안정해졌을 때 더욱 생산적이고 국가 경제가 발전하는 경우도 가능하기 때문이다. 예컨대, 봉건주의가 자본주의에 역사적 지위를 양보했을 때 대토지 지주들과 귀족들은 재산 보호에 대한 심각한 불안을 느꼈고 제도적으로 부의 분배가 요동쳤다. 지주들은 몰락했고 자본가가 새로운 부의 소유자로 등장했다. 그러나 이 시기에 생산성은 더욱 높아졌고 더 많은 부가 창출되었으며 GNP도 확대되었으며 전반적인 경제적 조건도 향상되었다. 그러므로 평등을 향한 운동은 부의 확장에 부정적인 영향을 주지 않을 수도 있다. 또 다른 한 가지 문제는 벤담은 부가 행복이라고 가정해 왔지만 반드시 사실일 필요는 없다. 예컨대, 낮은 GNP를 가졌지만 부의 분배가 훨씬 더 평등하게 이루어진 사회가 높은 GNP를 가졌지만 덜 평등하게 분배된 사회보다 전체 행복이 더 높을 수 있기 때문이다. 부탄이 GNP는 낮지만 행복지수가 높은 경우이다. 이 모든 것은 부와 행복에 대한 사람들의 태도에 달려있다.

알려졌다시피, 존 스튜어트 밀은 벤담의 결론에 대해서 만족하지 않았다. 벤담과 제임스 밀의 사상은 분명히 근대 산업자본주의에 부합하는 소극적 민주주의 모델에 부합한다. 왜냐하면 무제한의 이익과 욕망을 추구하는 개인들이 대중 소비자 집단으로서 개인적 쾌락 충족을 극대화하는 데 전념하는 사회의 모습과 부합하기 때문이다. 이런 자유주의적 자본주의 민주사회에는 인민의 덕성이나 지적 훈련, 자기 계발, 참여의 가치가 개입될 여지가 없다. 그래서 공리주의의 질적인 발전을 이룩한 존 스튜어트 밀은 다음과 같이 단언했다. "억압이 시(詩) 만큼 가치가 있는가? 배고픈 소크라테스가 배부른 돼지보다 덜 존경받는가? 아니다."

시민들의 역할은 욕망 충족의 시장에 한정되지 않는다. 시민들은 좀 더 자유롭고 평등하며 안전하고 건강하고 평화로운 삶을 영위할 수 있는 공동체의 도덕적 기반을 가꿔가는 것이다. 자유주의의 사회적 기반을 확장하고자 했던 존 스튜어트 밀은『대의정부론(Considerations on Representative Government)』에서 최선의 정부를 논하면서 정치체제에서 "사회구성원들의 덕성과 지성을 증진시키는" 정부를 높이 평가했다. 그렇기에 그는 (당시로서는 매우 진보적이게도) '여성에게도 평등한 참정권이 주어져야 하고 노동자들에게도 공정한 교육의 기회가 부여되어야 하며 언론·출판·집회·결사의 자유뿐만 아니라 사상과 예술의 자유 역시 보장되어야 공적 토론의 질을 향상시켜서 좀 더 나은 진리 위에 굳건하게 뿌리를 내린 정치공동체를 수립할 수 있다'고 주장했다. 다수인민의 질적인 발전을 강조하는 존 스튜어트 밀의 민주주의를 발전적 민주주의(Developmental Democracy)라고 부른다.

(3) 초기 공리주의와 민주주의

벤담과 제임스 밀 등의 초기 공리주의자들의 핵심 주장은 다음과 같이 정리할 수 있다.

① 공리주의는 윤리적 가정을 가지고 있다. 모든 개인은 그들의 행복을 인식하고 촉진하는 데 있어 동등한 심리적 능력을 가지고 있다. 만약 우리가 모든 개인들에게 자신의 행복에 부합하는 필요를 표명할 평등한 기회가 부여되어야 한다는 것에 윤리적으로 동의한다면, 그리고 각 개인이 그들 자신의 이익을 가장 잘 알고 있다면, 이러한 기본적인 심리적, 윤리적 가정에 완벽하게 맞는 유일한 정치 체제는 정치적 평등(대표적으로 보통선거권)에 기초한 체제이다. 오직 정치적 평등에 기반해서 각 개인은 자신의 행복을 극대화시키기 위해 공동체의 공적인 삶에 참여할 수 있고 적합한 법에 합의하여 통과시킬 수 있다. 만약에 보통선거권 민주주의보다 취약한 정치체제가 있다면, 소외된 어떤 개인이나 집단들은 정치적, 윤리적 평등권을 갖지 못할 것이며 그들의 행복을 극대화할 수 없을 것이다. 보통 선거권은 공리주의적 행복론의 근본적인 가정에 부합하는 유일한 통치체제 구성 원리로서 올바른 정부의 조건이다. 그런데 이는 굉장히 추상 수준이

높은 명제이다.

② 모든 사람은 자기 이익을 추구하면서 상호의존적이고 상호연관 되어있다. 우리는 우리의 목표를 이루기 위하여 다른 사람을 필요로 하지만 그것이 때로는 다른 사람에게 고통이나 해악을 주는 것일 수 있다. 그런데 정부는 추상적 제도가 아니라 자기 자신의 부와 권력, 이익을 추구하는 집단이기 때문에 그들은 그들의 쾌락과 행복을 촉진하는데 통치기구를 사용할 것이다. 비록 전체 인구의 일부에게 불행과 고통을 주는 것이라도 말이다. 그러므로 소수가 장악하는 정부의 잠재적 약탈을 최소화하기 위해서 필요한 기본적인 규칙은 보통 선거권이다. 벤담과 밀은 오직 보통선거권 제도가 모든 개인들이 동등하게 함께 참여하여 악당들을 몰아내고 덜 약탈적인 통치 집단을 선출할 수 있는 안정적인 제도라고 주장한다. 함석헌 선생님이 말씀하신 "정치(선거)란 덜 나쁜 놈을 뽑고 더 나쁜 놈을 도태시키는 과정이야."가 불현듯 생각나는 대목이다. 보통 선거권이야말로 정부의 약탈로부터 각 개인의 자유와 권리, 사유재산 등을 지키는 유일한 체제이다. 이 주장은 첫 번째 주장보다 낮은 수준의 추상적 개념이다.

③ 노동자 계급은 보통 선거권을 원한다. 노동자들은 거리와 공장에서 단결하고 차티스트 조직(Chartist Organization)을 통해 보통 선거권을 위한 청원을 한다. 만약 우리가 보통 선거권을 부여하지 않는다면 그들은 아마도 극단적인 혁명을 선택해 체제를 전복시킬 것이다. 그런데 우리 자유주의자들은 아직 이 사회의 주도권을 장악하고 있지 못하다. 때문에 자본가계급이 노동자계급과 정치적 동맹을 맺어 지주 및 귀족 계급에 대항한다면 자유주의는 역사적 투쟁에서 승리할 수 있을 것이다. 이런 정치적 동맹을 위해 노동자 계급에게는 보상이 필요한데 이것이 보통선거권이다. 무엇보다도 만약 노동자들이 보통 선거권을 가지는 데 좌절한다면 그들은 어떤 최악의 선택을 할 수도 있다.

④ 노동자 계급에게 바람직한 천부적 지도자들은 자본가들이며

다음과 같은 이유가 제시된다. 첫째, 지주 귀족은 시골농촌 지방의 전통적인 지도자들이다. 그러나 산업분야에서 지도자는 노동자에게 직업을 주고 그들의 일을 감독하고 그들의 삶과 관계된 권위를 가지고 있는 기업가들이다. 그래서 기업가들이 지도자가 되는 것이 자연스럽다. 둘째, 자본가들은 귀족과 달리 상속된 부를 기반으로 하지 않았으며 과거 노동자이거나 낮은 중산층 출신도 많다. 노동자 계급은 이를 알고 있으며 그들은 귀족들보다 기업가들을 더 신뢰한다. 그러므로 노동자들은 의회에서 사업가들을 지지할 것이다. 셋째, 더욱 근면하고 성실하며 똑똑하고 능력 있는 노동자들은 영세한 자본가나 재산소유자가 될 수 있으며 이들은 자유주의의 우군이다. 넷째, 정치적 활동가 혹은 노동조합의 지지를 조직할 수 있는 야심차고 진취적인 노동자는 관리직으로 승진할 수 있다.

제임스 밀은 정부가 보통 부유한 계급의 정부임을 인정한다. 문제는 부유한 집단의 좋은 정부인지 나쁜 정부인지 하는 점이다. 소수의 지주 귀족들과 그들의 상인 친구들에 의해 운영되는 정부는 나쁜 정부이며 소수의 이익만을 추구할 것이다. 그러나 보통 선거권에 의해서 선출되는 정부는 보다 많은 사람들을 위한 좋은 정부이며 자본가는 노동자들의 천부적인 지도자들로서 다수의 지지를 받게 되어 정부를 구성하게 될 것이다. 그러므로 자본가들은 민주주의의 잠재적 폭민정치화를 걱정할 필요가 없다. 왜냐하면 자본가가 지배하는 자유주의 정부는 폭민정치(Mobocracy)가 되지 않을 것이며 그것은 진실로 좋은 의미의 금권정치(Plutocracy: 부유한 소수에 의해서 통치되는 정부)를 수행할 것이기 때문이다.

3) 존 스튜어트 밀(John Stuart Mill)의 개혁적 정치경제학

우리가 다루고 있는 모든 사상가들의 공통된 주제는 민주주의와 자본주의의 관계이다. 벤담과 제임스 밀의 주장에 따르면 자본주의와 민주주의는 양립 가능하다. 동시대에 자본주의적 민주주의가 등장하고 있고 19, 20세기의 정치사회 및 경제를 지배하는 체제로 발전할 것이라 주장했다.

존 스튜어트 밀의 주장은 좀 더 조심스럽고 동전의 양면을 가지고 있다. 존 스튜어트 밀은 자본주의에서 일어나는 수입과 부, 권력의 극심한 불평등을 강력하게 비판하면서도 정치적으로는 지식, 기술, 지혜를 가진 교육적 엘리트들의 특권적 지위와 역할을 옹호했다는 점에서 밀의 대의민주주의론은 어떤 점에서 보면 현대판 철인왕에 비유될 수 있다. 루소적인 측면에서 그는 재산의 불평등을 양산하는 자본주의가 민주주의에 위협이 된다고 말한다. 그리고 홉스적인 측면에서 무산자의 전횡을 방지하지 못하는 민주주의는 자본주의에 위협이 된다고 평가한다. 존 스튜어트 밀은 이러한 이중적이고 모순적인 입장 속에서 민주주의와 자본주의 모두를 비판하고 개혁하기를 원한다. 결국 이는 그의 이론의 통일성과 일관성의 문제를 제기하게 만든다. 그의 이론은 일견 현실적이고 이론적으로 양립할 수 있다. 왜냐하면 두 개의 개혁이 실제적으로 역사적으로 진행되었기 때문이다. 그러나 당시에 적대적이고 타협하기 힘든 자본주의와 민주주의를 결합시키는 설명을 하는 것은 어려우며 밀의 이론 역시 그런 한계를 가진다. 그러나 밀이 의도하지 않았을지라도 이후에 '인간의 얼굴을 한 자본주의' 개혁에 이론적, 실천적 기여를 했다.

존 스튜어트 밀 John Stuart Mill (1806~1873)

영국의 정치철학자이다. 존 스튜어트 밀은 벤담의 제자인 제임스 밀(James Mill)의 장남으로 런던에서 출생했다. 어렸을 적부터 철저한 영재교육을 받은 존 스튜어트 밀은 자유주의와 공리주의를 진일보시킨 벤담 학파의 가장 탁월한 후계자였다.

존 스튜어트 밀의 착상은 방임적 자유주의에 관한 수정이기도 하였다. 밀이 살아간 당대의 풍토는 보통 사람들, 즉 노동자에게 가혹하기에 짝이 없는 환경이었다. 노동자로서는 개인주의
를 사상적 기축으로 설정한 자유주의자보다는, 차
라리 가부장적인 책임감을 강조하는 온정적 보수
주의자가 나은 선택지일 수 있었다. 이러한 조건에
서 밀은 자유주의에 '사회'를 도입함으로써, 노동
자와의 연대를 포용할 수 있는 사상적 변모를 주
도하였다. 우선 밀은 공리 개념의 근간이 되는 쾌
락에 대하여 사회성을 주입시켰다. 그는 각각의 쾌락이 질적으로 상이
한 수준을 점유하며, 그 수준을 나누는 기준이 사회적 합의를 통하여
만들어진다고 보았다. 공리주의가 사회적 면모를 갖추게 된 결정적 순
간이었다.

또한 밀은 가장 중요한 가치에 '사회복지'를 보태었다. 개인은 몰역
사적, 혹은 몰사회적인 존재가 아니라 사회적 조건에 의하여 형성되는
행위자로 판단했기 때문이다. 그러므로 밀에게 있어서 입법 및 통치
는, 개인을 자유로우며 품위 있는 존재로 만들 수 있도록 사회를 유지
및 개혁을 해야 할 의무가 있었다. 밀은 여성의 권리에 대해서도 강변
을 했다. 여성 역시 생물학적인 존재성과는 별도로 존엄성을 보유해야
할 존재로 보았기 때문이다. 밀의 논리가 차분하면서도 설득력을 가졌
던 것은 그의 논리를 추동시킨 원동력이 사회에 대한 도덕적 의무감이
었기 때문이다.

주요 저서로 「자유론」, 「정치경제학 원리」, 「대의정부론」 등이 있다.

(1) 존 스튜어트 밀의 두 얼굴

루소의 얼굴을 가진 밀은 자본주의가 잠재적이고 실제적으로 민
주주의에 해가 된다고 말한다. 왜냐하면 자본주의는 봉건 시대의 불
평등을 넘어 새로운 불평등을 촉진하기 때문이다. 자본가의 부와 권
력에 기반한 새로운 불평등은 봉건적인 귀족적 부와 권력의 불평등
에 추가된다는 것이다. 지배계급이 하나가 아닌 둘(산업 부르주아와 귀
족적 지주)로 구성되어 있기 때문에 어떤 점에서는 자본주의 사회가

덜 불평등하다는 인상을 줄 수도 있다. 그런 점에서 지주귀족이 독점하던 부를 자본가 계급도 차지한다는 점에서 부의 불공평한 분배는 외견상 완화된 것처럼 보인다. 그러나 토지에 기초한 부는 공급에 있어 다소 고정되어 있는 반면에 자본은 무한한 축적을 가능하게 만들면서 부와 권력, 재산, 자본의 팽창을 증식시킨다. 자본주의 체제는 그렇게 얻어진 자원들이 소수에게만 축적되고 전유되는 방식으로 작동한다. 어떤 점에서 한정된 토지에 기반한 지주들의 봉건사회가 훨씬 더 불평등한 사회인 것처럼 보이지만, 다른 측면에서 자본가들은 자본과 노동이 창출한 막대한 부(富)를 끝없이 독점한다는 점에서 자본주의는 절대적으로 불평등한 사회로 평가될 수 있다. 자본가가 소유하는 부의 규모와 잠재력은 봉건적 토지가 산출하는 부와 비교할 수 없을 정도로 많은 것이다.

밀에 따르면 어떠한 상황에서도 자본주의는 엄청난 불평등과 빈익빈 부익부를 심화시키는 사회이다. 이것은 민주주의에도 악영향을 미친다. 왜냐하면 부와 권력에 있어 불평등이 커질수록, 인구의 다수를 차지하는 노동자 개인들이 그들의 재능과 인성, 능력을 연마하고 발전시키면서 공동체의 시민적 삶에 참여하는 것이 더 힘들어지기 때문이다. 밀에게 있어 이러한 덕성과 능력들은 민주주의에 필수적인 요소들이다. 그러므로 자본주의 사회의 불평등은 개인의 도덕적, 지적 발전에 나쁜 영향을 줄 뿐 아니라 민주주의를 강화하고 향상시키는 것을 어렵게 한다.

반면에, 홉스적 얼굴을 가진 밀은 '민주주의가 잠재적으로나 실제적으로 자본주의에 해가 된다'고 말했다. 도시에 있는 무지하고 교육받지 못한 무지한 대중들은 사회의 통치자가 될 수 있는 위치에 있지 않다. 만약 선거권이 그들에게 확대된다면, 그들은 그들의 정치적 힘을 현명하지 못하게 사용할 수 있으며 당파적, 계급적 법안을 물리적으로 관철시킬 수 있다. 이러한 계급 법안(Class Legislation)은 지주와 자본가의 이익에 대립적인 법안이며 대중들은 이것을 아마도 폭력적인 방법으로 강제할지도 모른다. 그리고 이 폭력적인 방법은 사회의 안전과 제도의 연속성에 큰 피해를 줄 것이다.

(2) 존 스튜어트 밀의 민주주의 개혁사상

정치적으로 밀은 지나치게 개입주의적인 국가의 위험성에 대해 경고하면서 비대한 국가 관료의 지배와 통제를 극복하거나 견제하는 방안으로서 강력한 민주주의를 주장했다. 물론 존 스튜어트 밀에게 현실적으로 최선의 정치체제는 지식, 기술, 경험이 부족한 다수 인민의 정부가 아니라 정기적으로 선출되는 대표자들을 통해 궁극적인 통제권을 행사하는 대의민주주의였다. 때문에 밀은 점진적인 민주주의 추진을 원했다. 즉, 당장 모든 대중에게 보통 선거권을 부여하는 것을 원하지 않았다. 밀이 주장한 선거권을 부여할 수 없는 일부 사람들의 범주에는 읽지도 쓰지도 못하고 간단한 산술조차 하지 못하는 사람들, 채무변제를 받지 않은 파산자들, 빈민구제를 받는 사람들(사회복지를 받는 사람들), 직접세를 내지 않는 사람들(너무 가난해서 소득세를 내지 않는 사람들) 등이 포함된다.

밀은 이상적으로 시민 모두가 동등한 투표권을 가져야 하는 것이 바람직하다고 주장했다. 하지만 현실적으로 지식과 교양과 이성의 발전이 모든 사람들에게 평등한 투표권을 보장하는 것은 아니라고 주장하였다. 무엇보다도 그는 차등투표제(plural voting)를 원했다. 일반 노동자는 한 표, 숙련된 노동자는 두 표, 상급관리자나 감독관은 세 표, 소유주는 네 표, 대학졸업생은 다섯 표를, 과학과 교육 분야 등을 포함하여 전문적 지식인들(존 스튜어트 밀과 같은)은 여섯 표를 가져야 한다고 말했다. 밀은 이러한 차등투표 제도를 일시적인 방편으로 제안한 것이 아니라 그 자체로 바람직한 제도라고 주장했다. 밀에 의하면, 무지한 사람은 지식인만큼 동등한 정치적 힘을 요구할 권리가 없다. 또한 밀은 자본가들보다 지식인들이 더 많은 표를 가져야 한다고 생각했다. 즉, 이것은 "교육받은 부르주아들"(케인즈의 표현)에 의해서 통치받는 제도이다. 이러한 교육받은 부르주아들은 비즈니스 전문가가 아니라 지적인 활동으로 살아가는 부르주아들이다. 그들이 야말로 과거 귀족 가문의 자손들의 역할을 대신해서 정부를 운영해 야 한다. 왜냐하면 그들은 단기적인 이익과 좁은 시야를 가진 자본가 들보다 장기적인 전망을 가지고 사회 전체적인 요구를 파악하고 반 영할 수 있는 통치능력의 소유자이기 때문이다. 궁극적으로 밀에게 민주주의는 지식과 기술이 뛰어난 사람들이 다수의 노동자 계급의 맹목적인 이익과 유산자 계급의 협애한 이익을 관리하고 통제하는 그런 통치 전문성이 보장되는 민주주의를 지향했다. 특히 무지한 대 중들이 정부 업무에 관여할수록 효용성이 떨어지고 사회 전체의 전 반적인 이익이 감소될 위험성이 크다. 그러므로 인민의 통제권과 효 용성의 두 이점을 고려하는 전문가 통치 집단의 대의민주주의가 적 절한 정치체제이며, 인민은 투표를 통해 정부에 대한 감시와 통제에 관여할 뿐이다.

질문: 지적인 능력은 부르주아 지식인들이 높았습니까, 아니면 귀족 지식인들이 높았습니까?

답: 과거에는 귀족들이 주로 지식인 사회를 이루었습니다. 그러나 부 르주아들의 부와 권력이 확장되면서, 점점 더 많은 부르주아 가문의 아들과 때로는 딸들이 옥스퍼드나 캠브리지에 가게 되었고 대학교육 을 받게 되었습니다. 그래서 밀은, 훗날 케인즈가 교육받은 부르주아 라고 부른 사람들의 역할과 발전을 고대하였습니다. 그리고 이들은 점 차 오래된 귀족들과 경제적 부와 권력에서뿐만 아니라 정부에 영향력 을 행사하는 데 있어서도 경쟁하였습니다.

나아가 밀은 양원제 설립을 주창했다. 밀에 의하면 단순히 지역 구 대표나 단순 다수제의 선거제도로는 현명한 민주주의를 실현할 수 없다. 또한 이런 선거제도 하에서는 높은 지성과 덕성을 가진 인물보다는 지역에서 영향력이 있거나 돈이 많은 사람만이 당선될 수 있다. 밀은 이러한 대의제의 결점을 제도의 보완을 통해 해결하려고 했다. 밀은 하원과 달리 상원의 덕스럽고 현명한 사람들의 역할을 강조했다. 과거처럼 상원이 단순히 세습귀족들로 채워져 폐쇄적인 계급이익을 보호하는 기구로 작동해서는 안 되고, 오랜 공직 경험을 가지거나 저명한 학식을 가진 사람들로 이루어진 기구가 되어야 한다고 주장했다. 밀이 바람직한 예시로 드는 것은 로마의 원로원이다. 이러한 상원은 맹목적인 계급적, 당파적 이익이나 수적 다수의 이익에만 부합하는 나쁜 정책을 견제하고, 국가 전체의 이익과 공공선을 추구하는 기관으로 작동할 수 있을 것이라는 점을 강조했다. 밀이 제시하는 해결책은 오늘날 단원제의 비례대표제와 유사한 성격이 강하다.

또한 밀은 의회에서 법안을 만드는 데 입법자(대표)들이 모든 것을 담당해서는 안 된다고 강조하며, 부르주아 지식인들로 구성된 전문가 집단이 법안의 내용연구를 하고 구체적인 법안을 제안해야 한다고 하였다. 입법자들은 입법의 취지나 목표, 아이디어 등을 중심으로 활동해야 하며, 인민의 대표들은 입법의 세부 사항을 관리하거나 통제하려고 해서는 안 된다는 것이었다. 오히려 소수의 훈련된 지식인 관료들이 공정한 방법으로 법률을 작성하고 관리, 제안하는 업무를 해야 하며 입법자들은 투표를 통해 적절한 법률안을 선택해야 한다고 하였다. 밀의 이러한 절차는 사실 오늘날의 의회의 역할과 근본적으로 다르지 않다.

밀은 국가적 차원의 교육프로그램을 대단히 강조했다. 맬서스(Malthus)는 노동자들에게 도덕적 절제에 대해서 교육하기를 원했고 어떤 사상가들은 부자들을 교육하는 것이 중요하다고 생각했던 반면에 밀은 인구 전체를 교육하기를 원했다. 교육을 통해서 노동자 계급이 부르주아가 되지는 않겠지만 그들은 교육을 통해서 덜 무지해지고 이성과 관용의 미덕을 더 배울 수 있게 되어 계급적, 당파적 법안을 관철해서 다수의 독재를 행하지 않을 확률이 높다.

> **질문:** 밀은 노동자들을 더 나은 시민으로 만들기 위해서 교육을 받아
> 야 한다고 주장한 것입니까?
>
> **답:** 부분적으로는 맞습니다. 노동자들을 자본주의와 민주주의 질서와
> 규율에 충실하도록 만들기 위한 분명한 목적이었습니다. 교육을 통해
> 자본가에 고용된 노동자로서의 의무, 그리고 시민의 능력과 의무를 강
> 조했습니다. 밀은 또한 어떻게 노동자들이 자본주의 규율을 습득해야
> 하는지에 대해 일군의 아이디어를 가지고 있었습니다.

(3) 존 스튜어트 밀의 자본주의 개혁사상

밀은 토지귀족과 지대에 대해 매우 비판적이었기 때문에 "지주
들은 잠잘 때뿐만 아니라 깨어 있는 동안에도 일하지 않고 위험을 감
수하지도 않으며 경제활동을 하지 않고도 점점 부자가 된다."고 말했
다. 밀은 중요한 공적 목적을 위한 토지의 사회적 소유권(현대적 개념
의 토지 공개념이 될 수 있다. 예를 들어 공원이나 도서관을 건설하기 위한 토지

그림 I 3-1

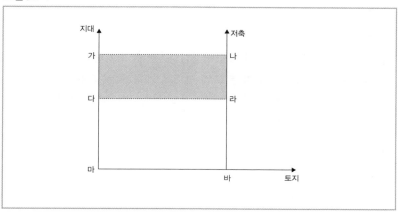

의 사회화)을 지지했으며 지대에 대한 강력한 과세가 필요하다고 주장했다. 밀은 리카도에 기반하여 토지 공급의 수직적 특수성을 강조했다. 토지 소유자가 받는 지대에 비례하여 세금을 부과해도(가,나,다,라) 토지의 양 즉, 지대는 여전히 동일하다(마,가,나,바). 그래서 사회 전체적으로 피해는 없다. 단지 지주들은 자신의 지나친 이익의 감소를 감수해야 할 것이다. 그런데 밀은 비슷한 방식으로 자본가들에게 세금을 부과하는 것에는 반대했다. 왜냐하면 그는 자본을 수직적이고 경직된 성격이 아니라 오히려 양적 탄력성을 가진 자본의 특수성을 강조했기 때문이다. 자본가의 이익은 특수성을 갖는다. 자본가들은 이익이 더 높아질수록 자본가는 더 많은 자본을 축적(절제에 의한 저축)하는 동시에 더 많은 자본을 투자에 활용한다. 동시에 이는 다시 잠재적 투자를 높이면서 생산성을 높이게 된다. 그런 생산성을 위축시킬 수 있는 세금 부과는 사회 전체의 경제발전에 해가 된다. 그러므로 소득세는 자본주의 개혁을 위한 제안에서 예외이다. 비록 그가 사회적 개혁자유주의를 창립한 것으로 평가받지만 그는 소득세에 반대했으며 임금이 올라가면 고용주들은 더 적은 수의 노동자를 고용할 것이고 실업을 증가시킬 것이기 때문에 최저임금도 옹호하지 않았다.

질문: 그래서 밀의 자유주의는 오늘날의 보수주의와 약간 비슷한 것 같습니다.

답: 아니오. 밀은 보수주의를 넘어섭니다. 비록 최저임금과 소득세에 관해 보수적인 측면이 있지만 그의 사회적 개혁자유주의는 분명히 고전적 자본주의를 수정하는 성격을 가지고 있습니다. 다만 애매한 사회 개혁 자유주의자입니다.

질문: 소득세를 지지하지 않는 밀의 논리는 무엇입니까?

답: 소득세는 부자들의 저축의 기초이며 투자의 기초이고 경제 성장의

기초인 소득에 세금을 부과하는 것입니다. 만약 우리가 소득에 세금을 부과하게 되면, 이는 비례적인 세금부과가 되며 모험적인 기업가의 사업의지를 위축시키리라는 것입니다. 또한 공평한 과세 기준에서 볼 때에도 부유한 사람들에게 빈민에 비하여 너무 많은 세금 부담을 부과하는 것은 공평하지 못한 조치라는 것이고 이는 경제의 성장을 더디게 만들 것입니다.

자본주의를 개혁하기 위한 밀의 또 다른 제안은 자유방임주의에 대한 입장에 있다. 밀은 일반적으로 자유방임주의의 좋은 점을 이야기하며 논의를 전개한다. 예를 들어, 국가나 정부의 규제나 지도보다는 시장에 있는 개인들이 시간과 공간의 구체적이고 지엽적인 환경이 무엇이며 어떻게 대응해야 하는지를 정확히 알고 있다. 그러한 선택과 더불어 책임을 진다는 점에서 개인들의 도덕적, 지적, 실천적 성격과 덕의 발전을 스스로 촉진시킬 수 있기 때문에 국가의 사적영역의 개입은 바람직하지 않다. 더군다나, 사람들이 국가의 지시에만 따를 경우 자율성의 미덕을 위축시켜 자유주의가 위태로워질 수 있다. 일반적으로 이러한 이유 때문에 자유방임주의는 좋은 제도이다. 때문에 밀은 사회 전체의 방대한 정보를 중앙권력이 수집하여 모든 자원과 노동을 분배하는 사회주의나 전제권력을 단호하게 비판했다. 이것은 규범적으로는 "자신의 운명에 대한 잠재적 선택권을 빼앗는 것"일 뿐만 아니라 공리주의적 관점에서 "자신의 선택과 활동에서 얻는 최대한의 유익한 결과를 향유하는 조건"을 부정하는 것이기 때문이다. 그러므로 개인의 자유와 권리 그리고 경제 일반에 대해 대의정부는 최소한으로만 관여를 해야 한다는 점에서 밀은 분명히 자유주의자였다.

그러나 밀은 자유방임주의에 대한 이런 원칙에서 예외적인 사항들로 45가지에 이르는 많은 목록을 제시한다. 특히 그는 『정치경제학

원리(The Principles of Political Economy)』에서 자유방임 경제원칙에는 많은 예외가 필요하며 또 모든 노동자들은 생산수단의 소유와 통제가 제공하는 교육적 효과를 경험해야 한다고 주장했다. 이런 논리는 밀의 사상에 특유한 절충주의적인 접근을 보여준다. 예컨대, 배의 항해를 돕는 등대를 유지하는 일은 자유방임적 시장의 이익에 맡겨서도 안 되고 맡길 수도 없다. 이 외에도 정부는 시장 원리에 맡길 수 없는 많은 공적 재화(예를 들어, 탐사나 지리적 발견을 위한 탐험, 연대를 위한 정책 및 법률 등)를 제공하기 위해 세금을 걷고 사용해야 한다. 밀은 노동조합의 경제적인 부작용도 지적했지만, 노동자에 우호적인 법률도 주창하였다. 대표적인 것이 미국의 32대 루스벨트(Franklin D. Roosevelt) 대통령 때 시행된 와그너 법(Wagner Act)처럼 노동자들이 노동조합을 만들 수 있는 권리를 지지하면서 노동조합을 촉진하는 적극적인 법률이었고 이후 미국 노동자 계급은 민주당의 지지세력으로 부상하게 된다. 이런 조항과 법률들은 자본주의의 부작용을 완화하기 위해 스미스, 리카도 혹은 다른 고전주의 사상가들이 제시한 예외조항보다 훨씬 더 많은 것이다. 밀은 자본주의 경제가 양산하는 불평등의 일부를 개선하기 위한 많은 중요한 수단들도 제시했다. 이러한 모든 수단들이 합쳐진다면, 자유방임 자본주의와는 많이 다른 수정자본주의 혹은 사회 개혁적 자본주의 혹은 복지자본주의라고 불리는 어떤 다른 체제가 될 수 있다.

그러나 밀에게는 자본주의를 넘어서는 중요한 논의가 하나 남아 있다. 이 논의는 자본주의를 질적으로 전혀 다른 사회와 경제의 조직원리로 변모시키는 것이다. 밀은 노동자들의 협동조합들이 순수한 자본가 기업의 위계적 조직체계와 지배 권력의 문제에 대해 더욱 고귀한 해결책이 될 수 있다고 믿었다. 누군가는 자본주의 체제에서 기업 조직이 더 효율적이기 때문에 협동조합들은 결코 살아남을 수 없을 것이라고 비판할 수 있다. 협동조합은 일반 기업보다 더 낮은 이윤율에 만족할 수 있기 때문에 장점을 가질 수도 있지만 기업과의 경쟁에서 결국 도태될 것이다. 그러나 밀은 협동조합 기업이 일반 기업보다 심지어 더 효율적이고 생산적이 될 수 있다고 주장한다. 협동조합에서는 노동자들이 사업에 직접적인 지분을 가지고 있기 때문에 그렇지 않은 사람들보다 더욱 열심히 일할 것이라는 점이다.

자본주의 기업 이윤의 가장 큰 원천은 노동자들에게 힘든 장시간 노동을 강제하는 것이다. 반면 밀은 협동조합의 장점으로 노동자들이 자발적으로 더 열심히 일할 수 있다는 점, 또한 자유롭게 선출된 조합대표자들의 민주적 결정이 작업을 더욱 효율적으로 만들 수 있다는 점을 주장하였다. 그것은 위계적인 형태에서는 도출할 수 없는 노동자들의 도덕적, 지적, 실천적 발전과 재능과 잠재력의 육성을 촉진하고 실현할 수 있기 때문이다. 또한 노동자들이 이익을 관리하고 통제하기 때문에 부자들의 사치스러운 소비보다는 검소한 기업가 정신으로 저축과 투자를 하여 자신과 사회 전체에 많은 이익을 가져다 줄 것이라고 주장한다. 밀은 교육의 확대와 새로운 노동자 협동조합의 설립 가능성을 높여서 우리가 교육에 있어 덜 불평등해지고, 따라서 부와 권력과 소득에 있어서의 불평등을 줄일 수 있을 뿐만 아니라 미래에 있어서도 부의 불평등 완화를 가능하게 만들면서 소득과 부를 추구하는 기회의 불평등도 감소될 것이라고 믿었다.

그러므로 밀의 구상과 같은 자본주의 체제에서는 노동자들이 점진적으로 기업을 더 많이 통제할 것이다. 자본가들은 자발적인 회사체로서 강점을 가진 협동조합과의 경쟁에서 점차적으로 뒤처지게 되면서 자신들이 시장에서 도태되고 있다는 것을 발견하게 될 것이다. 그리고 시장에서 이익과 관련된 채권을 좇기보다는 그들의 기업을 자신의 연금과 교환하는 것이 현명하다고 깨닫게 될 것이다. 결국 산업 자본가 혹은 금융 자본가들은 점차 사라지게 될 것이다. 그리고 생산과 유통, 판매, 소비를 이끌면서 경쟁하는 노동자 협동조합의 사회만이 남을 것이다. 그런데 밀은 시장 경쟁을 적대시하는 사회주의는 독점적인 국유기업만 양산해서 발전이 없을 것이라고 생각했기 때문에 사회주의 경제는 아닐 것이다. 그가 주장하는 경제체제에서는 경쟁과 시장경제 그리고 사유재산이 유지된다.

질문: 만약 이러한 엘리트 노동자들의 협동조합이 생겨나면 경쟁을 통해 이러한 엘리트 협동조합이 다른 협동조합들을 밀어내지 않을까요?

답: 그럴 수도 있습니다. 그런데 인구의 절대 다수가 재산이 없는 고전적 자본주의 경제에서는 소수의 유산자와 다수의 무산자 계급의 극단적인 갈등상태를 벗어날 수 없습니다. 그런 자본주의에서는 노동자들이 협동조합을 설립할 수 있는 위치도 아니기 때문입니다. 물론 협동조합이 활성화된다면 협동조합간의 불평등이 커질 수 있고 따라서 어떤 노동자들은 그들의 협동조합을 탈퇴하고 더 부유한 협동조합에 노동자로 가입할 것입니다. 시장의 경쟁에서 뒤쳐진 협동조합들은 사라지게 될 수 있습니다. 이렇게 되면 더 부유한 노동자 협동조합은 하나의 새로운 자본주의 계급을 형성하게 되고 자본주의의 고유한 불평등이 다시 부활할 수도 있습니다.

그런데 밀은 이러한 일이 일어나지 않을 것이며 노동자 협동조합이 새로운 경제체제를 만드는 미래의 파도가 될 것이라고 전제하였습니다. 물론 그는 노동자 협동조합의 사회가 완전히 평등한 사회가 될 것이라고 생각하지 않았습니다. 그러나 자본주의 사회의 매우 큰 불평등이 감소할 것이며 결과적으로 민주주의가 그런 경제체제를 위협하지도 않게 될 것이라고 보았습니다. 투표권을 가진 노동자들은 또한 생산수단을 소유하고 통제할 수 있습니다. 그래서 민주주의라는 정치적 측면과 사유재산이라는 경제적 측면이 더 이상 서로에게 위협적이지 않게 됩니다.

그러나 밀의 이런 구상에 대한 비판이 여러 가지 측면에서 제기되었다.

첫째, 이상주의적이다. 현실 자본주의에서는 자신의 재능과 잠재력, 지적 능력을 연마하고 발전시킬 수 있는 실질적인 기회를 향유하기 힘들다. 노동자들의 시민권은 제약받고 있으며 불평등한 자본주의 사회에서 노동자들이 그런 능력을 발전시킬 수 있는 기회나 교육을 받기가 힘들기 때문에, 그런 능력을 가진 노동자들의 협동조합 역시 활성화되기 힘들 것이다.

둘째, 노동자 협동조합들에 대한 밀의 논의를 제외한다면, 밀의 자본주의 개혁론은 자본주의에 대한 부분적인 수정에 한정된다는 것이다. 즉, 개혁적 성격이 약하다는 점이다. 그러나 이런 비판은 과도한 측면이 있다. 비록 밀의 개혁사상이 사회주의는 아니었을지라도, 자본주의와 민주주의 개혁이 수렴되는 하나의 방향성을 시사해준 것이기 때문이다. 사실 노동자 협동조합들은 존 스튜어트 밀의 시대 이래로 계속 확대되어 왔으며 많은 사회개혁 자유주의자들은 협동조합이 미래의 물결이 되기를 희망했다. 그러나 한편으로 자본주의는 민주주의를 좌절시키는 불평등 문제를 양산해 왔다. 때문에 만약 노동자 협동조합을 설립하는 수준까지 자본주의를 수정한다면, 민주주의와 자본주의의 대립은 완화될 것이며 계급 간, 계층 간 갈등 역시 축소될 것이다. 왜냐하면 자본주의의 가장 해악인 계급구조와 부와 권력의 엄청난 불평등이 많이 없어질 것이기 때문이다. 물론 자본주의의 중요한 요소들 즉 사유재산권과 시장경쟁 경제는 남아 있다. 그럼에도 그런 시장경제에서 노동자들은 협동조합을 통해 자본주의를 통제할 수 있기 때문에 민주주의와 자본주의는 수렴될 것이다. 최소한 그것은 극단적인 불평등을 양산하고 정당화하는 고전적 자본주의 사회는 아니다.

질문: 사회주의자들은 아마도 협동조합 모델에서도 이자를 위하여 돈을 빌려주는 부유한 협동조합들 때문에 착취가 있을 것이라고 이야기할 것입니다. 그리고 밀이 아직 케인즈를 읽지 않았기 때문에, 그는 실

업과 거시 정책들의 문제를 예견하지 못했습니다.

답: 두 번째 질문과 관련하여, 밀은 거시적인 경기순환이 있다는 것을 인지하고 있었습니다. 그러나 그는 경기 악순환을 빠져나올 통화나 재정정책에 대한 아이디어는 발전시키지 않았습니다. 그래서 그는 불황에 대하여 19세기적 태도를 견지하고 있습니다. 우리 역시 20세기의 문제에 직면해서 20세기 해결 모델을 알아볼 수 있습니다.

첫 번째 질문과 관련하여, 밀은 노동자 협동조합들이 자본가 기업들보다 더 우월한 경쟁력을 가질 것이며, 따라서 자본가 기업들이 경쟁에 뛰어들기보다는 자신들의 연금을 위하여 기꺼이 그들의 기업을 노동자 협동조합에 팔 것이라고 생각했습니다. 자연스레 은행들은 점차적으로 사라질 것이라고 보았습니다. 왜냐하면 협동조합은 그들 스스로 재정적 지원을 할 수 있기 때문입니다. 그러므로 산업 자본가뿐만 아니라 금융 자본가들도 사라질 것입니다. 만약 이것이 현실이 아니라면, 만약 금융 자본가들이 계속하여 만연한다면, 마르크스는 분명히 금융 자본가들이 계속해서 노동자 협동조합을 착취할 수 있으며, 금융 자본에 기반한 불평등이 있을 것이라고 주장하였을 것입니다. 물론 다른 노동자 협동조합을 착취하는 노동자은행 협동조합도 배제할 수 없습니다.

존 스튜어트 밀의 논의가 담고 있는 함의는 민주주의가 자본주의를 통제할 수 있고 반대로 자본주의가 민주주의를 좌절시킬 수 있다는 것이다. 밀은 민주주의와 자본주의가 서로를 좌절시킬 수 없다는 벤담과 제임스 밀에 동의하지 않았다. 그러므로 밀은 자본주의와 민주주의가 모두 개혁되는 방향으로 나아가야 서로가 서로를 제약하지 않을 수 있다고 주장했다. 밀은 궁극적으로 만약 노동자 협동조합 중심의 사회가 아니라면 최소한 민주적이고 사회적으로 개혁되어 있는 자본주의 사회를 그리고 있다. 밀의 계승자들은 이런 사회철학을 발전시켜 민주적 과정을 통해 자본주의 사회를 개혁하는 기획을 만들려고 했다.

밀의 계승자들은 밀보다 더욱 민주주의의 중요성을 강조하면서 민주주의가 확장된 사회모델을 원했다. 즉, 노동자들이 준비가 될 때까지 민주주의를 유보하지 말고 민주주의를 급진적으로 개혁하고 확장하면서 자본주의를 개선하는 기획을 추진했다. 이러한 입장을 가진 사람들은 때때로 사회적 개혁자유주의자들(social reform liberals)로 불렸다. 그들은 자유방임주의와 개인주의 그리고 사회주의 사이에 중재선을 놓으려고 노력했다. 또한 민주주의에 대한 자본주의의 위협을 해결하기 위하여 계급갈등은 나쁜정치라 간주하면서 정당의 역할과 기능으로서 유산자와 무산자 사이를 중재할 수 있다고 주장하였다.

밀 이후에 다른 관점, 특히 미국에서는 로시터(Rossiter)가 자유방임 보수주의(Laissez-Faire Conservatism)라고 부른 관점이 발전했다. 자유방임 보수주의는 고전적 자유주의로부터 많은 아이디어를 가져왔다. 다시 말해 경쟁, 자기 이익, 경제적 인간의 개념과 자본 축적의 중요성 등을 배타적으로 강조했다. 그러나 자유방임 보수주의는 전통과 위계질서를 존중하는 보수적인 관점을 가지고 있다. 그래서 고전적 자유주의와 고전적 보수주의 사이의 이상한 혼합물로 평가받는다. 자유방임 보수주의는 버크적인 전통적 사회질서를 유지하고 보존하고자 원한다는 측면에서 보수주의적이지만 신흥계급의 시장경제를 지지하면서 위계적인 정치질서를 지지하는 모순적인 내용을 동시에 갖고 있다. 벤담과 밀의 철학적 급진주의자들과 고전적 자유주의자들은 산업자본주의가 막 등장하고 보통선거권 민주주의가 단지 하나의 아이디어였을 시기에 활동했다. 그러한 맥락에서 산업자본주의의 우위를 주창한 사람들은 자유주의자들이었다. 그리고 자본주의를 민주적으로 수정해야 한다고 주장한 사람들은 급진주의자였다. 그럼에도 이들은 당시로서는 개혁주의자들이었다.

19세기 후반에 자유방임주의 보수주의자들은 18, 19세기의 자유주의(산업주의)와 급진주의(민주주의)의 선도적 이념 사이에서 역사적인 첫 번째 우파였다. 실제로 자유방임주의 보수주의자들은 사회적 개혁자유주의자들이 정부의 다양한 제한적 규제와 통제를 지지하여 산업혁명을 좌절시키고 사회 개혁을 통하여 사회주의와 공산주의를 지지한다고 비난하면서 이것은 민주주의를 좌절시킨다고 주장했다. 그들은 자신만의 언어로 최소 민주주의를 지지했다.

흥미로운 질문은 사회적 개혁자유주의가 밀의 계승자들을 통해서 민주주의의 주류가 되었음에도 불구하고 어떻게 동시에 자유방임주의 보수주의가 19세기의 중요한 사회철학으로 등장해서 1920년대까지 로시터가 말한 것과 같이 실제적으로 "미국적 삶의 방식(the American Way of Life)"으로 대등한 영향력으로 남아있었는가 하는 것이다. 한편에서는 자유방임 보수주의자들이, 다른 한편에서 밀의 계승자들에 의한 개혁적 민주주의가 동시에 존재하고 있었던 것이다.

Ⅳ.
미국의 정치사상과 건국의 아버지들

1. 신대륙의 정치경제적 특성과 시대적 개관

영어 사용 인구가 다수를 차지하는 등 영국과 미국은 비슷한 점
도 있었지만 식민지 모국인 영국과 미국은 대서양에 의해 분리되어
있을 뿐만 아니라 전혀 다른 정치경제적 그리고 사회적 특징을 가지
고 있었다. 무엇보다도 종교의 자유라는 이상을 찾아 신대륙을 선택
하였기에 영국과는 다르게 전통과 관습적으로 이어진 역사적 경로
의존성 없이 새로운 사회를 구성했다는 근본적인 차이점이 존재한다.
이 장에서 우리는 영국과 미국의 상이한 특징에 초점을 맞추어 건국
과정에서 연방주의와 반연방주의 논쟁을 이끈 제퍼슨(Tomas Jefferson)
과 해밀턴(Alexander Hamilton)의 사상을 살펴볼 것이다.

영국과 미국의 첫 번째 중요한 차이점은 상이한 경제구조로부터
시작할 수 있다. 영국은 노동력은 풍부했지만 생산 활동을 하기 위한
토지는 매우 제한되어 있는 섬나라로서 토지의 희소가치를 놓고 계
급 간, 세력 간 이해관계가 복잡하고 첨예했다. 정복자 윌리엄(William
the Conqueror)의 침략으로 1066년 이후로 노르만(Norman)들이 대부분
의 토지를 독점하면서 결과적으로 소규모 생산의 농민들을 위한 토
지는 상당히 적었다. 토지를 가진 귀족들은 리카도(Ricardo)가 지주
(landlord)라 불렸던 계급이 되어 땅을 소작농들에게 임대해주거나 혹

은 노동자들을 고용해서 사업을 추진할 자본가들에게 사업부지로 임대해 주어 막대한 지대(地代)를 차지하였다. 고착된 막대한 토지를 소유한 귀족들은 다른 계급들과 명료한 경제적 지배계급이 되었으며 이는 구조적인 재산 불평등의 기반이 되는 봉건제였다.

반대로 미국 식민지에는 노동자 규모에 비해 엄청나게 넓은 땅이 있었다. 초기 식민지는 동남부로 편중된 13개 주였고 서쪽으로는 미국 토착민(Native American)들이 살고 있는 광활한 미개척지로 남아 있어, 토지 독점 및 임대 현상은 거의 없었으며 지대 역시 경제적인 비중이 거의 없었다. 물론 더 많은 땅을 소유한 사람들은 존재했다. 예를 들어, 워싱턴(George Washington)이나 매디슨(James Madison)은 넓은 토지를 소유한 가문 출신이었다. 광활한 토지에 기반하여 미국에서 농업은 생산 활동의 지배적인 양식이 되었다. 남부지방의 땅이 상대적으로 평지였기 때문에(관리자들은 많은 농업노동자들이 일하는 것을 수월하게 감시할 수 있었다), 대단위 농업 생산이 가능한 대규모 농장들이 많았으며 동북쪽과 서쪽에는 산악 지대가 많았고 그 지역의 농장들은 소규모였다. 식민지 미국에서 사회계급 구조와 토지 이용은 이러한 지리적 특성에 기반하여 형성되었다. 남부의 대규모 농장들은 농장주(Southern Planter)들을 위해 일하는 노예 노동력에 의해서 운영되었으며 북부는 상업과 제조업(New England Merchant)이 발달하게 되었으며 그 외 다른 지역은 작은 소규모 자작농이나 자영업자들이 주를 이루었다. 이들 식민지인들 사이에 영국 정부로부터 법적 권리를 인정받은 관료와 전문집단인 국왕충성파(Royalists: American Tories)가 위치하고 있었다.

이러한 경제적 특징에 기반하여 명확한 사회적 계급구조가 형성되었다. 가장 하위에 위치한 계층은 노예였다. 다음으로 낮은 계층은 고용계약을 한 하인(유럽에서 미국으로 건너온 가난한 노동자로서 몇 년 동안 노예에 버금가는 열악한 상황에 처한 하층민)이었으며, 그 다음은 노동자(동북쪽에 존재했던 소수의 제조업자들에게 자신의 노동력을 팔아 생계를 유지한 사람들)들이었다. 그리고 그 위에 소작농이나 소규모 자영업자들이 있고 상층부에 자본가들(제조업자, 은행가, 상인이나 전문직)이 있었으며 최상위에는 부유한 남부의 대규모 농장주들이 있었다.

흥미로운 것은 이렇듯 수직적이고 불평등한 사회계급구조가 존재한다는 점이 아니라, 식민지가 영국과 다른 점은 다수의 인구가 노동자 계급이 아니라는 것이었다. 절대 다수는 소규모 자작농이나 자영업자와 같은 하향적인 경제수준으로 평준화된 중산층(the lower middle class)으로 형성된 낮은 중산층 계급의 사회였다는 것이다.

경제적 토대 및 생산관계에 기반한 사회구조의 특징은 정치에도 근본적이고 중요한 영향을 미쳤다. 무엇보다도, 식민지의 정치는 영국보다 훨씬 더 민주적이었다. 독립혁명 이전에 일반적인 보통 선거권은 없었지만 식민지에서는 과반 이상의 사람들이 투표권을 가지고 있었지만 비슷한 시기에 영국에서는 소수의 사람들만이 투표권을 가지고 있었다. 또한 식민지에서도 재산이 있어야만 투표권을 얻을 수 있었지만 그 기준이 영국보다는 상대적으로 낮았다. 소규모 재산을 가진 사람들이 인구의 절대다수를 차지했기 때문에 인구의 대다수가 투표권을 가지고 있었다. 그러므로 정치발전과 민주주의 전망에 있어 영국과 미국은 질적인 차이가 있었으며 독립혁명 이전에 이미 미국은 영국과 비교하여 훨씬 더 민주적이었다고 볼 수 있다.

또 다른 중요한 특징은 비록 식민지 총독이 영국왕에 의해서 임명되기는 하였지만 총독들의 급여와 여타의 특전들은 미국 시민들이 선출한 의회에서 제공하였다. 따라서 영민한 총독(홉스는 절대권력자들의 영민함을 논하며 절대권력을 옹호했다)은 미국 의회의 선호와 동떨어진 정책에는 신중했으며 식민지 의회의 불만을 가장 두렵게 생각했다. 따라서 식민지의 정책결정과정은 미국 대중들의 이해관계에 반응한다는 점에서 훨씬 더 민주적이었다.

1763년 이전의 영국과 미국의 관계에서 영국정부가 식민지에 적극적인 개입을 하지 않았던 "유익한 방임(salutary neglect)"으로 불리는 시기가 있었다. 즉, 문제가 될 만한 큰 규제도 없었고 조세도 높지 않았다. 사실 영국정부는 식민지 사람들에게 조세를 부과하고 징집도 추진했지만 식민지 사람들은 이를 따르지 않았고 영국정부도 강제적으로 이를 집행하려 하지 않았다. 그러나 아메리카 대륙을 놓고 프랑스와 식민지 전쟁을 벌이던 영국이 1763년에 인디언 전쟁에서 승리한 후 "파리조약"을 체결하여 프랑스 식민지가 아메리카 대륙에서 소멸된 후 상황이 달라졌다. 7년간의 긴 전쟁으로 재정적 어려움에 처한 영국 정부(조지 3세와 그의 참모들)는 이제 식민지 국민들의 고집을 꺾을 시기가 되었다고 판단했다. 즉, 식민지 국민들에게 적절한 조세를 부과하고, 식민지와 식민지 모국 사이의 상업자본주의 관계에 기반하여 식민지 경제와 사회를 규율하려고 하였다. 이 관계의 핵심은 영국은 제조업에 집중하고 식민지 미국은 공산품과의 교환으로 영국으로 수출할 원자재와 식량 생산에 집중하는 것이었다. 특히, 항해조례(Navigation Act)에 따라 식민지의 모든 수출, 수입은 영국 정부의 관리와 통제를 따라야 했으며 이와 함께 식민지에 주둔하는 영국 군인들을 지원하기 위하여 세금을 크게 높였다(1773년 기호식품인 차에 세금을 부과한 Tea Act가 대표적인 사례로 독립전쟁의 발초가 된 보스턴 차 사건(Boston Tea Party)의 원인이었다). 이러한 조세 인상은 식민지인들에게 다음과 같은 유명한 독립전쟁 구호인 "대표 없이 과세 없다(no tax－ation without representation)"는 명언을 이끌어 내었다. 즉, 식민지 사람들은 영국 의회에 자신들의 대표를 보내거나 혹은 자기들 스스로 세금을 책정하고 부과할 자주권을 원했다. 이러한 구호는 식민지와 식민지 모국 사이에 존재하는 상업 자본주의의 규칙을 강요하는 영국에 대한 거부였으며 식민지 주권에 대한 요구였다. 그러나 식민지 내부 거래와 생산과 수출, 수입 등등의 사안에 대한 영국의 규제가 엄청나게 확장되었으며 이에 따른 갈등은 증폭되었으며 마침내 조세저항운동이 독립운동이라는 형태의 혁명전쟁으로 번지게 되었다.

2. 제퍼슨(Jefferson)과 평등주의 그리고 반(反)연방주의

1776년 7월 4일 토마스 제퍼슨이 작성한 독립선언문(The Declaration of Independence)이 세상에 모습을 드러냈다. 제퍼슨은 어떤 측면에서 급진적인 평등주의 민주주의자였지만 그가 주도한 독립선언문은 존 로크(John Locke)의 사고에 의존하였다는 것은 아마도 영국의 정치 철학자를 활용해 독립혁명의 정당화성을 찾으려는 의도를 가졌기 때문으로 추측해 볼 수 있다. 실제로 제퍼슨은 로크의 자유주의 정치철학 중에서 국가권력에 대한 제약을 부각시켰다.

로크에 의하면, 정부 권력은 다음과 같은 이유에 의해서 제한될 수 있다고 했다. ① 정부 권력은 시민들의 잔여권한을 극대화시키도록 운영되어야 하며, ② 재산을 소유한 사람들이 통치자를 선출하는 대의제 정부에 기반해야 하고, ③ 통치자들이 의회의 과반 이상의 지지 없이 세금을 부과할 수 없으며, ④ 만약 통치자가 독단적이거나 변덕스럽다면 축출될 수 있다는 것이었다. 급진적인 식민지 미국인들의 관점에서 영국의 조지 3세(George William Fredrick: 1760~1820년)는 로크의 관점에서도 정부 권력을 남용했고 자의적이고 변덕스러운 통치자였다. 예를 들어, 미국 의회와의 논의 없이 영국 군인들을 병영이 아닌 식민지 미국인들의 집에서 거주하게 하였다. 이는 명백히 미국인들의 조세 저항에 대한 보복성 조치였다.

독립선언문의 두 번째 문단은 로크의 『통치론』으로부터 빌려왔다. "우리들은 다음과 같은 것을 자명한 진리라고 생각한다." 이런 명제에는 경험주의가 필요 없었다. 오직 이성과 합리성을 가진 사람들의 직관에 의해 확인되는 것이다. "즉, 모든 사람은 평등하게 태어났다." 자연 상태의 첫 번째 단계에서 만인은 평등하지만 현실은 다르다. 우리는 자연 상태의 두 번째 단계인 대립과 갈등에 있기 때문이다. "창조주는 몇 개의 양도할 수 없는 권리를 부여했다." 당신은 그것을 포기해서는 안 된다. 그러한 권리를 포기한다면 당신은 로크가 말한 자연과 자연법을 위반하게 된다. 그리고 "이러한 권리들은 삶과 자유와 행복을 추구할 권리이다."

제퍼슨은 미국 사회의 절대다수를 차지하는 소규모 자작농이나 자영업자들 같은 낮은 중산층 계급 사람들이 독립선언문을 읽고 영향받기를 원했다. 그뿐 아니라 식민지 인민들이 군대에 입대해서 자신들의 자유와 행복을 위해 영국과 싸우기를 바랐다. 제퍼슨은 대농장 소유주들의 관심을 끌어들이려고 하지 않았다. 그래서 그는 로크의 "삶(Life), 자유(Liberty) 그리고 재산(Property)"이라는 문구를 "삶(Life), 자유(Liberty) 그리고 행복 추구(Pursuit of Happiness)"로 바꿨다. 영국의 정치철학자 벤담은 제퍼슨 등 미국 혁명지도자들과 친분을 가지고 있었고 제퍼슨의 사고에 영향을 받아 '행복' 아이디어를 그의 주장의 핵심으로 수용했다. 그 결과, 벤담의 공리주의적 주장은 매우 급진적이고 평등주의적 함의를 가지게 되었다(그러나 벤담은 자신의 주장에 대한 급진적 해석을 두려워했고 결국 온건한 주장으로 마무리했다). 그럼에도 벤담의 '다수의 행복론' 주장은 평등의 정치적 요구와 결합하여 중요한 평등주의적인 자유주의를 구성하게 된다.

토마스 제퍼슨 Tomas Jefferson (1743~1826)

미국의 대표적인 '건국의 아버지'로서 미국 정치의 기틀을 닦은 정치가이자 철학자이다. 제퍼슨은 버지니아 주(州)에서 태어났다. 윌리엄앤드메리대학교를 졸업하고 변호사가 되었지만, 이후 정계로 진출하여 버지니아 의회의 하원의원으로 활약하였다. 제퍼슨은 버지니아 대표로 제1·2차 대륙회의에 참가하였으며, 미국의 독립선언문을 작성할 기초위원으로 선출되었다. 특히 제퍼슨은 공화주의와 시민의 역할을 대변한 정치가였다. 제퍼슨은 영국과 같이 귀족 중심의 통치를 거부했으며, 미국의 시민사회의 열정과 역량을 높이 평가하였다.

　제퍼슨은 자유로운 시민이 미국을 스스로 통치함으로써, 공화주의를 실현할 수 있으리라고 생각했다. 이때의 자유로운 시민은 농민을 뜻한다. 즉, 제퍼슨은 농업에 기반을 둔 국가를 비전으로 삼았으며, 이러한 정치적 비전은 상공업을 중시한 알렉산더 해밀턴과 크게 비교되는 지점이다.

　또한 제퍼슨은 자유를 절대적인 권리로 파악했다. 자유는 결코 양도될 수도, 양도 받을 수도, 양도해서는 아니 되는 권리이며, 공화주의적 자치의 근간이 되는 핵심적 가치로 보았다. 의미심장하게도 제퍼슨은 법률과 규제조차도 자유를 침해할 가능성이 있는 통치기제로 인식하였다.

　주요 저서로 「연방주의자 논설」 등이 있다.

　독립선언문은 "생명과 자유와 행복의 권리들을 보장하기 위해서 정부는 통치를 받는 사람들의 동의에 유래하며 정부의 권력 역시 이에 기반하여 조직되어야 한다"고 주장한다. 그러므로 절대군주는 이미 개념적 정의에 있어 천부인권의 권리들과 양립할 수 없는 존재였다. 왜냐하면 절대군주는 피지배자들의 동의에 기초해서 통치를 하지 않기 때문이다. 조지 3세는 영국에서는 아마도 헌법적 군주일 수도 있지만 식민지에 있어서는 변덕스러운 절대군주로 간주되었다.

　앞에서 논한 것과 같이 독립선언문은 "어느 형태의 정부이든지 사람들의 동의에 기반한 권력의 정당한 목적을 유지하지 않을 경우에는 인민들은 언제든지 정부를 바꾸거나 없애 버릴 수 있는 권리를 가지고 있다"고 적혀있다. 사회계약론에서 인민은 재산 소유자들이며 그들은 식민지 인구의 다수를 구성하고 있는 낮은 중산층이다. 그러므로 정의롭지 않고 독재적이기에 통치정당성을 상실한 정부의 전복은 당연한 것으로 혁명권은 절대다수가 가진 천부인권의 표현이며, 그것은 소수의 부유한 사람들만의 권리가 아니다. 물론 영국에서는 권력을 가진 소수의 귀족들이 존(John) 왕에게 불만을 가지고 있었고 그들은 존 왕에게 대헌장(Magna Carta)에 서명을 하도록 강요했다. 영국의 대헌장은 자유의 진보에 있어 매우 중요하고 위대한 헌장이라고 볼 수 있지만 확실히 민주적 문서는 아니다. 대헌장은 본질적으로 왕의 권력을 제약하고 귀족들의 권리를 보장하기 위한 것이었다. 이에 비해 제퍼슨은 압도적인 다수를 차지하고 있는 소규모 재산을 소유한 시민들의 혁명의 권리로서의 정부의 전복을 설파하고 있는 것이다. 이어서 독립선언문은 "인민의 안전과 행복을 가장 효과적으로 가져올 수 있는 원칙과 기구를 가진 새로운 정부를 조직하는 것은 인민의 권리이다"라고 주창한다. 물론 제퍼슨은 신중하게 다음과 같이 이야기 한다. "우리는 매일 혁명을 일으키지는 않을 것이다. 그것은 무질서를 야기할 것이기 때문이다. 그러나 오랜 기간 동안 학대와 강탈이 지속된다면, 절대적 독재를 물리치는 것은 시민들의 권리이자 의무이다." 그러므로 혁명의 권리는 정당화되며 영국의 식민지 시민들에게 영국왕 조지 3세는 전복의 대상이었다. 하지만 제퍼슨은 여기서 저항세력 내부의 역관계에 대해서도 다음과 같이 통찰하고 있다. 압도적인 다수가 혁명에 찬성한다는 것은 사실이 아니며, 대략 3분의 1 정도는 혁명에 반대하며(국왕 충성파), 다른 3분의 1은 혁명을 지지하고(혁명가), 그리고 나머지 3분의 1은 무관심하였다는 것이 그 당시 현실이었다.

제퍼슨은 분명히 로크의 영향을 크게 받았지만 로크의 보수주의적인 결론은 따르지 않았다. 그는 기본적으로 로크의 전제에 의존하고 있었지만 정부에 대한 그의 결론은 인민의 일반 의사를 직접 대변하는 루소의 공화주의적 요소와 비슷하다. 그런데 안타깝게도 제퍼슨은 자신의 사상을 체계적으로 담은 책을 출판하지 않았다. 때문에 편지나 성명서, 연설문 등을 통해 그의 사상을 일관되게 재구성해야 한다. 이러한 단편적인 글들을 보더라도, 제퍼슨은 매우 급진적이며 평등주의적이고 민주적인 결론을 가지고 있다는 것을 알 수 있다.

질문: 제퍼슨은 신이 인간에게 준 양도 불가능한 권리가 진정으로 시공을 초월한 것이라고 믿었나요? 아니면 그저 사람들이 듣고 싶어 하는 말을 효과적으로 정리한 것이었나요?

답: 분명히 제퍼슨은 로크를 읽었고 제퍼슨의 말들은 로크가 한 것입니다. 제퍼슨은 자연은 우리를 평등하게 창조했다고 확신했던 것 같습니다. 자연적 평등에 대한 제퍼슨의 태도는 아담 스미스의 태도와 매우 비슷합니다. 그러나 에드먼드 버크와는 매우 다릅니다. 버크는 인간의 불평등에는 많은 후천적인 요인도 작용하지만 선천적으로 인간은 불평등하다고 믿었습니다. 그리고 이것이 그의 위계적인 신분질서를 정당화하는 근거가 되기도 했습니다. 이에 비해, 아담 스미스는 아기가 태어났을 때는 훗날 성인이 되어 짐꾼이 될 아이나 의사가 될 아이나 큰 차이가 없다고 말하였습니다. 실제적으로 당시 미국 사회를 관찰해보면, 약간의 불평등을 발견할 수 있습니다. 그러나 인구 대다수는 자연적으로 동등하게 창조되었고 경험적으로도 거의 평등한 생활을 거치게 됩니다. 만약 그들이 설사 재산이나 능력에서 평등하지 않다고 해도 그들은 본질적으로 평등한 존재입니다. 왜냐하면 그들의 절대다수가 그들 자신의 삶과 소유물을 조정하고 운영하기 때문이며 사적으로 자유롭고 독립적으로 자신의 사업이나 일을 추진할 수 있기 때문입니다. 따라서 제퍼슨은 진심으로 만인은 평등하다는 그의 주장을 설파하였던 것입니다.

여기서 강조할 것은 작은 재산을 소유한 소규모 재산가들이 다수를 이루는 사회의 평등한 구성 원리에 대한 것이다. 제퍼슨은 다음과 같이 주장하면서 자신의 사상을 확장해 나간다. "작은 농장 소유주들은 우리가 살고 있는 지구의 소금과 같은 존재이며 신의 선택받은 자식들이다." 시민적 덕(virtue)은 경제적 독립성에 기반하며 만약 당신이 종속과 복종의 자리에 위치한다면, 시민적 덕을 배태할 수 없다. 제퍼슨은 작지만 독립적인 농장과 사업체의 소유자들이야말로 지구의 소금처럼 미국의 정치사회를 지탱하는 덕의 소유자들이라고 주장했다.

질문: 제퍼슨에게 모든 사람들은 신의 선택을 받은 자식들입니까?

답: 그것은 구약으로 거슬러 올라갑니다. 단순화해서 말하면, 제퍼슨에게 신이 인간을 평등하게 창조했다는 말은 환경의 영향을 강조한 것으로 이해할 수 있습니다. 사람들은 스스로 자신을 선택하는 것이 아닙니다. 유럽 사람들에 비해 미국인들은 신의 선택을 받은 사람들이고 자연의 선택을 받은 사람들입니다. 당시 미국에서 어떤 사람은 노동자가 되기를 원하지 않으면 일을 그만두고 작은 농장을 운영하여 새로운 삶을 시작할 수 있었습니다. 이것이 유럽 사람들과 비교해서 자연의 선택을 받은 것이라고 할 수 있습니다. 비록 모든 사람이 원칙적으로 평등한 존재로 창조될지라도 유럽 사람들은 신의 선택을 받은 사람들이 아닙니다. 제퍼슨에게 신의 선택을 받은 사람들은 바로 미국 시민들뿐이었습니다.

이와 관련하여 제퍼슨이 자세히 설명한 것은 선택받은 자들이 가진 자유와 정치적 미덕에 대한 것이다. 즉 당신이 경제적으로 독립된 토대를 가지게 된다면, 당신은 노동자가 되기를 거부하고 작은 농장을 운영하는 자작농이 될 수 있다. 이는 자신만의 재산을 가진 사람만이 선택할 수 있는 것이다. 이런 선택권은 상업자본주의나 산업자본주의에서는 존재할 수 없는 선택권이다. 그런 자본주의 사회에서 당신은 '어떤 자본가의 밑에서 일을 하느냐'에 대한 선택권밖에 주어지지 않으며, 자본주의 세계로부터 완전히 탈퇴하여 또 다른 경제체제(작은 규모의 독립적인 재산을 가진 개인들로 구성된 경제체제)의 구성원이 되는 길은 존재하지 않게 된다. 제퍼슨은 미국의 노동자들은 그러한 선택권을 가진다고 이야기한다. 그리고 이러한 선택권으로 인해 미국 시민들은 영국의 노동자들이 가질 수 없는 자유를 향유할 수 있는 상황 속에 있다. 이런 환경은 사람들의 경제적 후생과 독특한 사회 계급적 위상에 중대하고 강력한 요소이다.

그런데 이러한 현상은 제조업 분야에서 일하는 노동자들에게 긍정적인 반향을 일으킬 수 있다. 왜냐하면 만약 노동자들이 공장 노동 이외의 삶을 살아가는 선택권을 가질 수 있다면 노동자들의 수가 감소할 것이고 이는 노동자들의 지위와 권리를 강화시키는 결과로 이어지기 때문이다. 산업자본주의에서 노동자의 이탈이 이민이나 인구의 증가에 의해서 즉각적으로 충당되지 않는다면, 노동의 공급은 감소하고 노동 수요는 상대적으로 올라갈 것이다. 이렇게 되면, 노동시장에서 수요-공급 원리에 의해 임금이 올라가고 노동시간은 줄어들 것이다. 이런 상황에서 자본가는 노동자에 대해 함부로 착취와 지배를 하지 못하게 되고, 노동자가 더욱 큰 힘을 가지게 되면서 노동 환경은 향상될 것이다. 산업자본가들은 노동자들이 공장에서 뛰쳐나와 독립적인 자기사업을 위해 미개척지 서부 아메리카로 이주하거나 이민하는 것을 강제적으로 막을 수 있는 효과적인 수단이 없을 뿐더러 제퍼슨은 누구도 소유하지 않은 방대한 토지의 서부지역(물론, 토착 원주민과의 갈등의 전조였다)을 바라보며 "서부로 가라(Go to the West)"며 토지를 소유한 자산가(=소유자 중심 경제)가 되기를 독려하였다. 자연스럽게 자본가의 지배력은 약해지고 노동자에 많은 양보를 해야 한다. 제퍼슨은 노동자들이 그들의 생존을 위해 단순히 임금을 받는 것뿐만 아니라 존엄한 인간으로서 경제적 어려움 없이 살아가고 노년을 위한 저축을 할 수 있어야 한다고 강조했다. 이런 주장이 현대자본주의에서는 그다지 새로운 주장이 아닐지라도 퇴직 후의 생계나 노동자 보호 장치가 없던 18세기 자본주의 경제에서는 급진적인 사상이었다.

질문: 노동자들의 이주가 쉬운 일은 아닙니다. 최근 연구들은 경제적으로 자립 환경이 좋은 지역(국가)로 이동하는 기회비용이 너무 크기 때문에 제퍼슨이 예상한 만큼 노동이주가 쉽지 않다고 주장하고 있습니다.

답: 그렇습니다. 이동에는 비용을 치러야 합니다. 문제는 이런 비용이 그런 선택을 좌절하거나 봉쇄할 정도로 높은가입니다. 제퍼슨은 영국에서는 이러한 기회비용이 아주 높았다고 보았습니다. 산업자본주의가 발달한 영국에서는 영세한 신생 기업이나 사업주가 거대 기업들과 경쟁에서 승리하기는 힘들었을 것이라고 생각했기 때문입니다. 만약 당신이 작은 농장주 혹은 자작농이 되기를 원한다고 할지라도, 이미 모든 토지는 기존 지주들에게 독점되어 있는 상황일 것입니다. 미국에서도 공장 노동을 그만두고 자신만의 사업을 하기에는 생산수단이나 도구 등을 구입해야 하는 기회비용이 있었습니다. 때문에 자립적인 경제를 선택하는 것은 쉽지 않았습니다. 그러나 제퍼슨은 이러한 기회비용이 자신만의 독립적인 사업 선택을 봉쇄하거나 불가능하게 만들 정도로 크다고 생각하지 않았고, 그는 미국의 50% 이상의 사람들이 실제로 독립적인 영세사업자나 농부였다는 것을 증거로 보여주었습니다.

그런데 시대적 상황 속에서 고려해야 할 요소가 있다. 예컨대, 부유한 제국이었던 영국을 떠나 미국으로 온 사람들은 하루아침에 거대자본가나 대지주 혹은 평범한 노동자가 되기를 원한 것이 아니었다는 점이다. 즉 이들은 중산층이 되고 싶었기 때문에 대륙으로 건너온 것이고 이것이 미국에 많은 중산층이 존재하는 이유이기도 하다. 더구나 미국 토착민들이 분산적으로 살고 있는 서부는 많은 사람들이 소규모 자산가가 되거나 작은 땅을 가지고 새로운 삶을 시작하는데 그리 어렵지 않았다. 제퍼슨뿐만 아니라 미국의 역사학자 터너(Frederick Jackson Turner)는 미국의 개척정신과 발전에 대한 유명한 글 "Frontier Thesis"에서 다음과 같은 구호의 필연성을 설명하였다. "젊은이들이여! 서쪽으로 가라." 물론 터너에게 서부는 캔자스나 오클라호마 정도를 의미했고 18세기에 서부는 매사추세츠의 서쪽 정도를 지칭했지 캘리포니아 정도만큼 먼 거리는 아니었다.

그러나 자립경제를 향한 이주 시간이 지나면서 점점 더 힘들어지게 되었다. 이주의 기회비용도 상승하였지만 이는 단지 기회비용이 높아졌기 때문이 아니다. 여기에는 두 가지 주된 이유가 있었다. 첫째, 19세기에 인구가 점점 더 증가하게 되어 제조업뿐만 아니라 여타의 영역에서 경쟁이 치열해졌다는 것이다. 둘째는 외부로부터의 이민자들의 유입이 증가하면서 그들의 역할이 중요해졌다. 19세기 말부터 20세기 초까지만 하더라도 미국 사회에서 노동자들은 소수였으며 독립적인 작은 사업주나 농부들이 다수였다. 즉, 노동인구의 대다수는 농업종사자였다.

이처럼 실증적인 현실에 기반한 제퍼슨의 논리는 그의 정치사상뿐만 아니라 한계에도 심오한 영향을 미쳤다. 제퍼슨은 소규모 자작농들은 자립경제에 기반한 시민적 미덕을 가지고 있기 때문에 자신의 안위를 스스로 처리할 수 있는 능력을 가지고 있다고 신뢰했다. 그러나 제퍼슨의 민주주의는 재산을 가지지 못하고 노동력을 팔아야 하는 노동자 대중에게까지 확장되지는 못했다. 달리 말해, 그는 보통선거권의 지지자가 아니었다. 다만, 인구의 대다수를 차지하고 있는 작은 규모의 자기 재산을 가진 사람들에게는 선거권을 부여해야 한다고 주장했다. 물론 시대적 한계를 고려할 때 제퍼슨은 민주주의자였고 평등주의자라는 평가도 가능하다.

제퍼슨은 "이러한 사람들(자립적인 농장소유자)은 정부를 수립하고 정부를 운영하며 정부에서 일을 하고, 지도자를 선출하는 투표를 하며 만약 정부가 과오를 저지른다면 정부를 교체시킬 능력을 가지고 있다고 볼 수 있습니다"고 하였다. 이런 미덕을 입증하는 유명한 사건이 셰이즈의 반란(Shay's Rebellion)이었다. 이 사건은 정부가 위스키에 부당한 세금을 부과하려고 하였을 때 이에 저항해 농부들이 조직적으로 들고 일어난 반란이었다. 제퍼슨은 그러한 저항과 혁명이 있어야 미국 정치의 건강성도 지속될 수 있다고 주장한다. "자유의 나무는 때때로 애국자들의 순혈이나 독재자들의 피로 활력을 되찾아야만 합니다. 이런 희생이 자연적인 자양분이 됩니다"라고 주장했다.

　　제퍼슨은 군주제를 비판하였다. "우리가 그동안 경험한 과정으로부터 얻은 결론은 인간은 주인 없이 자기 자신을 통치할 수 있을 만큼 신뢰할 수 있는 존재"라면서 미국 시민들의 민주적 통치능력을 신뢰했다. 민주적 대중의 국민주권(Popular Sovereignty)은 제퍼슨 사상의 핵심이었다. 실제로 미국의 혁명세대는 거의 모든 정부 관리들을 직접 선출했을 뿐만 아니라, 투표권을 당시의 유럽인들이 도저히 상상할 수 없을 정도만큼 광범위하게 부여했다. 그러나 혁명기 미국 민주주의의 형성과 발전에 있어 투표권의 확대보다도 훨씬 더 중요했던 것은 평범한 인민들이 통치과정에 직접 참여했다는 "시민정부(Citizen Government)"라는 개념의 실행이었다. 물론 훗날에는 대의자들에게 실질적인 통치권이 위임되었다.

　　자유주의자로 평가받는 제퍼슨은 중앙의 연방정부보다는 주 정부에 많은 권한이 부여된 정부 형태를 지지하는 반연방주의자(Anti-Federalist)의 대표 주자였다. 그는 주 단위에 전통적인 자작농 및 농업 중심적인 경제구조를 지지하기 때문에 지나치게 큰 중앙정부는 불필요하다고 생각했다. 오히려 당시에 산업자본주의 발전을 지지하는 해밀턴(Alexander Hamilton)같은 연방주의자(Federalist)들의 중앙집권적인 정책은 미국의 정치경제구조의 급속한 변화를 가져오고 중농주의적인 정치경제 질서를 위협할 것으로 우려했다. 때문에 제퍼슨은 인구의 대다수를 차지하는 자작농을 구성하는 중산층 계급의 이익에 부합하고 이들을 육성할 수 있는 강력한 주 정부를 지지했다. 이에 비해 산업자본주의를 전국적인 차원에서 육성하려고 했던 해밀턴 같은 연방주의자들은 새로운 정치경제구조를 개편할 수 있는 중상주의를 표방한 중앙정부를 지지하는 경향이 강했다.

강력한 중앙정부가 미국의 발전을 가져온다는 연방주의자들의 주장에 맞서 제퍼슨과 같은 반(反)연방주의자는 분산된 주 정부의 고유한 권한과 공동체 운영의 경쟁력을 강조했다. 특히, 제퍼슨은 뉴욕주의 북쪽에서 독립적인 정치공동체를 이루던 알곤퀸 인디언(Algonquin Indians Confederation)연합을 예로 들어 설명한다. 이 인디언연합은 남녀가 평등한 보통선거권과 비밀선거권을 행사하면서 빈번한 선거와 통치자의 순환을 통해 정부를 슬기롭게 운영하고 세금문제를 해결하였으며 다른 인디언 부족으로부터 독립하여 자신들의 공동체를 800년 동안이나 지속적으로 훌륭하게 운영하였다. 그러므로 이런 독립적인 지역공동체가 비록 항상 탁월하게 공적 업무를 수행하지는 못하더라도 필연적으로 무능한 정부 형태는 아니다. 이런 논거로 제퍼슨 등은 1777년에 대륙의회(Continental Congress)가 작성한 주의 권한을 보장하는 미국 최초의 성문헌법이라 할 수 있는 연합헌장(Article of Confederation)을 지지했다. 연합헌장은 강력한 연대에 기반한 연방정부를 두려워했기에 정부의 실질적인 권한은 독립적인 주 정부가 가진다는 것을 핵심 원리로 삼고 있었다.

한편, 제퍼슨은 민주주의와 관련하여 또 다른 중요한 주장을 제시한다. 현실 속에서 소농장주와 시골사람들은 좋은 교육을 받지 못한 경우가 많다. 그러나 어떤 사람이 교육받지 못하고 무지하다고 해서 그것에 기반하여 계급구분을 하는 것은 온당하지 않다. 오히려 정부의 역할은 그런 사람들을 교육하고 지적 능력을 가지도록 지도하는 것이다. 그렇게 되면 사람들은 훨씬 사려 깊고 신중하며 덕스러운 시민이 될 수 있을 것이다. 분명히 제퍼슨은 계몽주의자였으며 시민의 덕을 핵심으로 제시했다는 점에서 공화주의자였다고 볼 수 있다.

그럼에도 제퍼슨이 현대적 의미의 민주주의자라고 평가하기에는 시대적 한계가 존재한다. 비록 재산을 가진 시민(자작농 등)의 정치적 미덕과 통치능력을 신뢰했지만 제퍼슨은 평등과 보통선거권의 향유에 있어 일단 재산이 없는 시민들은 제외했다. 더구나 그는 실제로 많은 유권자들이 미국을 통치할 수 있는 자격과 능력을 가지고 있는 지에 대해서는 회의적이었다. 특히 인민의 다수를 차지하는 농민들이 연방 수준에서 정부를 운영하기는 힘들 것이며 그들이 워싱턴에서 정치를 할 것으로 생각하지는 않았다. 중앙정치에서도 일반 시민들이 통치할 수 있다는 대중민주주의를 주창한 것은, 19세기에 들어 앤드류 잭슨(Andrew Jackson) 대통령과 같은 제퍼슨의 후계자들이었다.

사실 제퍼슨은 농부들이 타고난 지도자는 될 수 없다고 느꼈으며 자본가들 역시도 고귀한 정치가가 될 수 없다고 생각했다. 자본가들은 자본주의를 촉진시키지만 돈을 맹목적으로 쫓는 자들이며 자신들의 금전적 이익을 위해 왜곡된 방법으로 정부를 이용하며 얼마든지 부패할 수 있는 세력이었다. 무한한 이윤을 추구하기 위해 정부를 이용하는 것은 제퍼슨에게 악마와도 같은 행동이었다. 왜냐하면 그런 자본가들은 건전한 소규모 재산에 기반한 자립경제를 망가뜨릴 것이기 때문이었다. 이 점이 반연방주의자 제퍼슨이 대통령 선거에서 경쟁했던 알렉산더 해밀턴 및 연방주의자들과 대립했던 지점이었기에 1800년에 제퍼슨이 대통령 선거에서 당선되었을 때, 제퍼슨은 이 승리를 1800년의 혁명이라고 환호했다.

제퍼슨은 소규모 자작농이나 자본가가 아니라 대농장주들이야말로 정치적 리더십을 타고났다고 생각했다. 자본가들은 생산을 위해, 마르크스의 표현을 빌리자면, 반드시 임금노예(wage slaves)가 필요했고 그 과정에서 노동자들을 착취하고 시민적 덕을 억압한다. 그러나 제퍼슨에게 노예노동에 기반하고 있는 대농장주들은 소규모 자작농들을 착취할 필요가 없었고 더구나 고귀한 기품을 가지고 있었기에 농민들을 지도할 집단이 될 수 있었다. 하지만 산업자본주의가 발전하면서 점차 더 많은 영세업자나 농부들이 임금노동자로 내몰리고 있었다. 자유주의적 관점에서 제퍼슨은 비록 대농장주들이 노예를 부린다는 사실이 불편했다(대농장주였던 제퍼슨은 훗날 사망할 때 그의 노예들을 해방시켰다). 하지만, 그럼에도 불구하고 대농장주들의 타고난 리더십을 발휘하고 고귀함을 유지하기 위해서는 노예제도가 필요하다고 생각했다.

한편, 제퍼슨의 후계자인 잭슨 대통령은 제퍼슨의 민주적 사고를 더욱 강력하게 추진했다. 미국 7대 대통령(1829~1837년)을 지낸 앤드루 잭슨은 당시에 지배적인 정치엘리트들이 주로 버지니아와 매사추세츠의 부유한 가문 출신이었던 상황에서 서민층을 상징하는 서부 지역 출신이었다. 1829년 3월 4일에 워싱턴에서 열린 잭슨 대통령의 취임식에는 서부 개척자를 포함하여 일반 농민·흑인까지 수만 명의 군중이 몰려들었다. 이런 대중적인 지지에 기반하여 잭슨은 실질적인 보통선거권을 주장했고 정치현실에서 실질적으로 영향력을 행사하기 힘들었던 소규모 자작농의 적극적인 정치참여를 주창했다. 이런 현상들은 '잭슨 데모크라시(Jacksonian Democracy)'로 불리는 미국적인 대중 민주주의의 모태가 되었다. 미국 상류층들은 잭슨 대통령 취임에 대해 "고결한 시대가 지나갔다"고 한탄하기도 했다.

3. 해밀턴(Hamilton)과 연방주의 그리고 산업자본주의

해밀턴은 자신의 유명한 저서인 『제조업에 관한 보고서(Report on Manufactures)』를 집필할 정도로 상공업 자본가들의 옹호자였다. 해밀턴은 미국에 엄청나게 광활한 땅이 있음에도 불구하고 제조업이 농업보다 훨씬 더 생산적일 수 있다고 주장하였다. 왜냐하면 제조업은 소규모 농업 생산보다 훨씬 효율적인 대규모 생산을 가능하게 만들기 때문이다. 노동자들이 공장이라는 건물 안에 밀집하여 효율적이고 조직적으로 일을 하게 되면 생산성도 높아진다. 더구나 산업혁명 이후 확산된 기계를 활용한 제조업은 과거에 인간의 힘으로 할 수 없었던 생산을 가능하게 만들고 근대 과학 기술이 발전하게 되면 생산 능률은 더욱 향상될 것이다. 결론적으로 제조업은 농업보다 훨씬 생산적인 것은 틀림없었다.

미국의 법률가이자 정치인이다. 카리브 해의 네 비스 섬에서 스코틀랜드인 아버지와 위그노의 핏 줄을 이어받은 어머니에게 태어났다. 해밀턴은 미 국 건국의 아버지(Founding Fathers) 중 한 명으로 꼽히며, 1787년 미국 헌법의 제정에 공헌했다. 초 대 워싱턴 정부 시절 재무부 장관으로 재직했다.

해밀턴은 존 제이(John Jay)와 제임스 메디슨(James Madison)등과 함 께 연방주의를 제창하며, 토머스 제퍼슨을 비롯한 반(反)연방주의자와 대립하였다. 예컨대 해밀턴은 독립전쟁 당시 발생한 모든 부채를 각 주(州)가 공평하게 분할 지불하자는 주장을 한 반면, 제퍼슨은 각 주의 부채를 각각 책임 지불하자고 주장하였다.

제퍼슨과는 연방은행 설립 당시에도 큰 마찰을 빚었다. 제퍼슨은 은 행 설립에 반대했으나 해밀턴은 수정헌법을 근거로 설립을 주장하였 다. 당시 제퍼슨은 해밀턴을 '왕당주의'라고 강도 높게 비판했다. 해밀 턴은 평생의 맞수였던 제퍼슨에게 정치적으로 밀려서, 결국 대통령직 을 제퍼슨에게 내주었으며 의회 내에서도 영향력을 잃게 된다. 제퍼슨 과 의견이 달랐던 것은 비단 정치뿐만이 아니었다. 해밀턴은 경제에 있어서 상업과 공업을 중시하고, 이를 국가의 경제적 근간으로 이해한 반면 제퍼슨은 농업을 국가의 핵심적인 산업으로 보았다. 해밀턴은 자 신의 통찰을 이내 체계화시켜서 '유치산업론'을 주창한다. 유치산업론 이란, 정부가 적극적으로 자생력이 부족한 자국의 유치산업(infant in- dustry)을 보호 및 육성시키는 정책을 펼쳐야 한다는 이론이다. 유치산 업론은 이후 발전주의 학파에게 사상적 영감을 제공하기도 하였다. 주요 저서로 「연방주의자 논설」 등이 있다.

해밀턴은 이러한 근대적 제조업의 생산성과 자본의 축적을 통해 성장을 달성하기 위해서는 많은 노동자가 필요하다고 주장했다. 때문에 자유로운 임금노동자가 더 많이 생겨나야 했기에 해밀턴은 신분적으로 속박되어 있는 노예제를 반대했다. 노동자의 자유로운 이동은 시장경제의 원리에 필수적인바, 이에 비해 노예를 사고 파는 행위는 번거로운 절차였고 공장 노동자의 수급을 제약했기 때문이다. 노동자를 신속하게 고용하고 해고하는 자본가의 자율성과 독립은 산업자본주의의 전제조건이었으며 이는 시장과 소비자의 요구에 따라 유연하게 반응하는 것을 의미했다. 그러므로 해밀턴은 생산성이 떨어지는 농업은 위축될 것으로 전망했으며 더구나 경쟁이 치열한 농업시장에서 뒤쳐진 농부들이 급속도로 도시로 이주하여 공장 노동자가 될 것으로 확신했다.

증가하는 인구와 도시로의 이주, 이민 등 노동력의 증가는 도시를 번창하게 만들고 농촌을 축소하게 만들 것이다. 노동력이 도시 공장으로 집중될수록 산업은 더욱 생산적이고 효율적으로 될 것이며 자본가들은 더 많은 이윤과 자본을 축적하여 산업을 확장시키면서 자본주의 경제를 발전시킬 것이다. 이러한 해밀턴의 구상에 따르면, 그 당시 미국의 다수를 차지하는 소규모 자영업자와 농부들의 역할은 극적으로 축소될 것이고 점차적으로 소수인 노동자들이 미국 인구의 대다수를 차지하게 될 것이다. 제조업 및 상업에 기반한 이러한 자본주의 경제는 제퍼슨이 주창한 농업경제와는 근본적으로 다른 것이며 미국 경제의 계급 구조 역시 급진적으로 변화하게 만들었다.

이러한 종류의 경제는 반연방주의자인 제퍼슨의 농업경제 세력과 연방주의자인 해밀턴의 자본주의경제 세력의 대립을 가져왔으며 결국 1861~1865년에 발생한 남북전쟁(Civil War)을 통해 폭발했다. 남북전쟁은 새로운 사회의 주도권에 대한 구지배층과 신지배층의 대립과 갈등의 결과이기도 했다. 새로운 지배층은 산업자본가 진영으로 소규모 자작농들뿐만 아니라 노예들까지 임금노동자가 되어 자본가의 지휘를 받기를 원했다. 구지배층으로서 노예소유주들은 전통적인 농업경제 및 농장주들의 이익을 고수했고 사회변화에 보수적이었다.

이에 비해 제조업 발달에 따른 산업자본주의는 사회의 변화를 추진하면서 은행가, 상인들, 그리고 제조업자들의 헤게모니를 강화시키고 있었다. 제퍼슨과 해밀턴의 대립은 정치경제적 주도권뿐만 아니라 국가 발전 방안을 둘러싼 두 지배계급 사이의 대립이기도 했으며 전쟁을 통해서 해결될 수밖에 없는 지경에 이르렀다.

자본주의 발전에 따른 새로운 계급구조와 근대적 리더십에 적합한 정치체제는 무엇인가? 비록 일부 보수주의자가 영국왕 조지 3세처럼 초대 대통령인 조지 워싱턴이 그러한 역할을 수행하길 원했지만 미국에서 군주제는 이미 폐기된 것이나 마찬가지였다. 연방주의자 문서(Federalist Paper)의 저자들인 해밀턴(Alexander Hamilton), 제이(John Jay), 메디슨(James Madison) 등이 반연방주의자 제퍼슨(Thomas Jefferson)보다 덜 민주적인 공화국을 지지한 것은 아니었다. 즉, 연방주의자들이 재산을 가진 사람들만의 투표권을 지지했다거나 귀족적인 의회정부의 통치를 지지한 것은 아니었다. 그럼에도 연방주의자들은 무산자 대중의 잠재적 힘을 두려워했으며 노동자에 대한 공포는 정부의 권한에 대한 두려움을 압도했다. 로크는 반대로 정부의 비대한 권한이 남용되는 것을 경고했으며 제한적인 작은정부론을 지지했다. 이런 로크에 비해 오히려 해밀턴은 자본주의 산업발전을 강력하게 추진할 수 있는 대단히 강력하고 중앙집권적인 연방정부를 지지했다. 해밀턴은 미국이 영국과 비교해서 상대적으로 낮은 자본주의 경제에 머물러 있다는 것을 인식하고 영국경제를 따라잡기 위해 소위 자유방임주의(laissez-faire)보다 시장개입에 더욱 적극적인 국가의 역할을 주창했다. 해밀턴은 "우리는 생산자 개인이나 소규모 농장주들을 시장에 홀로 방치해서는 안 되며 후발 산업자본주의 국가로서 이들을 규합하고 경제를 조직화하고 시장을 지도하고 규제해야 한다. 이런 역할은 여러 개로 분할된 주 정부가 수행하기에는 미약하고 역부족이다"라고 주장하였다. 그러므로 "우리는 미국 영토 전반에 대한 강력한 권한을 가진 중앙정부를 필요로 한다"는 것이다.

때문에 연방주의자들은 앞서 언급한 독립된 주의 권한을 강조하는 연합헌장 및 정부의 통합능력과 미래에 대해 비관적으로 바라보았으며 보다 강력한 연방헌법으로 개정하기를 원했다. 해밀턴에게 근본적인 문제는 주정부의 너무 많은 권한과 연방정부의 너무 작은 권한이었다. 주정부들은 시민들의 사적, 공적 영역을 통제할 권력(coercion)을 가지고 있는데 비해 연방정부는 그런 막강한 주정부를 통제할 수 있는 실효적인 권한이 미약했으며 단지 연방의 발전(promotion)을 위한다면 이라는 전제하에서 주정부를 권한에 부분적으로 개입할 수 있었다. 연방정부는 전쟁을 수행할 수 있는 권한은 가지고 있지만 전쟁을 위해 시민들에게 세금을 부과할 권한은 없었다. 그래서 연방주의자의 목표는 주정부에 편중된 정부의 권한을 국가의 집합적 이익을 위해 연방정부에게 귀속시키는 것이었다.

해밀턴이 주정부를 없애자고 제안한 것은 아니지만 그는 연방정부가 헌법 개정을 통해 대륙 전체에 대한 통치권을 강화할 수 있는 실질적인 권한을 대폭 강화해야 한다고 일관되게 강조했다. 그런데 이런 요구는 제퍼슨이 헌법 작성에 참여하면서 구상한 정부형태와 매우 다른 형태의 정부였다. 그런데 역사는 참으로 우연적이었다. 새로운 정부를 구성해야 한다는 논의가 1780년대 초부터 시작되었으며, 마침내 1787년 5월에 필라델피아에서 제헌의회(Constitutional Convention)가 소집되었다. 그런데 미국 헌법 개정이 논의되는 동안 제퍼슨은 프랑스 대사로 해외에 있었고 이는 해밀턴에게는 유리하게 작용했다. 더구나 제퍼슨과 비슷한 입장을 가진 많은 급진적 평등주의자들, 민주주의자들은 부유하고 재산 많은 신흥지배층이 주도하는 제헌의회가 공정하지 않다며 헌법 제정에 참여하기를 거부했다. "자유가 아니면 죽음을 달라!"고 외쳤던 패트릭 헨리(Patrick Henry)는 제헌의회는 독재적으로 운영되고 있기에 협의회에 참석하지 않겠다고 선언했다. 그래서 연방주의자들은 수월하게 제헌의회를 지배하게 되어 주의 권한이 강화된 연합헌장(The Articles of Confederation)을 수정하여 1787년 새롭게 제정된 미국 헌법(Constitution)에 의해 매우 강력한 연방정부가 구성되었다.

그리고 해밀턴이 원했던 것처럼, 이 정부는 무엇보다도 노동자 무산대중으로부터 자본가 및 유산자계급을 안전하게 보호할 것으로 보였다. 이런 입장은 유명한 정치가 및 저명인사들도 공통적으로 갖고 있었다. 벤자민 프랭클린(Benjamin Franklin)은 "재산을 가지지 못한 사람들에게 투표권을 주는 것은 부적절한 조치이다."고 주장했으며 아담 스미스(Adam Smith) 역시 "우리는 가난한 사람들이 정부에 참여하게 해서는 안 된다. 만약 그들이 정부에 들어온다면 그들은 부유한 사람들의 재산을 몰수하고 부자들 역시 가난하게 만들 것이다." 심지어 스미스는 다음과 같이 지적하기도 했다. "다수의 독재는 한 명이나 소수의 독재보다 훨씬 심각하고 위험하다." 인민이 난폭하고 변덕스럽다고 비판한 해밀턴은 더욱 직접적이고 강력하게 최상층 계급 중심의 정부 구성을 주창했다.

그는 "우리는 유권자들의 직접 투표로 미합중국의 대통령을 선출하게 만들어서는 안 된다. 대신에 일반인들은 부유하고 교양 있는 일련의 대의자(선거인단)들에게 투표하고 이들이 직접 대통령을 선출해야 한다."고 주장했다.

미국의 헌법은 견제와 균형(Check and Balance) 원리에 기초한 권력 분립(Separation of Powers)으로 유명하다. 물론 이런 정부 구성의 아이디어를 부분적으로 로크에서 기인하지만 건국의 아버지들은 프랑스의 정치 철학자인 몽테스키외(Montesquieu)의 사상으로부터 더 큰 영향을 받았다. 몽테스키외는 로크의 영향을 받아 절대군주제를 격렬하게 비판하면서 국가의 기원, 법의 본성을 설명했다. 특히 그는 실증적인 비교연구를 통해 영국의 정치를 분석하면서 입헌군주제를 지지했다. 하지만, 개인의 자유는 국가권력이 사법·입법·행정의 3권으로 나뉘어 서로 규제·견제함으로써 비로소 확보된다고 주장하면서 19세기 자유주의 정치사상의 발전에 지대한 공헌을 했다. 몽테스키외가 현실적인 정부 구성 원리로 주창한 삼권 분립의 아이디어에 기반하여 미국 헌법의 아버지들은 연방정부의 권한을 행정부, 입법부 그리고 사법부로 분리하여 견제와 균형 그리고 권력의 공유(Sharing Powers)를 강화했다. 연방의회 역시 상원과 하원으로 구분하여 균형점을 찾도록 하였다. 하원은 인구에 기반해 직접선거로 선출되지만 상원은 초기에는 주의회에서 두 명씩 상원으로 추천하였다가 1912년 상원도 직접선거로 선출되는 방식으로 변경되었다. 대통령은 의회가 채택한 정책에 대해 거부권(Veto Power)을 통해 입법부를 견제할 수 있다. 하지만 거부권은 의회의 2/3에 의해 거부되면 정책으로서의 효력을 갖게 된다. 헌법 수정은 상하원 각각 2/3 이상 찬성이거나 주의회 2/3 이상의 찬성이 있어야 한다. 지금까지 수정안이 27조까지 채택되었지만 주의회 2/3 찬성에 의한 제헌회의를 소집하고 수정에 대한 논의는 한 번도 사용된 선례가 없다. 이런 등속의 제도들은 개인의 자유를 침해할 있는 정부의 역할을 제한하는 기능을 한다. 미국 헌법의 이러한 요소들 때문에 미국 헌법을 주도한 해밀턴의 '강한 중앙정부' 원칙에 일관성이 없는 것 아니냐는 문제가 제기되기도 한다. 왜냐하면 연방주의자들은 분명히 중앙집권적인 정책추진력을 갖춘 강력한 연방정부를 원하면서도 한편에서는 중앙권력을 제한하는 다양하고 효과적인 장치를 허용하는 헌법을 제정했기 때문이다.

그러나 당시 미국 헌법의 목표는 연방정부를 제한하기보다는 오히려 인민의 선택을 받은 입법부 즉 연방의회의 권한을 제약하는 것이었다. 해밀턴에게 연방의회는 가난하고 시골출신이며 난폭하고 변덕스러운 인민에 의해 선출된 중앙권력으로 이들이 연방정부를 통제해서는 안 되는 것이었다. "인민대중에 의하여 매번 바뀌는 민주적인 의회가 과연 지속적으로 공공의 선을 안정적으로 추구할 수 있겠는가? 오직 영속적인 기구만이 무분별하고 경솔한 민주주의를 억제할 수 있다." 해밀턴에게 영속적인 기구는 의회가 아니라 정부였고 사법부였으며 사법부는 의회를 통제할 수 있어야 했다. 때문에 사법부는 독립적인 정부기구로 세워졌으며 사법심사권(Judicial Review)을 통해서 입법부의 법률들의 헌법적 적합성을 평가할 수 있게 되었다. 앞에서 설명한 것과 같이 행정부는 거부권을 통해서 입법부를 제한할 수 있다. 또한 연방 대법원 판사는 정치적으로 자유롭게 자신의 소신을 지킬 수 있도록 종신직으로 하였다. 선출직인 입법부와 대통령은 다수의 이익으로부터 자유로울 수 없기 때문에 소수의 이익을 대변할 수 있는 독립적인 제도적 장치가 사법부인 것이다. 그렇다면 그 당시 "소수의 이익"에서 소수는 누구일까? 그 당시 여기서 주장하는 소수는 사유재산을 소유한 재력가일 것이다. 또한 주 정부 역시 잔여 권력(Residual Power)을 가진 정치권력으로서 연방의회의 권력을 제한할 수 있다. 그러므로 해밀턴에게 상류층의 지배를 통해 국익을 실현하는 연방정부에 대한 일상적인 권력 제한은 중요하지 않다. 오히려 해밀턴은 낮은 수준의 중산층 계급의 이익을 위해서 정부가 정책을 추진하는 것을 원하지 않았다. 해밀턴에게 정부는 오직 부유하고 고결한 자본가들과 중상층 집단의 이익을 위해서 일을 해야 했다.

정부의 구성과 권한에 대한 이런 시각 차이에는 산업혁명 이후에 영국 같은 선발자본주의 국가(early start)와 대결하려는 후발 국가(late start)로서 미국의 따라잡기에 대한 입장의 대립도 존재했다. 만약 미국이 친(親)자본적인 정부의 지원과 도움 없이는 이미 산업이 발달한 영국과의 경쟁에서 패배할 수밖에 없을 것이다. 미국은 낮은 중산층 계급의 농업사회로 남을 것이며 해밀턴의 꿈은 실현될 수 없을 것이다. 그러므로 미국은 산업자본가의 보호와 육성을 위해 자본가와 상류층의 이익을 추구하는 강력한 정부가 필요하였다. 그래서 해밀턴은 강한 연방정부와 강한 행정부를 구성하고자 했으며 입법부와 비교해서 소수인 부유한 자본가들의 이익을 보호해줄 것으로 기대한 사법부의 독립을 주장했다. 그런데 강하고 큰 정부에 대한 이런 주장은 이념적으로 보면 사유재산 보호에 국한되는 자유방임적 정부를 주장하는 전통적인 보수주의자들에게는 어색한 주장일 것이다.

반면에 자유주의자로 평가받는 제퍼슨은 상대적으로 작고 약한 중앙정부를 제안하면서도 (그가 의식하지 못할지라도) 급진적, 민주적 아이디어를 실현하려고 했었고 차선책으로 그를 중심으로 하는 반연방주의자들은 주장으로 수정안 10개조 '권리장전(Bill of Rights)'이 수정헌법으로 1791년에 채택된다. 또한 제퍼슨의 정부 구성은 넓게 퍼져 있는 대다수의 중산층 계급의 이익에 부합하고 이들을 육성할 수 있는 강력한 지방 정부와 중산층의 이해를 대변할 수 있는 강력한 입법부를 확립하는 것이었다. 입법부야말로 다수의 농민과 인민 대중의 의사를 충실하게 반영할 것이었다. 이에 비해 작은 정부를 지향했어야 할 보수주의자 해밀턴은 부유한 자본가계급을 지지하면서 시장에 적극 개입하는 강한 국가를 지지했다.

질문: 권리장전(the Bill of Rights)에 대하여 언급하는 것은 가치가 있을까요?

답: 연방주의자들은 이미 헌법에 개인의 권리를 보호하기 위하여 정부의 권한을 제한하는 조문들이 포함되어 있기 때문에 권리장전이 필요 없다고 하였습니다. 뿐만 아니라 권리장전으로 보호받을 개인의 권리를 명시한다면 헌법에서 보호할 수 있는 포괄적인 권리를 포기하게 되어 명시된 권리만 보호받게 될 위험성도 존재한다고 주장하였습니다. 하지만 반연방주의자들은 주와 시민들을 강력한 중앙정부로부터 보호해야 한다고 주장하면서, 연방주의자들의 반대는 민주적으로 선출된 의회를 통한 시민들의 권력을 제한하려는 시도이지 실제로 정부의 권력을 제한하는 데는 관심이 없다고 비난하였습니다. 왜냐하면 연방주의자들은 시민의 민주적 권리의 보호보다는 자본주의의 사유재산 권리를 보호하는 데 더 큰 관심을 갖고 있었습니다. 이러한 이유로 반연방주의자들은 권리장전을 원했고 권리장전은 정부를 약하게 하지 않을 것이며 만약 헌법과 권리장전이 중첩된다면 미덕의 이름으로 약간의 불필요한 중복은 나쁜 것이 아니라고 주장하였습니다.

정부의 기능은 무엇일까? 미국 헌법은 근본적으로 유명한 홉스의 리바이어던 전제에서 이야기되는 사회계약론과 인간 본성을 기반으로 하고 있다. 해밀턴은 정부의 존재 이유는 인간의 난폭하고 다루기 힘든 열정을 다스리기 위한 것이며 이는 가난한 대중들이 재산을 가진 소수를 공격하고 재산을 빼앗는 것을 방지하는 것이었다. 가난한 사람들의 질투와 폭동을 제어하고 자본가와 같은 재산가들의 부와 권력의 축적을 촉진하기 위한 정부의 역할과 정책들이 근본적으로 중요한 것이다. 이런 목적으로 해밀턴은 다음과 같은 것을 제안했다.

　　① 우리는 화폐의 원활한 공급과 유통 그리고 국가 전체의 경제를 위한 신용을 규율할 중앙은행을 필요로 한다. 자본주의는 역동적이고 독립적이기 때문에 이와 부합할 국가 전체적인 통화정책을 추진할 정부가 필요하다.

　　② 우리는 광활한 서부를 개발할 필요가 있다. 우리는 우체국, 운하, 도로, 유료 고속도로, 그리고 정부의 다른 공공사업과 같은 통신과 이동수단을 필요로 한다.

　　이 부분은 부연설명이 필요하다. 어떤 이들은 이런 기반시설이 민간사업에 의해서 건설될 수 있다고 주장할 것이다. 그러나 해밀턴은 이러한 기반시설은 사적 이익이 창출될 수 있는 공간이 아니기 때문에 자본가들의 투자를 기대하기 어려운 공적인 성격이 강하다고 주장하였다. 이러한 사회 간접자본을 위한 전체적인 계획에 기반해서 자본을 투자하면 산업이 발달할 수 있다고 믿었다. 그러므로 이러한 막대한 공공사업을 위한 공적투자의 통합된 제도를 운용하고 추진할 중앙정부가 필요하다.

　　그러므로 정부의 역할은 이제 법과 질서의 보호뿐만이 아니라 저발전 경제에서 신속한 경제적 발전을 추진하는 방법과 수단들까지 전략적으로 운용하는 것이다. 자본가와 사업가들은 이런 국가적인 경제발전을 주도하기 위해 선택된 계급이며 이런 계급을 위한 정책들을 수립하고 추진할 수 있는 정부가 선출되어야 한다.

③ 정부는 미국에 중요한 산업으로서 유치산업(infant industry)을 영국의 발달된 산업으로부터 보호, 육성하기 위해 관세를 적극 운용해야 한다.

이렇듯, 미국 연방정부 및 연방헌법이 구성되던 당시에 미국은 산업화를 위하여 강력하고 적극적이며 거대한 정부를 제안하는 보수주의자(원칙적으로 보수주의자들은 작은 정부를 선호, 오히려 자유주의자들이 큰 정부로 개인의 권리보장을 주장)들과 비교적 자유방임주의적이며 기존의 봉건적 요소인 지방분권적인 작은 정부를 제안하는 자유주의적 급진주의자들(이 부분은 보수주의에 더 가까움)이 묘하게 대립하고 있었다. 다르게 표현한다면, 지방분권화를 통하여 개인의 권리를 극대화하려는 세력과 성장을 위해 주 또는 지역공동체의 '법인체적' 권리의 자율성을 주장하는 세력 간의 갈등의 역사로 볼 수 있다. 물론 이러한 양상은 19세기에 미국의 자본주의가 완전한 산업 자본주의로 발전되면서 오래 지속되지 않을 것이었으며 역사적 승리는 특정 세력에게 노정되어있었다. 그러나 당시에는 두 가지 주장이 대립하면서 미국 발전 방향을 추동하고 있었다. 결국 두 주장의 공통요소는 보수주의적 성향으로 잠정적 결론을 내릴 수 있다.

4. 칼훈(John Caldwell Calhoun)과 자본주의의 역설

미국의 정치경제학 사상에서 또 다른 주요 사상가의 한 명은 7대 부통령을 지낸 존 콜드웰 칼훈(John Caldwell Calhoun)이다. 칼훈은 1782년 미국 헌법이 만들어지는 시기에 태어나 그가 걱정했던 남북전쟁이 일어나기 11년 전인 1850년에 사망했다. 그는 고전적으로 보수주의 성향이 강했던 남부 주인 사우스캐롤라이나 출신의 상원의원이었으며 부통령과 국무장관 등을 역임했다. 그는 일반적으로 노예제도를 지지했으며 백인 우월주의자이기도 했다. 그러나 우리가 이런 이유 때문에 칼훈의 사상을 살펴보려는 것은 아니다. 물론 노예제를 지지하는 칼훈의 논리는 나중에 살펴보겠지만 매우 흥미롭고 심지어 전혀 이질적인 마르크스의 자본주의 비판과 놀라울 정도의 유사점을 갖는다. 물론 그 결론은 전혀 상반된 것이지만 말이다.

칼훈 John Caldwell Calhoun (1782~1850)

미국의 정치가로 연방하원의원, 육군장관, 부통령, 국무장관 등을 역임했다. 미국 사우스캐롤라이나주에서 태어나 예일대학교를 졸업하여 변호사가 된 칼훈은 1808년 사우스캐롤라이나 주 입법부에 선출되

었다. 그리고 1811년 미국 하원의 의원으로 국가 정치에 입문했다. 그리고 이어 육군장관과 부통령을 역임했다. 칼훈이 이와 같이 중앙 정치에서 주목을 받게 된 것은 1812년 미국이 영국과의 전쟁을 치루며 국민주의적인 애국적 정서를 바탕으로 그가 추진했던 공공정책에서 기인한다. 칼훈은 전후에도 적극적으로 미국의 국가건설에 관여하며 국민주의적 영웅으로 떠올랐다. 칼훈은 국민주의적 정책추진의 관점에서 본다면 철저한 연방강화주의, 연방 헌법 차원에서 본다면 철저한 연방주권주의를 주장했다. 이는 연방의회에서 제기된 보호관세 문제에서 드러난다. 이러한 관세법에 대해 남부와 사우스캐롤라이나 주는 적극적으로 찬동했다. 이처럼 그는 재위기간 동안 제한정부, 주의 연방법 효력 실시 거부, 그리고 노예문제 등에 대해 주장했다. 그는 연방독립과 주의 분리를 주장하며, 남부의 전형으로부터의 영향으로 노예제에 대해서도 지지 및 옹호했다. 칼훈은 삼두 정치의 대가로 명명되었으며, 하원의원(1810~1817)과 상원의원(1832~1843)을 모두 지내기도 했다.

예일대학교에는 1804년 자교를 졸업한 그의 이름을 따 명명한 '칼훈 칼리지'라는 레지던스 칼리지가 있었으나, 칼훈이 노예제도를 지지했던 부분에 대해 강렬한 반대시위가 일어나며 예일대는 2017년 2월 결

국 미국의 컴퓨터 과학자이자 미군 해군제독인 그레이스 머레이 호퍼 (Grace Murray Hopper)로 칼리지의 이름을 변경하기도 했다.

주요 저서로 「미국 헌법 및 정부론」, 「정치론」 등이 있다. 특히 「정치론」은 미국과 독일에 큰 영향을 끼쳤으며, 합의적 다수결제 이론 (concurrent majority)은 오늘날에도 많은 함의를 주고 있다.

칼훈은 미국 정치사에서 지배계급의 분할과 적대, 동맹 등에 대해 이야기한 정치 전략가의 면모를 가지고 있다. 그는 정치적인 권력관계로서 경제적 토대에 기반하여 소수와 다수의 연합 및 권력관계 변화를 역동적으로 분석했다. 그리고 이런 문제들은 칼훈에게 자본주의와 자유주의, 민주주의의 모순과 관련된 정치적 쟁점이었다.

지배계급, 즉 사유재산 혹은 공장이나 토지 같은 생산수단의 소유계급은 다양한 당파로 나뉜다. 특히 이들의 권력은 노동자나 농민 등 수적인 다수와 타협을 하거나 조직적인 연대에 많은 영향을 받을 수밖에 없다. 비록 지배계급에 속한 분파라고 할지라도 다수의 지지를 받지 못하는 한 소수로 남게 된다. 그리고 다수와 소수의 관계는 역전되기 어려운 경우가 많다. 하지만 우리는 어떤 영역에서는 다수파가 될 수 있지만 또 다른 영역에서는 소수파가 될 수 있듯이, 다수의 권력이 고정되거나 항상 언제나 다수가 되는 것은 아니다. 그런데 미국 정치에서는 선거에서 승리할 가능성이 높은 다수파가 존재한다는 것이며 소수의 의지는 항상 좌절되며 이는 결국 파괴적인 갈등을 야기하게 된다는 것이다. 그 결과 칼훈의 논리는 훗날 소수파의 권리와 발언권을 보장하는 다수결주의에 영향을 미쳤으며, 소수도 다수파가 될 수 있거나 의사결정 과정에 영향을 미칠 수 있어야 한다는 단초도 발견된다.

칼훈의 정치경제 사상은 실증적이고 사실적인 역사적인 관찰에 기반했다. 영국, 프랑스, 미국의 사례를 고찰해 볼 때 산업화된 자본주의의 등장과 발전은 신흥 계급에 의한 다른 지배계급의 폭력적인 교체를 가져왔다. 구 지배세력의 재산과 권한을 몰수하면서 그런 재산을 재분배하는 과정을 겪었다는 것이다. 이것은 평화롭게 진행되는 것이 아니라 과격한 방식으로 진행되는 것이 일반적이었으며, 프랑스가 대표적인 사례였다. 프랑스 혁명 기간 동안 앙시앵 레짐(구체제)의 루이 16세와 왕실 그리고 귀족의 재산은 혁명정부에 의해 압수되었고 이들은 단두대에서 처형당하거나 외국으로 망명 혹은 추방당했다. 이들의 재산은 소농과 낮은 중산계급에게 재분배되었다. 프랑스혁명에 비교해 볼 때, 영국에서는 상대적으로 이런 과정이 온건하게 진행되었다. 영국 자본주의의 질적인 발전을 가져온 1845년의 곡물법 폐지는 대규모 지대 감소를 야기해 대지주들의 점진적인 몰락으로 이어졌다. 일련의 제도개혁은 자본가들의 이윤을 대폭 증가시켰고 노동자들의 임금도 적지만 인상되는 효과를 가져와 부의 실질적인 재분배효과를 가져왔다. 이와 함께 영국 선거법 개정(Reform Act)은 곡물법 폐지에 참여한 중산계급에게 투표권을 부여했고 이를 통해 부의 분배 구조를 크게 변화시켰기에 산업자본주의로의 이행은 정치경제 구조와 사회 제도를 점진적으로 변화시키면서 진행되었다.

　　미국의 산업자본주의 확산 과정은 남북전쟁(1861~1865)을 통해 이루어졌다. 북부 출신의 링컨(Abrahm Lincoln)은 대통령으로 선출된 후 노예제도가 국가의 지속적인 발전에 방해가 된다고 생각했다. 북부는 높은 수준의 산업화와 경제력을 갖추었기 때문에 대규모의 노동력을 필요로 했고 노예제는 장애물이었다. 이에 비해 남부는 대농장주들의 농업과 작물 재배가 대세였기 때문에 이런 농업노동을 안정적으로 수행할 수 있는 노예제도를 완고하게 옹호했다. 남북전쟁은 북부에 대한 남부군의 공격으로 시작되었지만 남부의 지배세력은 미약했다. 전쟁에서 패한 남부 대농장주들의 재산은 혁명 정부에 의해 압수되었고 남부의 경제적인 주요 지역을 북부군이 접수하게 되면서 남부는 더욱 빈곤해졌다. 링컨의 암살 이후 급진적 공화당원들은 의회를 장악하였고 미국 전체의 정치경제 구조를 근본적으로 변화시키고 부와 권력의 재분배를 목표로 재건(Reconstruction)을 추진하였다. 연방 군대는 남부에 12년 동안 주둔하면서 저항 세력의 준동을 봉쇄했고 노예해방을 전역에서 관철시키면서 미국의 시민권을 확장시켰다. 칼훈은 이런 남북전쟁의 전개를 예상하고 막아내려 했던 것일까? 그는 추후에 도래할 내전에 대비해서 농장주들의 정치적 전략을 설파하는 데 주력했다. 그는 독특한 논리로 다수의 농민과 노동자가 남부의 편에 서야 한다고 주장했다.

제퍼슨의 농업과 작물 중심의 경제와 중산층 중심의 원리가 지배하던 19세기 미국의 맥락에서 당신이 시민이 되기 위해서는 반드시 재산 소유자가 되어야 했다면 제조업 발달을 추구했던 해밀턴 지지자들은 노예들이 해방되어 공장에 필요한 노동자가 되기를 원했다. 이에 비해 제퍼슨 지지자들은 노예들이 해방될지라도 작은 재산(농지)을 소유한 농업종사자들이 되기를 원했다. 급진적인 공화당원들은 남부의 많은 노예들이 해방되어 작은 농장의 소유자가 되어 시민권을 행사하도록 했다. 그들에게는 투표권이 주어졌을 뿐만 아니라 연방 군대에 입대하여 동등한 시민적 자유를 행사하도록 했다. 남부에는 대규모의 노예들이 있었기에 그들은 시민이 될 수 있었고 노예였던 시민을 주 의회의 의원으로 선출하기도 했다. 새로운 연방의회의 입법자들은 과거 노예들을 교육받은 시민들로 만들어서 소작농이 아니라 독립적인 자작농이 될 수 있도록 지식과 기술을 포함한 거대한 교육프로그램을 시도했다. 나아가, 이러한 재건을 위해 과거 노예 주인들로 하여금 세금을 부담하도록 조세법을 통과시켰다. 노예뿐만 아니라 현금도 없어진 노예주들은 무거운 재산세와 여타의 세금을 내기 위해 그들의 토지를 무조건 팔아야 했다. 이러한 혜택은 남북전쟁 직후에 출세의 기회를 위해 북부에서 남부로 내려온 뜨내기 정치인들(carpetbagger)과 남부의 중산층으로서 혼란기를 이용하여 부를 증식하려고 했던 남부 사람들(scalawags)에게 돌아갔다. 이들은 바로 이 시기에 급성장한 대표적인 신흥세력이었다. 이런 기회와 제도를 이용해 급진적 공화당원들은 남부의 재산분배 및 계급구조의 급속한 변화를 유도했다.

칼훈이 두려워한 계급분할 및 권력변화의 시작이었다. 그는 이러한 시도로부터 전통적인 지배층의 대변자로서 다수를 지키기 위한 제도 혹은 경제체제를 모색했다. 칼훈의 기본적인 문제의식은 다음과 같다. 왜 궁극적으로 노예제 폐지를 지지하는 사람들이 다수였고 노예 주인들과 그들의 동맹들은 소수였는가? 그리고 전통적인 지배층이 었지만 소수가 되어가고 있는 노예소유주, 대농장주를 어떻게 다수파로 만들 것인가?

칼훈은 먼저 미국의 재산구조를 분석하였다. ① 동북부의 자본주의 섹터와 ② 남부의 노예소유 섹터가 존재했다. 숫자로 볼 때 동북쪽에 있는 자본가들이 남부의 노예소유주들보다 더 많았다. ③ 그리고 북부와 남부에 걸쳐있지만 특히 미국 서부에 있는 소박한 재산 소유자의 경제영역이 있다.

다음으로 칼훈은 남부의 정치경제적 특징을 분석하였다. 남부에는 제조업이나 여타의 산업이 없었다. 때문에 영국 제조업과 경쟁하기 위해 북부의 주도로 입법화된 관세와 보호무역 장치들로부터 이익을 취할 수 없었다. 보호무역주의는 남부에게는 대단히 불리한 체제였다. 왜냐하면 관세는 그들이 소비해야 할 제조업 상품의 가격을 올려서 더 높은 가격을 지불해야 한다는 것을 의미했기 때문이다. 남부는 비싼 가격의 미국의 공산품을 구입하기보다는 비교우위에 입각하여 그들의 농산품을 유럽에 수출하여 유럽의 낮은 가격의 공산품을 수입하기를 원했다. 이에 비해 북동부의 자본가들은 그들의 공산품을 미국 서부에 판매하고 서부 지역의 농산물과 원자재를 구매하여 서부 지역과 활발한 사업 교류를 진행했으며 이는 서부에 비즈니스 기회를 제공한다는 것을 의미했다. 더구나 자본가들은 낮은 소득의 중산층 계층과 서부의 소농장주들 그리고 사업가들을 소비 집단으로 간주하여 보호하였다. 후발 개척자들인 이들은 노예제도에서 불공정하게 막대한 이익을 얻고 있는 남부의 농장주들과 정치적으로 대립하고 있었다. 결국 산업자본가 세력들은 더 많은 주의 지지를 얻고 있었다. 미국의 중앙권력은 인구와 주에 비례해서 구성되었고 새로 생긴 주들(대부분 서부)은 노예제도를 채택하지 않거나 폐지할 것으로 예상되었다. 이런 현상은 하원뿐만 아니라 상원에서도 북부와 서부의 이익을 옹호하는 세력들을 다수파로 만들 것으로 보였다. 이는 결국 노예제도 및 이에 기반한 노예경제의 궁극적 폐지를 초래할 것이고 궁극적으로 노예소유주들의 토지의 몰수와 재분배로 이어질 것이었다. 칼훈의 정치경제적 입장에서 더욱 치명적인 것은 이런 상황에 직면하여 북동부 자본가와 서부 인민들 사이에 동맹이 형성될 가능성이 높다는 점이었다.

동시에 자본가들은 점점 증가하고 있는 노동자들의 지지를 얻기 위해 다음과 같은 내용들을 설득하였다. 자본가들은 노동자들에게 직업을 제공하기에 노동자들의 편이며, 남부에 노예인구가 있는 한 임금노동의 가치는 하락할 것이고 자본주의는 작은 농장소유자에게도 다양한 자영업자가 될 수 있다는 것이다. 자영업자가 될 수 있다는 기회의 존재가 노동자들에게 더 좋은 노동 조건과 노동기회를 제공할 수 있다는 점이다. 이런 모든 조건이 자작농과 노동자들에게 우호적인 조건을 제공할 수 있기에 그들이 북부와 서부의 동맹에 가담하도록 설득했다.

농장주 중심의 남부의 고립과 다수의 북서부의 동맹에 직면하여 칼훈은 노예소유주들이 그들의 소수의 위치를 다수로 만들기 위하여 단결해서 소(小)자본가들과 소농장주, 자영업자들, 노동자들로 하여금 남부의 동맹세력이 되도록 만들거나 혹은 그들을 분열하게 만들어야 한다고 주장했다. 이를 위해 먼저 대농장주 및 노예소유주들은 남부에 있는 작은 소농이나 자영업자들과 긴밀한 관계를 통해 그들도 작은 노예소유주로서 자신들의 사업에 유리하게 노예제를 활용하도록 하면서 대농장주들의 동맹군을 구성했다. 실제로 남부 연맹의 군인들은 대부분이 낮은 중산계급 출신이었고 장교들은 귀족들(대농장주)이 맡았다.

다음으로 칼훈은 노예주들이 남부의 소농장주와 자영업자들과 동맹을 맺었음에도 여전히 소수인데 반해, 북부와 서부의 노동자들 및 소농장주, 자영업자들과 동맹관계인 자본가의 지지 세력은 다수이기 때문에 그들의 공동이익을 붕괴시킬 수 있는 이념적, 정치경제적 논리를 개발해 확산시키려 했다. 그리고 이것은 산업 자본주의에 대한 지적인 공격의 형태를 띠었고 놀랍게도 마르크스주의적 논리와 유사했다. 그래서 어떤 사람들은 칼훈을 노예소유주계급의 마르크스라고 부를 정도였으며 이는 모순적이기는 하지만 매우 적합한 비유였다. 칼훈은 훗날 마르크스가 자본주의 비판에 사용한 분석과 매우 유사한 구성과 논리를 가진 비판적인 분석을 발전시켰기 때문이었다.

첫째, 당시에 자본주의와 자유주의의 명성과 인기를 높인 주된 정치적 근거는 자유와 평등 그리고 민주주의였다. 그런데 칼훈은 루소를 언급하면서 인간 존재의 가장 근원인 공동체의 중요성과 자본주의의 결함을 부각시켰다. 칼훈은 자유주의적 자본주의에서 공동체의 중요성이 결여된 이유는 공동체가 자본주의에 의해서 유지, 촉진되지 못하고 파괴되기 때문이라고 주장했다. 그는 자본주의가 거대한 공장들과 대도시를 건설해서 작은 농촌마을과 소농장주, 자영업자들의 기반을 파괴한다고 인식한 것이다. 대도시와 공장노동은 비인격적이고 가족과 우정의 유대감은 파괴되고 기계적인 관계만을 강요한다. 자본주의는 철저하게 개인의 사익과 화폐만을 쫓게 만들어서 냉정한 개인주의만을 확산시키고 그 결과 전통적인 미국인들의 연대와 통합의 기반을 붕괴시킨다. 벤담과 아담 스미스가 주장한 것처럼, 공동체와 유대감이 파괴된다면 사회적 갈등과 투쟁이 심해져서 미국은 내전에 휩싸일 것이다. 결국 자본주의는 미국의 기반을 잠식하고 전쟁을 유발한다는 것이 그의 논리였다.

칼훈은 노예제에 대한 방어 논리도 제시했다. 어떤 사람은 노예제가 공동체를 촉진하지 못한다고 주장할 것이다. 그러나 칼훈은 노예경제가 자본주의 경제보다 더 위대한 공동체를 촉진한다고 주장했다. 비록 노예경제가 자유롭지 못한 노예를 가진 것은 사실이지만, 자본주의 경제 역시 노동자라는 임금노예를 가지고 있다. 자유가 아니라 공동체라는 측면에서 노예제가 임금노예제보다 우월하다. 왜냐하면 노예들은 경제가 좋지 않을 때도 집과 살아갈 수 있는 음식과, 그들이 아플 때 치료받을 수 있는 약 등을 제공받기 때문이다. 주인들의 보살핌을 받는 노예들은 노동자들처럼 무책임하게 해고되거나 실업자가 되어 굶어죽지 않는다. 물론 산업자본가들은 이런 배려도 노예소유주들의 개인적 이익에 따른 것이라고 비난할지도 모른다. 그러나 칼훈에 따르면 이런 비난이 오히려 노예제의 장점을 반증하는 것이다. 왜냐하면 자본가들에게 노동자의 건강, 안전, 수명을 보호하는 것은 자신의 이익도 아닐 뿐더러 관심 사항도 아니다. 더구나 농촌에서 산업예비군이 존재하고 산업분야로 몰려드는 끊임없는 노동력의 흐름이 존재하는 한, 자본가들은 가장 혹독하고 극단적인 방식으로 노동자를 착취할 것이다. 자본가들은 노동자들을 보살피기는커녕 사실상 죽음으로 내몰고 있는 것이다. 반면에 노예제에서 주인들은 노예들의 건강과 안녕을 보살피는 긍정적인 유인책을 가지고 있으며 노예들의 건강과 수명 관리에 투자를 통해 얻어지는 명백한 이익을 가지고 있다.

그러나 노예제의 이런 장점에는 주인의 이익 이상의 인간적인 가치가 담겨있다. 노예소유주들은 노예들과 항상적인 접촉을 통해 평생의 긴밀한 관계를 유지하기 때문에 노예들은 사실상 가족의 일부이다. 자본주의가 비록 자유, 평등, 민주주의를 지향한다고는 하지만 노예제는 자본가와 노동자 관계에서는 불가능한 친밀한 공동체를 유지할 수 있다. 더구나 자본주의는 자신이 주창하는 자유를 보장하지 못한다. 현실 속에서 노동자는 자신의 노동력을 자본가에게 팔아야만

하며 자본가의 권위에 종속당하고 어떤 의미에서는 자본가가 노동자의 생사권을 통제할 수 있다. 노예들에 대한 주인들의 통제보다 자본가의 통제가 더 비인간적이고 무책임할 수 있다. 그러므로 노동자가 노예보다 자유롭다고 이야기할 수 없다. 무엇보다도 자본가들은 맹목적인 이익 추구를 내면화한 사람들인 반면 노예주들은 선의를 가지고 공동체의 중요성을 내면화한 사람들이다. 칼훈은 이런 논리들을 자본가들을 설득하는 데 활용하지 않았다. 그것은 시간낭비였을 것이다. 칼훈이 설득 대상으로 삼은 집단은 낮은 중산계급과 노동자들이었다. 칼훈은 남부의 노예제가 그들에게 실제로 악한 것이 아니라 오히려 더욱 인간적인 제도라고 설득했다.

> **질문:** 칼훈의 논리에는 큰 허점이 있습니다. 노동자들은 회사를 그만두거나 새롭게 고용되어 주인(자본가)을 선택할 수 있는 반면에, 노예들은 주인을 선택할 수 없다는 점입니다.
>
> **답:** 그 대답은 칼훈과 마르크스가 유사하게 준비하고 있습니다. 노동자가 새로운 고용주를 선택하더라도 쇠사슬 같은 억압과 착취를 받을 수밖에 없다는 것입니다. 또한 먹고 살기 위해서는 일을 해야만 합니다. 그래서 노동자가 가진 선택의 자유는 실질적인 의미가 없습니다. 그러므로 노예나 노동이나 통제적 권위에 종속되는 것은 공통적이며 오히려 노예의 생존(의, 식, 주)을 책임져 주는 더 좋은 권력과 부를 가진 사람은 노예주라고 항변합니다.

V.
현대 정치경제학의 다양한 흐름들 :
시장경제와 민주주의를 중심으로

1. 자유시장 우선적인 현대 정치경제학

현재 대부분의 현대 국가에서 시장 자본주의와 민주주의는 가장 중요한 두 가지 제도이다. 대한민국 역시 '시장 경제와 민주주의 병행 발전'을 중요한 정책 방향으로 설정하고 있다. 이는 자유 경쟁적 시장 경제를 통해 효율적인 생산을 기할 수 있고, 이를 바탕으로 보다 평등하게 부를 분배하겠다는 정책 기조라고 볼 수 있다. 그런데 우리가 지금까지 살펴본 것처럼, 자본주의 시장경제의 효율성과 민주주의 자유의 원리는 상호 보완적이지만 평등 원리는 상황에 따라 충돌하기도 한다. 자본주의 시장경제는 물질적 영역에서 가장 중요한 제도이지만 사적 영역으로 치부되며 민주주의는 공적영역으로서 집단적 의사결정의 원리로서 정치적으로 중요한 제도이다. 이 두 가지 제도들을 어떻게 조화시킬 것인가 하는 문제가 우리나라뿐만 아니라 서구를 포함한 세계 모든 나라의 과제이며 인류 역사의 진보와도 직결되는 문제이다.

먼저 현대 정치경제에 막강한 영향력을 미치고 있는 신자유주의 혹은 우파 자유주의는 민주주의보다는 시장에 근원적이고 우선적인 중요성을 부여하는 흐름이다. 즉, 신자유주의는 정치(민주주의)에 대한 시장의 우선성을 강조하며 시장에 근본적인 중요성을 부여한다. 이들에게 시장제도는 자유주의 사회의 '구성적인' 핵심 원리로서 이에 비해 민주주의적 권리는 부차적, 파생적 지위로 간주되는 경향이 있다. 민주주의는 최소주의로 한정되어 사유재산권을 보장하고 자유로운 시장 활동과 공정한 선거 경쟁을 보장하는 절차가 된다.

신자유주의는 자본주의 시장경제에 대한 전폭적인 지지에 기초하고 있다. 신자유주의는 자본주의 형성기에 사유재산권을 신성시하고 신흥부르주아 계급의 특권을 옹호했던 고전적 자유주의의 현대적 부활이라고 볼 수 있다. 신자유주의에서 시장은 경제적 효율성을 극대화시켜줄 뿐만 아니라 개인의 자유를 보장해주는 가장 중요한 수단이다. 그리고 신자유주의에 있어 경제적 자유주의는 민주주의가 성공할 수 있도록 해주는 관건이 된다. 경제적 시장은 개인적 자유의 실현을 위한 필수조건이며 사유재산권은 민주주의를 위한 필수불가결한 요소이다. 왜냐하면 민주주의는 개인의 자유와 권리를 전제하고 있기 때문이다. 때문에 개인적 자유의 근원이 되는 자본주의 시장 원리를 수정하거나 통제하려는 모든 시도는 시장관계가 촉진하는 개인의 자유를 억압한다. 때문에 민주적 평등을 명분으로 자본주의를 통제하려는 시도는 자유민주주의를 위협하는 결과를 초래한다. 특히, 중앙권력의 막강한 권한과 사회 전체의 수요와 공급을 계획하고 통제하려는 사회주의는 개인의 자유와 민주주의를 말살한다.

이와 같은 신자유주의의 대표적인 학자는 하이예크(Friedrich Hayek)이다. 그의 1944년 저서 『노예의 길(The Road of Serfdom)』에서 자본주의와 사회주의 사이의 중도적 개념을 거부하며, 혼합경제를 위험한 신화라고 비판했다. 그는 정부의 개입은 자유시장경제의 유연하고 효율적인 기능을 왜곡시키게 되고, 정부는 이러한 왜곡을 바로잡기 위하여 더 많은 개입을 하게 되는 악순환의 고리를 양산해낸다고 확신했다. 그래서 이러한 정부 개입의 악순환은 결국 사회를 사회주의 국가로 만들어갈 것이라고 비판했다. 하이예크는 자유로운 개인들 간의 상호작용으로 결합되어 독립적 원리에 의해 작동하는 시장이 계획경제와는 비교할 수 없을 정도로 좋은 결과를 가져온다고 주장한다. 하이예크의 시장에 대한 믿음은 계몽주의자들의 이성에 대한 믿음을 상당 수준 유보하는 논리에 기반하고 있다. 인간은 무지하기 때문에 어느 누구도 세상에 대해서 완벽하게 알 수는 없으며 인간 사회의 일부분에 대해서만 파악할 수 있다. 그렇기 때문에 어느 누구도 사회 전체에 대한 계획을 세우거나 조정해 나갈 수 없다고 주장하고 있다. 그는 합리성이라는 자체 안에서 이성이 우리의 선택을 조정한다는 점에서 합리성조차도 비판하는 완벽한 자유를 주장하였다. 시장은 사회전체에 확산되어 있는 정보를 전달하고 동원하며 경제적으로 활용하게 만드는 신비로운 발견을 수행한다. 사회와 경제 등을 순환하는 지식은 어떤 단일한 계획기관에 의해 일일이 수집되어 정책에 반영될 수 있는 부류의 지식이 아니다. 그와 같은 종류의 지식은 시장의 '보이지 않는 손'에 의한 가격결정방식이 아니라면 도저히 반영해낼 수 없는 지식이다. 그러므로 사회주의 체제의 보편적인 빈곤화 현상은 사회의 모든 곳에 확산되어 있는 비(非)명제적 지식을 수집할 수도 계산해낼 수도 없는 계획경제의 무능력에 기인하는 것이다.

하이예크는 이와 같은 이유로 가능한 한 모든 영역에서 정부의 간섭과 역할을 최소화하려고 하였다. 하이예크는, "민주주의는 사적인 영역의 자유를 보호하기 위한 집단적 절차로서 권력의 독점과 남용을 견제하는 역할을 해야 하기 때문에 사유재산권과 시장의 자유를 제한하는 민주적 다수결의 결정은 정당성을 상실한다"고 주장하였다.

오스트리아 출신의 경제학자이며 시장경제의 옹호론자이자 통화주의 아버지로 일컬어진다. 1974년 자유주의의 이론적 기초를 확립한 공로로서 노벨 경제학상을 수상했다. 1930년대에 영국으로 건너간 하이예크는 경제가 침체한 원인과 극복방안에 대해 존 메이너드 케인즈(John Maynard Keynes)와 논쟁을 펼치게 되는데, 케인즈가 주장하는 정부 개입에 대한 인위적 조절에 대해, 하이예크는 시장 가격결정기능의 자유로운 조절로서 논박했다. 이후 하이예크는 미국으로 건너가 사회학, 심리학 등으로 활동 분야를 확장하며 자유주의 사상가로 등극하게 되고 프리드먼과 함께 통화주의 경제학을 발전하는 데에 공헌하기도 했다.

하이예크가 젊은 시절을 보냈던 1920~1940년대에는 대공황으로 인해 자본주의의 모순에 대한 지적이 이뤄지며 사회주의 체제가 성립하고 독일과 같은 국가에선 파시즘 체제가 등장하던 시기였다. 전쟁 후에는 대부분 자본주의 국가들에서도 케인즈 경제학에 기반하여 국가의 경제 개입을 보편적 개념으로 수용하였으나, 하이예크는 사회주의 경제와 국가 경제개입을 비판하고 자유시장 및 자본주의 경제를 옹호하고자 했다.

이처럼 그는 사회주의 계산논쟁 및 케인즈와의 논쟁 등 경제학설사에서 주요하게 꼽히는 논쟁들에 활발하게 참여했을 뿐 아니라 경제학의 여러 분야와 인식론적 심리학 저술에 이르기까지 다양한 사상체계를 이룩했으며, 그 기저엔 개인의 인지적 한계에 대한 통찰을 담았다.

주요 저서로 「노예의 길」, 「자유헌정론」, 「법 입법, 그리고 자유」3부작, 최후의 저서로 「치명적 자만」등이 있다.

정부의 주요 목표는 시장경제에 간섭하여 시민들이 소비할 어떤 특정한 재화와 서비스를 산출하는 것이 아니라, 재화와 서비스의 생산을 규제하는 장치들이 잘 작동하는가를 살피는 것이다. 정부가 자본주의 폐해를 교정하겠다고 시장에 개입하는 순간 일단 억압을 피할 수 없고, 관료적 비효율성을 빚어낼 가능성이 크다. 따라서 하이예크는 "사회정의란 국가나 정치의 몫이 아니라 시장에 위임해야 하는 것이다"라고 주장한다. 복지 역시 긍정적인 측면도 있지만 종래에 파국을 맞이하게 될 것으로 본다. 복지제도는 가난한 자보다 부유한 자에게 더 많은 혜택을 주고, 거대한 관료주의적 비효율성과 억압성을 조장하며, 수혜자들에게 수동적인 복지의존성만을 만들어낸다는 것이었다. 프리드만(Milton Friedman) 역시 그의 저서 『자본주의와 자유(Capitalim and Freedom)』에서 자본주의의 최대의 위협은 근대 민주주의 국가가 금리, 임금, 은행 등에 의해 사적 영역에서 해결할 수 있는 복지에 정부의 역할을 확대하는 것이라고 주장하였다. 시장이라는 사적영역에 정부의 개입은 자유정부와 시장체제를 통합된 괴물로 만들어 결국 자유와 생산성을 갖지 못하게 하여 정치적, 경제적 자유가 위협된다고 보았다.

다시 하이예크로 돌아가서, 국가의 역할은 자유시장경제의 경쟁을 보호하고 있는 법의 강력한 집행과 치안과 질서 유지 등 최소한의 필수적인 의무만 수행하면 된다. 자유시장경제가 내포하고 있는 불평등과 또 그로부터 발생하는 다른 불평등들은 인간이 악한 감정으로 의도적으로 만든 것이 아니라 자연적인 결과물일 뿐이다. 불평등은 오히려 소수의 경제적 엘리트들의 실험정신을 자극함으로써 장기적으로는 자유로운 사회의 모든 구성원들이 그 혜택을 누릴 수 있게 만들어준다. 더구나 시장은 이윤의 추구라는 단일한 원리에 의해 관철되고 있기 때문에, 피부색, 신분 등과 같은 요소들을 전혀 고려의 대상으로 삼지 않는바, 정치적 편파성과 사회적 편견을 배제한다. 그것은 이기주의를 장려하는 것이 아니라 반대로 자유사회의 도덕적 건전성을 보장해준다는 것이다. 요컨대, 시장은 개인들에게 자율성과 자기결정의 자유와 책임을 보장하면서 인간성을 표현하고 실현할 수 있도록 해주기 때문에 도덕적인 차원에서 정당화되는 것이다. 이런 관점에서 자본주의 시장경제는 민주주의를 위한 필수적인 도덕적 토대로서 정당화되었다.

대표적으로 슘페터(Joseph Schumpeter)는 자본주의는 인간의 마음에 이윤을 추구하려는 합리성이라는 근대 과학의 태도를 만들어 구봉건제도를 붕괴시키는 자본가들의 등장을 가속화하여 사회 지배세력으로 성장하게 되면서 자유시장의 필수 조건인 민주적인 정치제도가 정착되게 된다고 주장하였다. 정치사회학자인 무어(Barrington Moore) 역시 비교역사적 사례분석을 통하여 부르주아 주도의 미국과 프랑스혁명은 결국 자유로운 경제 활동이 보장되는 민주주의의 등장을 가져왔다고 주장하였다. 반면에 아래로부터(노동자, 농민)의 혁명은 중국과 러시아 경우처럼 공산주의를, 위로부터(지주, 귀족)의 혁명은 일본과 독일처럼 파시즘을 등장시켰다고 정의하였다. 이들의 주장은 "역사적으로 민주주의는 자본주의의 등장과 함께 시작되었다"는 것이다.

20세기에 고전적 자유주의를 현대 자본주의에 부합하게 체계적으로 현대화한 노직(Robert Nozick)은 『무정부, 국가 그리고 유토피아(Anarchy, State, and Utopia)』에서 고전적 자유주의의 오래된 관념인 자연 상태 개념을 끌어온다. 노직은 홉스와 로크처럼 개인은 자연 상태에서 권리를 갖지만, 대신 어디에서도 권리를 보호받지 못한다고 보았다. 그리고 국가의 출발은 바로 이러한 개인의 권리를 보호받기 위한 계약에서 출발한다고 생각하였다. 따라서 그에 의하면 국가는 단지 개인을 보호하는 기능만 수행할 뿐이며, 이러한 최소국가(Minimal State)가 합법적이거나 정당한 이유는 그것으로 인하여 어느 누구의 권리도 침해되지 않기 때문이라고 하였다. 만일 국가나 정부가 사람들을 보호하는 일 이상의 과업을 수행한다면, 누군가의 권리는 반드시 침해당할 것이므로 부당할 수밖에 없다고 생각하였다. 예컨대, 다른 사람에게 혜택을 주기 위해 어떤 사람에게 돈을 걷어 세금을 사용하는 정책은 일종의 '강요된 노동'과 마찬가지라는 것이다. 즉, 100달러를 벌어 20달러를 세금으로 내는 사람은 만일 그 20달러가 자신을 보호하는 데 사용된다면 아마도 아무런 불평을 하지 않을 것이다. 그러나 만일 10달러가 다른 사람들에게 보건의료, 교육, 실업수당과 같은 혜택을 제공하는 데 들어간다면 그 노동자는 자신이 일하는 시간의 10%를 타인을 위해 노동하도록 효율적으로 강제되는 것이다. 노직에 따르면 이것은 강요된 노동과 마찬가지이므로 개인의 권리 침해에 해당한다고 보았다.

고전적 자유주의자들과 마찬가지로 노직 역시 정부는 폭력과 착취로부터 우리를 보호해야 하지만 그렇지 않은 경우라면 자유시장경제에서 무제한적인 경쟁의 공정한 규칙만 관리하면 된다. 노직에게 시장은 자본주의 경제의 중추신경계로 작동하면서 재화와 서비스의 수요 공급을 조정하는 보이지 않는 손의 역할을 수행한다. 또한 개인과 사회 전체에 최상의 이익 산출과 자원의 할당을 자연적으로 달성하게 만든다. 국가의 중앙집권적인 계획과 인위적인 개입은 실패할 운명이며 사회주의의 변형된 형태로서 복지국가는 역사적으로 실업, 인플레이션, 경제후퇴 등 이미 실패와 폐해를 증명했다. 때문에 자유주의적 시장방임과 가격 원리, 이윤추구, 기업가 정신에 의한 생산 촉진 등의 사적 경제원리에 의해 법과 공공질서를 포함하여 모든 서비스가 시장을 통해 제공되어야 한다.

영국총리 대처(Margaret Thatcher)와 미국 40대 대통령 레이건(Ronald Reagan), 41대 대통령 부시(George H. W. Bush) 정부의 개인세와 법인세에 대한 대대적 삭감 프로그램은 신자유주의 원리에 부합하는 정책이며 반면에 복지와 재분배 정책의 강화는 개인의 도덕적 책무와 자존감을 약화시키면서 자본주의 시장경제를 체계적으로 왜곡하게 만든다는 시각을 내포하고 있다. 이런 자본주의 시장 경제 속에서 정치 혹은 민주주의는 희소한 자원을 둘러싼 개인 간 자유 경쟁을 관리하고 보호하는 역할에 한정되는 경향이 있다. 정부 역시 개인들 간의 이익추구적 행동을 막으면 안 되며, 다른 사람의 권리를 침해하지 않는 한 무엇이든 자신이 좋아하는 것을 생각하고 말하고 행할 수 있는 개인의 권리를 보장해야 한다. 그리고 개인은 이러한 권리를 오직 국가가 최소국가일 때만 누릴 수 있다.

1972년 미국 대통령선거에서 자유주의당(Libertarian Party) 대통령 후보로 나왔던 호스퍼스(John Hospers) 역시 이런 신자유주의적 정치경제학에 포함시킬 수 있다. 그는 『자유지상주의(Libertarianism)』에서 개인은 자기 자신의 몸과 노동에 대한 절대적인 권리를 소유하고 있으며 자기 소유에 대한 권리가 생명에 대한 권리임을 강조한다. 그는 사유재산에 대한 침해를 생명에 대한 침해와 동일시하면서 다수를 위한다는 명분으로 정부가 유산자들의 재산을 침해할 가능성을 항상 경계하라고 강조한다. "조심하고 또 조심하라. 정부는 그 어떤 집단보다도 개인의 권리를 침해한 무장한 위험한 존재이다." 이렇듯, 자기 소유의 권리는 '매우 강력하고 폭넓은' 다른 권리들의 토대가 되면서 자신의 몸에 지닌 모든 자연적 자산들(재능과 노동 능력 등)에 대한 권리의 근거가 된다. 그러므로 사유재산권은 생명과 자유에 대한 권리만큼 절대적인 기본적인 권리이다.

20세기 초반부터 사회주의 계획경제의 몰락을 예견했던 오스트리아 경제학자 루트비히 폰 미제스(Ludwig von Mises)의 제자 로스바드(Murry Rothbard) 역시 개인들이 자발적으로 참여(개인의 행동은 비의식적 경우를 제외하곤 목적을 수반한다)하는 자유시장의 질서, 조화, 효율성을 극찬하면서 이에 대비되는 국가의 강제행위가 초래하는 무질서, 갈등, 비효율성을 부각시킨다. "국가는 반사회적 도구로서 자발적인 교환관계와 개인의 창의성, 노동분업을 왜곡시켜 재앙을 초래할 것"이라면서 무정부적 자본주의(Anarcho-Capitalism 또는 Free Market Anarchism)를 주장하기도 했다. 뷰캐넌(James Buchanan)으로 대표되는 공공선택학파 또는 공공선택이론은 자본주의에 위협이 되는 민주주의의 실체를 다음과 같이 주장한다. 사업가가 이기적이라면, 정치인이나 관료들도 역시 "정치적 사업가(Political Entrepreneur)라고 부르지 못할 이유가 없다"고 강조한다. 시장 원리와 정치 원리는 근본적인 차이가 없다면서 시장에서의 합리적 선택 원리를 정치 영역에까지 확장 적용하고 있다. 즉, 비용과 이익을 저울질하는 계산의 원리가 집단적 의사결정 규칙을 정하는 헌정적 구조에도 동일하게 적용될 수 있으며 공공재의 창출과 제공 역시 시장의 원리에 종속된다는 것이다. 이런 문제는 민주주의 국가들이 이미 처한 문제이다. 확고한 목적, 자금력 그리고 조직을 가지고 있는 이익집단들은 정부에 압력을 행사하여 국가차원의 경제정책에 영향을 미치고, 그에 따른 결과로 일반 소비자들은 이득은커녕 국가적 효율성과 소득의 하락으로 인해 피해를 입게 된다. 이해관계로 뭉친 특수 이익 집단들이 세력화되지 않는 일반대중보다 더 큰 목소리를 낼 수 있다는 것이다. 사실상 민주정치는 시장과 사유재산권을 보조하는 수단적, 도구적, 부수적 영역이며 재산권을 제한하거나 시장의 불평등을 교정하고 소득 분배 규칙 등을 정하는 민주주의는 결과적으로 자본주의 정치경제의 파국을 초래할 것이라고 경고한다.

결국 이러한 시장 우선적인 정치경제학의 흐름들은 민주적 정치 과정에 참여할 수 있는 자격이나 능력에 대한 논의가 빈약하며 정치적 권리의 중요성 역시 그 비중이 대단히 낮다. 특히, 다양한 스펙트럼에도 불구하고 현대 신자유주의 계열의 학자들에게 민주주의는 대의제나 투표에 참여할 권리만을 의미하는바, 그 어떤 논리에 의해서든 불평등을 완화하거나 평등의 공공선이나 사회복지를 위해 재산권을 결코 제약해서는 안 된다. 빈부격차 등 자본주의 시장의 폐해는 불가피한 것이며 이를 시정하기 위한 국가의 어떤 노력도 정당화될 수 없다. 이들에게 자본주의 시장은 필연성의 과학이며 이성적 한계를 가진 인간과 집단들이 따라야하는 독립적인 실체를 갖는다.

2. 시장-민주 균형적인 현대 정치경제학

시장과 민주주의의 균형을 추구하는 현대적 자유주의 혹은 복지주의적 자유주의는 자본주의가 발달하면서 노동자들의 정치 참여에 대한 요구가 분출되고 이들을 자본주의 체제로 포용하려는 시기에 태동하였다. 산업자본주의가 발전해 왔지만 그 이면에는 다수의 빈곤과 노동자 소외 등 부정적인 폐해가 광범위하게 확산되고 있었다. 저임금, 장시간 노동, 열악한 근로·주거환경, 기술적 실업, 노동 분업의 비인간적 영향, 그리고 인구 과밀 현상 등과 같은 문제가 심각해지고 있었던 것이다. 결과적으로 고전적 자유주의에 비해 훨씬 더 융통성과 탄력성을 가지면서 사유재산과 민주주의를 동시에 보존하면서 성장과 생산뿐만 아니라 사회적 정의를 추구하는 국가역할의 필요성이 등장하게 되었다.

이런 현대적 자유주의의 초기 흐름은 존 스튜어트 밀의 연구로부터 영향을 받은 그린(Thomas Green), 홉하우스(Leonard Hobhouse), 홉슨(John Hobson) 등이 대표적이다. 이들은 기존의 고전적 자유주의자들보다 더 광범위하고 적극적인 자유를 옹호하였다. 이들에게 자유란 인격적 발전, 개인의 능력과 시민적 덕성의 함양과 긴밀하게 연결되어 있다. 자유란 자아실현을 추진하고 자신의 도덕적인 인간성과 잠재력을 완성시켜 나가는 능력의 관점에서 사고되었으며 이런 견해는 시민적 능력 향상을 목표로 하는 복지자유주의의 토대를 제공하였다. 이들에게 복지는 개인적 존재를 망치는 사회악으로서 국가 개입이 아니라 개인의 삶과 행복을 안전하게 인도함으로써 궁극적으로는 자유를 확대시킬 수 있는 긍정적인 국가의 지원으로 간주되었다. 이런 사고는 이후 마셜(Alfred Marshall)과 케인스(John Maynard Keynes), 뿐만 아니라 롤스(John Rawls)와 하버마스(Jurgen Habermas) 등 현대 좌파 자유주의에 영향을 미쳐 새로운 자유주의의 전통을 만들어 내었다.

이런 현대적 자유주의의 초기 사상가들 중에서 홉슨의 역할은 지대했다. 홉슨의 정치경제학은 협동과 평등이라는 윤리적 이상에 기초한 사회의 실현 가능성과 강점을 강조하면서 산업자본주의가 야기한 삶의 질 문제를 부각시켰다. 홉슨은 현대 자본주의에서 다수의 빈곤은 시장 원리의 구조적인 문제에 있다고 분석하면서 대규모 실업이 주기적인 경기 침체에 있다고 통찰했다. 순수한 시장 원리에는 공급과 수요 불균형의 가능성이 존재하며, 이것은 상품의 과잉을 초래하여 경기 침체를 가져올 수 있다. 그 근본적인 문제는 시장경제의 잘못된 분배체계에 있다는 것이다. 그는 '자유경쟁에 의한 조화로운 분배'라는 고전경제학의 교의를 거부하면서 시장은 항상 불완전 경쟁 혹은 독점적 경쟁에 의해서 지배된다고 보았다. 홉슨에 따르면, 시장 경제에서 분배는 결국 경제적 강자의 힘에 의해 결정되며 그 결과는 불완전한 경쟁을 통한 불공평한 분배를 구조적으로 확대 재생산한다는 것이다. 더구나 시장의 원리는 효율성 면에서 여러 가지 방법으로 낭비적이었으며 최대의 결과를 얻을 수 있도록 자원과 소득을 가장 효율적으로 배분하는 데 실패하였을 뿐 아니라, 자동적으로 과잉생산이라는 경제적 무질서와 실업이라고 하는 엄청난 자원의 낭비를 초래하였다. 홉슨의 사회 정의적 시각에서 시장경제는 부도덕하고, 경제적 효율의 견지에서는 비합리적일 뿐이었다.

홉슨과 더불어 현대적 자유주의의 개념적 토대를 형성한 그린 (Thomas Green)은 자유를 소극적 자유(negative freedom)와 적극적 자유(positive freedom)라는 두 가지 개념으로 나누었고 자유를 단순히 '구속과 강제의 부재'라고 정의하는 소극적인 자유와는 차별된 적극적인 자유를 주장하였다. 진정한 자유는 적극적인 힘 혹은 자신이 원하는 무엇인가를 할 수 있는 능력 혹은 할 만한 가치가 있는 무엇인가를 즐기는 것이다. 이것은 단지 탐욕스런 정부로부터 개인을 보호한다는 의미에서의 보호적 민주주의라는 개념에서 개인의 능력과 재능의 함양과 육성이라는 발전적 민주주의로의 전환인 것이다. 개인의 발달은 상호작용하며 서로의 자유를 촉진하기 위하여 공동체를 필요로 한다. 공공선에 동등하게 기여하기 위해서 모든 사람들은 어떠한 권력으로부터라도 해방되어야 한다는 것이다. 하지만 능력을 제한하는 장애물이 자본주의 경제에서 발생되고 있으며, 이것을 제거해야만 개인의 자유로운 성장과 발전을 이룰 수 있다고 주창하였다. 점점 더 심화되는 빈곤, 질병, 편견, 무지 등이 자유와 기회를 가로막고 있어 개인들의 발전 기회를 제공하지 못하고 있다고 보았다. 그린의 주장은 모든 사람이 동일한 일인당 GNP를 가져야 한다는 것이 아니다. 시장경쟁의 부정적 요인과 장애물(불평등)을 극복하기 위하여 모두 동등한 기회를 가져야 한다는 것이다. 그린은 자유, 평등 그리고 민주주의를 하나의 가치로 보고 있다고 볼 수 있다. 이것은 프랑스 혁명의 주장과 유사하게 들릴 수 있다. 그런 의미에서 그린은 유산자의 무제한적인 사유재산 권리는 제한되어야 한다고 주장하였다. 재산권은 자연적 권리가 아니라 사회적 선에 기여하는 것인데, 그러지 못한다면 정당성이 없기에 제한될 필요가 있다는 것이다. 그뿐 아니라, 그린은 자유, 평등, 그리고 공동체의 근본적인 가치와 모순되는 자기 자신을 노예나 노예와 같은 고용인으로 파는 계약은 비헌법적이고 존재해서는 안 된다고 보고 있다. 그럼 어떠한 노동계약도 유효하지 않다는 것인가? 인간은 상품이 아니기 때문에 사회에서 규정한 근본적인 목적에 부합하지 않는 방식으로 파는 것과 고용하는 것은 허락할 수 없다는 점이다. 루소와 마르크스도 이러한 원칙을 자본주의를 비판하는 데 사용하였다. 가끔 우리를 아프게 하는 고용인들에 대한 재벌가의 갑질이 여기에 해당되지 않을까 싶다.

홉하우스(Leonard Hobhouse)는 자본주의의 경제적 부정의와 비합리성에 대한 비판적 이해뿐만 아니라 인간과 사회에 대한 새로운 통찰이 필요하다고 역설했다. 홉하우스는 진정한 자유를 위해서는 자유라는 개념 자체에 평등을 포함해야만 한다고 주장하면서 시장 경쟁은 이미 정치적, 경제적으로 대등하지 않고 힘의 관계가 엄청난 격차

속에서 진행되기에 공정성 자체가 성립하지 않는다고 비판했다. 계약의 자유도 당사자가 서로 간에 실질적으로 평등해야만 가능한 것이지만 현실 속에서 계약은 강자가 약자에게 강제하면서 자유를 침해하는 위장된 억압의 도구에 불과하다고 비판했다. 결국 고전적 자유주의로부터 내려오는 자유주의의 계약은 자유의 보장이 아닌 것이다. 그러므로 홉하우스에게 "평등 없는 자유는 추한 성과에 붙인 고상한 이름"이나 다름이 없었다.

홉하우스의 사상은 마셜과 케인스에게 이어져 현대적 자유주의의 사상적 흐름을 만들어내는 정치경제학적 토대가 되었다. 마셜과 케인스는 당시까지 유행하고 있던 고전적 자유주의 경제의 기본 가정들을 비판하면서 본격적인 현대적 자유주의의 시대를 열었다. 한편 마셜과 케인스가 경제학적인 측면에서 현대적 자유주의의 새로운 장을 개척하였다면, 정치 철학적인 측면에서는 존 롤스는 이론적 토대를 수립했다.

알프레드 마셜 Alfred Marshall (1842~1924)

영국의 신고전학파(케임브리지 학파)의 창시자이자 경제학자다. 런던의 버몬지의 가난한 가정에서 태어났던 마셜은 목사를 만들려는 아버지의 뜻과는 달리 옥스포드 대학에서 케임브리지 대학으로 옮기며 수학과 물리학을 전공했으나, 졸업 후에는 윤리학으로 전공을 변경했다. 1870년 독일에서 헤겔(Georg Wilhelm Friedrich Hegel)의 역사철학과 역사학파 및 사회주의를 공부하며 경제학 연구에 몰두하게 됐다. 그는 영국 경제학계를 이끄는 선구자로서 학계와 함께 정책결정에 기여했다.

마셜은 경제생물학적인 허버트 스펜서(Hebert Spencer)류의 사회유기체설을 기본적인 사회관으로서, 주관가치설을 비판하고 단기적인 부분균형과 장기적인 국민소득 분배까지 적용되는 일반적 상호의존 관계에 대한 이론을 제시하기도 했다. 마셜은 경제학을 인간복지를 위한 학문으로서 이해하며 리카도(David Ricardo)와 밀(John Stuart Mill)의 고전파적 전통에 입각한 연구를 진행했다. 마셜은 본인의 저서에서 생활수준의 향상을 지표로 하는 사회의 유기적 성장을 논하기도 하고, 균형이론 분야에서 외부경제 및 내부경제, 탄력성 등 다채로운 경제적인 개념들을 제시하며, 고전파 경제학을 근대화하여 신고전학파의 기초를 닦았다.

마셜의 제자 중 케인즈(John Maynard Keynes)는 탁월한 경제학자로서 새로운 경제학을 제시하기도 했다. 이러한 영향력에 빗대어 20세기 초반의 20여 년을 '마셜의 시대'로 칭하기도 한다.

주요 저서로 「경제학 원리」, 「산업과 무역」, 그리고 「화폐 신용 및 상업」등이 있으며, 그중 「경제학 원리」는 영국 각 대학에서 반 세기 넘게 경제학 교과서로 사용되었다.

경제학자 마셜(Marshall)은 그 당시 영국사회의 빈곤문제를 개탄하며 경제학이 사람들의 경제적 복지를 향상시키는 데 도움을 주어야 한다고 주장하였다. 실질적으로 마셜은 영국 왕립빈민법위원회 위원으로 임명되었을 때 위원회에서 공교육의 확대와 부의 적당한 재분배를 주장하였다. 그는 그러한 정책이 생산성을 높이고 사회를 행복하게 만들 것이라고 생각했다. 부자들도 공공복지에 관심을 갖고 그들의 재력을 가난한 사람들을 위하여 활용한다면 빈곤은 해결될 수 있을 것이라 주장하였다. 마셜의 제자인 케인즈(Keynes)는 자유방임 자본주의는 경제적 무정부 상태를 초래하여 그 결과는 대량 실업과 심각한 소득 양극화를 초래할 것이라는 주장을 하게 된다. 결국 빈곤의 악순환(vicious cycle)은 지속된다는 것이다. 케인즈는 고전적 자유주의자들은 경제 불황이 단기적인 조정의 과정을 통해 자동적으로 균형점을 찾아 조정되기 때문에 정부의 개입은 오히려 자유 시장 경제 질서를 해체한다는 주장에 대하여 결국 "장기적인 측면에서 우리는 죽는다"라는 한 문장으로 비판하였다. 그뿐 아니라 케인즈는 인간의 야성적 충동(Animal Sprits)이 시장의 균형점을 찾기 어렵다고 정의했다. 애커로프(George Akerlof)와 쉴러(Robert Shiller)는 소비자와 판매자가 서로 알고 있는 정보 비대칭성(Information Asymmetry)과 갑자기 경기변동과 주식 소유자들의 행위에 따라 주식을 팔거나 사거나 하는 사고의 전염이라는 이상과열(Abnormal Overheat) 또는 비이성적 과열(Irrational Exuberance)을 통해 시장이 경제적·합리적 영역에서 보다 사회적이고 심리적인 측면에서 작동되는 원인을 설명했다.

그렇다면 그의 해결책은 무엇인가? 정부의 지출을 통해 총수요를 조절하는 것이다. 그 이유는 기업의 투자는 상품가격이 고려요인이 아니라 수요에 대한 기대에 대응하기 때문에 정부 지출의 확대는 시민이 소득을 증가시켜 상품 구매력을 높이게 될 것이기 때문이다. 정부의 개입을 주장하는 그의 접근은 한편으로 정부의 소득재분배정책을 지지하였다. 즉, 추가적인 소득을 갖게 되었을 때 고소득층 가구보다 총량으로 볼 때 저소득층 가구에서의 소비량을 더욱 늘리게 되기 때문에 정부는 고소득층에게 고율의 세금을 걷어 정부 지출을 통해 저소득층에 대해 재분배를 시행함으로써 경제 전체를 활성화시킬 수 있다는 것이다. 케인즈는 경제적 평등의 증가는 완전고용과 경제성장에 핵심적인 것이라고 주장하였다.

롤스(Rawls) 이후 균형적 자유주의는 정치적 참여의 권리는 재산권과 경제적 자유만큼이나 중요한 것이라고 강조하면서 시장의 불평등한 분배가 민주주의를 왜곡하고 위협하는 현상을 비판하면서 정치공동체에 대한 시민들의 참여가 활성화되어야 한다고 주장했다. 그리고 이를 위해 국가의 (제한적인) 개입주의적 분배 정책을 지지했다. 롤스는 자유로운 시장경쟁에 의해 사회의 기본가치들이 분배되는 철저한 업적주의적 사회관을 거부한다. 이러한 업적주의적 사회는 운에 따른 부당한 불평등을 전혀 고려하지 않는다는 문제점 때문이었다.

　롤스는 자유롭고 평등한 존재로 간주되는 개인들이 사회협력을 위한 공정한 규칙을 합의해 낼 수 있는 조건들을 모델화하여 '정의의 원리'로 명명하였으며 모든 사람은 동등한 기본적 자유를 누려야 한다는 평등한 자유의 원칙(제1원리)과 사회적 불평등은 두 가지 전제 조건에서 인정될 수 있다는 차등의 원리와 기회 균등의 원칙(제2원리)을 두 개의 기둥으로 제시하였다. 롤스의 정의론은 개인들이 자신들의 재능 및 사회적 배경, 가치관 등에 대해 알지 못하고 개인과 사회에 대한 정보가 없는 무지의 장막(the Veil of Ignorance)에 싸여 있는 상황에서 모두가 똑같은 존재로 설정되었을 때 공정한 정의의 원칙이 합의될 수 있는가를 가상의 계약에 기반해 도출한 것이었다. 이런 정의의 원칙들을 기반으로 부의 분배 및 정치사회질서를 조직화하고 운영하는 원리로 삼고자 하는 기획이다. 즉, 공정성의 핵심은 행운 또는 우연을 배제한 중립화라고 볼 수 있다. 구조와 의식에 의해 표출되는 사회적, 태생적 조건을 없애야 공정한 사회를 만들 수 있다는 것이다. 대학입시 공정관리를 할 때 음대 실기평가 시 장막을 치고 심사위원들이 연주자를 보지 못하고 실력으로만 선발하는 상황이 생각난다.

　롤즈는 『정의론(A Theory of Justice)』에서 "모든 사람은 다른 사람의 유사한 자유와 양립할 수 있는 가장 광범위한 자유에 대해 동등한 권리를 갖는다."는 제1원리를 제시하면서 정치적 권리 역시 구성원들에게 균등하게 배분되어야 할 중요한 권리로 강조했다.

　제2원리의 차등의 원리는 공정한 경쟁기회의 업적주의를 인정하면서도 최소 수혜자에게 이익이 돌아가도록 해야 한다고 주장한다. 즉, 복지정책 등을 통해 부자에서 가난한 사람에게로의 부의 이전은 충분히 정당화될 수 있다고 강조한 것이다. 물론 롤스가 획일적인 평등을 주장한 것은 아니며 공정한 절차에 의한 불평등은 정당화될 수 있는 것이라고 하였다. 최소 수혜자에게 이익을 주더라도 후원자에게 고통을 준다면 사회전체 효용이 증가하더라도 정의는 아니라는 것이다. 먼저, 기회의 평등이 보장되기 위해 사람들은 불평등한 분배가 최하층 사람들의 이익을 위해 이루어지지 않는 한, 모든 사람은 평등한 몫의 부와 권력을 가져야 한다. 만일 평등한 분배가 각자 100만원을 받는 것을 의미한다면, 그런 분배방식은 절반의 사람은 180만원을 받고 나머지 절반은 단지 20만원을 받는 곳의 분배보다 더 정의롭다고 말할 수 있다. 그러나 만일 불평등한 분배 때문에 사람들이 더 열심히 일하고 더 많이 생산하도록 장려하는 인센티브가 생기고, 그 결과 모든 사람들, 심지어 최하층 사람들도 최소한 110만 원을 번다면, 정의는 각자 100만 원만 받는 엄격하게 평등한 분배가 아니라 불평등한 분배이다.

롤스는 독립적인 시장경제의 원리와 권리(사유재산권 및 시장적 거래의 자유 등)만큼 사회적 지위에 접근할 기회가 평등하게 부여되는 기회균등을 위한 정치적 권리를 향유할 수 있는 최소한의 경제적 조건을 강조한다. 롤스의 두 번째 원칙이 갖는 중요성은 그것이 복지자유주의를 좀 더 평등주의의 방향으로 나아가게 한다는 데 있다. 부와 자원의 평등한 분배는 롤스의 출발점이며, 불평등한 분배는 오직 그것이 사회 내 최하층에게 최대의 이득이 될 때만 정당화된다. 하지만 사회 계층의 최상위를 차지하고 있는 사람들의 부와 권력이 최하층에 있는 사람에게 간접적으로 이익이 되지 않는다면, 롤스의 이론은 그러한 부와 권력이 더 평등한 방식에 가깝게 재분배될 것을 요청한다. 엄청난 그리고 정당화될 수 없는 부의 불평등이 존재할 때 사람들은 평등한 기회도 향유할 수 없기 때문이다.

존 롤스 John Rawls (1921~2002)

'정의(Justice)'를 집중적으로 연구했던 미국의 철학자이자 윤리학자다. 미국 볼티모어에서 출생한 롤스는 프린스턴대학과 대학원에 진학하여 '윤리의 지(知)의 제반근거에 관한 연구'에
대한 연구로 박사 학위를 받았다. 1952년 풀브
라이트 (Fulbright) 재단의 지원으로 영국 옥스퍼
드 대학에서 수학하며, 자유주의 정치사상가 벌
린(Isaiah Berlin)과 법학이론가 하트(H.L.A. Hart)
으로부터 영향을 받았다. 이후 코넬대학과 MIT
대학을 거쳐 하버드대학교 철학과 교수로 약 40
년을 재직했다. 롤스는 재직 중「정의론」과「정
치적 자유주의」등 명저를 펴내며 세계적으로 주목을 받았다. 정의론은
2차 대전 종료 후 윤리학에서 가장 중요한 저작으로서 평가됐고, 현재
는 정치 철학의 주요 교재 중 한 권으로 널리 인정받고 있다. 롤스는
'가장 합리적인 원리는 모든 사람들이 공정한 지위에서 수용하고 동의
하는 것이다'라는 주장에서 출발하여, 사회 정의에 대한 자유주의적
입장을 제시하고자 했다. 롤스는 1950년대 정의론에 대해 기본적인 사
유를 담고 있는「공정으로서의 정의」를 발표했는데, 당시는 윤리학과
같이 경험되지 않는 학문영역의 지위는 논리 실증주의에 의해 의심받
고 있었다. 롤스는 자신의 정의론을 제시하며 공리주의의 실질적 내용
및 방법론적 함축을 비판했고, 공리주의에 대한 대안으로 권리론을 더
불어 정의론의 기초로 계약이론을 발전시켜 하나의 합리적 의사결정
론과 관련시켜 본인의 정의론을 제시했다.

　　롤스는 이와 같은 학문적 공헌을 중심으로 자유주의적 정치 철학
전통에서 주요한 사상가 중 한 명으로 꼽힌다. 그는 '교육받은 미국인
의 전체 세대가 민주주의에 대한 믿음을 되살리는 데에 도움을 준' 공
로로 내셔널 휴머니스트 메달과 샤크 상(Schock Prize)을 수상하기도
했다. 롤스의 정의론은 국내에는 하버드대학교 교수인 마이클 샌델
(Michael J. Sandel)이 저술한「정의란 무엇인가」라는 책과 함께 알려
졌다.

　　주요 저서로「정의론」,「정치적 자유주의」,「만민법」,「도덕철학사
강의」등이 있다.

롤스는 신자유주의에서 그 중요성이 배제되었던 공동체의 존재 이유와 역할도 강조한다. 그는 자유를 추구하는 공정한 경쟁 환경의 제공자로서 공동체는 개인의 행복과 정체성 형성에 근본적인 토대로 작용하면서 그런 공동체를 배경으로 시민들이 서로를 동등한 존재로 대우함으로서 사회적 유대와 공유된 정체성, 공동의 관계가 가능하다고 주장했다. 또한 자유주의 원리와 시장 제도의 융성을 위해서는 자기 이익 추구뿐만 아니라 일반적 덕성, 노동윤리 같은 경제적 덕성, 관용과 개방 정신, 정치적 덕성 등의 함양이 중요하다고 강조한다.

하버마스 역시 『사실성과 타당성(Between Facts and Norms』에서 '자유주의-부르주아적 패러다임'과 '사회-복지적 패러다임'을 구분하여 시장과 민주주의 사이의 균형을 추구했다. 하버마스는 전자의 패러다임에 대해 지나친 경제적 영역과 시장 중심성을 비판하며 공적 영역의 중요성과 시민의 역할을 부정한다고 비판한다. 반면 복지 패러다임은 비효율적인 관료주의적 복지국가로 전락할 위험성이 크며 국가에 대한 개인들의 의존성이 심화되고 공적, 사적 영역의 구분이 혼란을 가져온다고 비판한다.

하버마스는 대안으로서 절차적 패러다임을 제시하는데, 여기서 민주주의와 경제적 권리는 패러다임의 핵심적 두 기둥으로 내적으로 연계된다. 절차적 패러다임은 재산권과 계약의 자유 등 사적인 자율성을 보장하는 권리들과 공동체의 의사결정에 참여할 정치적 권리를 동등하게 강조한다. 이는 권리의 법적 형식과 담론 이론의 결합으로 설명될 수 있는바, 경제영역을 관할하는 법 규범 및 제도들은 민주적 시민이 참여하는 공적인 담론의 영역과 상호 구성적이다. 결과적으로 하버마스는 사적인 자율성을 보장하는 권리들과 공동체의 의사결정에 참여할 권리를 동등하게 강조하면서 시민들은 법질서의 주체로서 정치적인 공적 담론에 참여함으로써 제반 권리문제를 의논할 수 있어야 한다고 말한다. 하버마스는 "공동의 의사를 형성하는 과정에 참여할 수 있는 평등한 기회에 대한 기본권"을 강조했다. 평등하고 자유로운 개인들은 공동의사를 형성하는 과정에 참여함으로써 법주체로서 그들의 정치적 자율성을 행사하며 그 과정에서 정당한 법을 만들고 효력을 발생시킨다고 주장하였다. 하버마스는 재산권과 계약의 자유를 중요한 내용으로 하는 사적인 자유와 정치과정에의 참여를 핵심내용으로 하는 정치적 자유 모두 동시적인 기원을 갖기 때문에 서로의 전제조건을 형성하는 위치에 있음을 강조했다. 사적인 자유와 공적인 자유가 충돌할 경우 그것은 공동생활의 불가피한 현상으로 받아들여야 할 뿐 원칙적으로 어떤 권리가 다른 권리에 대해 절대적인 우선성을 지닌 것으로 생각할 수 없다는 것이다. 이처럼 하버마스에게 사적이고 경제적인 자유와 공적이고 정치적인 자유는 상호 보완적으로 볼 수 있다.

미국의 반전 지도자이자 공동체주의자인 왈저(Michael Walzer)는 『정치와 열정(Politics and Passion: Toward a More Egalitarian Liberalism)』과 『영역들 간의 정의(Spheres of Justice)』에서 민주사회적인 '복합평등(complex equality)' 개념 역시 정치적 권리의 중요성을 강조하면서 시장과 민주주의의 균형을 강조한다. 왈저는 정의로운 분배의 대상이 될 재화의 사회적 의미를 각 사회마다 문화적 전통과 맥락 속에서 해석하고 적용하는 문화특화적인(particularistic) 방법을 주창한다. 이점은 보편적 정의를 주장하는 롤스와는 다른 지점이다. 마이클 샌델(Michael Sandel) 역시 정의를 판단하는 기준을 행복, 자유, 미덕을 들었다. 정의가 사회 구성원의 행복에 도움을 줄 수 있는지, 혹은 사회 구성원 각각의 자유로움을 보장할 수 있는지, 아니면 사회에 좋은 영향을 끼치는지로 정의로움을 결정할 수 있다고 주장하였다. 왈저는 경제와 정치, 교육, 문화 등 각 영역에 고유한 재화의 사회적 의미를 밝히고 그 영역에서만 적용될 수 있는 분배기준과 방식을 확인하여 그에 따라 그 영역에 고유한 방식으로 재화를 분배해야 한다고 제안했다. 이러한 복합적인 평등의 공식에 따른 재화의 분배 원리는 시장과 정치 등 다원화된 영역의 고유성을 강조하고 있다. 만약 자본과 돈의 논리 및 이로 인한 불평등이 시장영역을 넘어서 다른 영역의 재화 불평등을 야기한다면 이러한 경제적 권리는 제약되거나 교정되어야 한다고 주장한다. 예를 들어, 돈이 많은 사람이 의료와 교육의 재화를 독점하는 것은 돈이 자신의 고유 영역인 시장경제의 영역을 벗어나는 것이므로 옳지 못한 것이다. 따라서 정의를 실현하기 위해서는 돈이 자신의 고유 영역인 시장경제의 영역을 벗어나서 다른 영역에까지 그 지배권을 확장하지 못하도록 해야 한다. 그렇다고 해도 왈저는 국가의 적극적인 개입을 통한 분배는 요구하지 않는다. 정치권력은 전제정치로 귀결될 수 있기 때문이다. 왈저는 시장경제를 부인하지 않지만 자본의 전제를 경계하고 있다.

이처럼 분배에 대한 그의 논의는 각 문화의 고유성과 그 구성원들의 견해를 존중해야 한다는 입장으로 볼 수 있으며 이는 민주적인 함축성을 다분히 띠고 있다. 즉 시민들이 여러 가치의 영역에서 자기를 주장하고 자신의 고유한 가치를 방어해 내는 방식의 공동체 운동을 주장하고 있다.

3. 급진적인 현대 정치경제학

마지막으로 시장에 대한 민주주의의 우선성을 강력하게 지지하는 흐름이 있다. 좌파 자유주의로 분류할 수 있는 이들은 민주주의 없이는 자유주의는 온전하게 실현 불가능하다고 주장하면서 시장에 대한 민주주의의 강력한 통제를 지향한다. 이들에게 공동체의 전반적인 의사결정에 대한 시민의 광범위하고 적극적인 참여가 근본적으로 중요하다. 이러한 민주적 권리는 다른 사적이고 경제적 권리의 원천이자 기반으로 작용한다. 오늘날 대의민주주의제의 한계와 결함을 보완함으로써 자유주의적 정치관행에 수정을 가하고자 하는 일단의 참여민주주의자들 역시 경제적 권리보다는 정치적 권리를 강조한다.

정치적 권리를 강조하는 학자 중에 굴드(Carol Gould)라는 대표적인 인물이 있다. 그녀는 자유의 개념을 적극적으로 재해석하여 참여의 원리를 평등의 관점에서 단순히 정치적 영역을 넘어 사회, 경제적 영역에까지 확장하였다. 굴드의 재해석에 따르면, 자유는 '자유로운 선택'뿐만 아니라 '자기발전의 활동'까지도 포함한다. 자기 발전으로서의 자유개념은 그 조건으로서의 사회협력을 필요로 하고 나아가 물질적 조건에 대한 공평한 접근을 포함해야 한다. 아울러 자기 발전의 조건들에는 평등한 권리의 주체로서 공동의 활동에 관련된 결정 과정에 참여할 수 있는 권리가 포함된다. 굴드는 다양한 권리들을 열거하면서 재산권은 독립적인 권리가 아니라 적극적인 자유의 개념에서 도출되는 수단적 권리라고 강조한다. 인간의 모든 집단생활의 방면에 참여하고 공동의 결정을 내릴 수 있는 참여의 권리는 경제적 영역에도 동일하게 적용될 수 있다. 그런 점에서 그녀는 시장경제와 그것을 뒷받침하는 일련의 권리를 중요하게 고려하더라도 이것들이 참여민주주의적 결정에 의해 규제될 수 있다고 보았다. 따라서 그녀의 자유개념은 민주적 참여를 핵심으로 삼으면서 단순히 사적인 영역의 자유를 넘어서 사회적, 정치적 질서의 재편을 위한 규범적 토대로 작용하게 된다. 즉, 정책결정 권력의 평등한 분배는 민주주의의 심화와 확장을 의미하는바, 이는 시장 경쟁보다 훨씬 더 중요한 가치이다. 광범위하고 적극적인 시민적 참여를 보장하는 민주주의는 다른 사적인 권리의 원리이자 그런 권리를 제약할 수도 있는 절차적 근거이다.

마사 누스바움(Martha Nussbaum)은 김영란법을 만든 김영란 전 대법관이 『시적정의(Poetic Justice)』를 통해 판사가 "무엇으로 판결을 하지"에 대한 영감을 받았다고 강연에서 밝히며 국내에서 주목받게 된 자유주의자이다. 누스바움은 강한 민주주의를 견지하며 근본적인 수준에서 자본주의 경제 패러다임의 전환을 주장한다. 그녀 역시 시민으로서 삶을 영위하는 데 필수적인 것들이 우선적으로 충족되어야 한다는 아리스토텔레스의 정치철학이 갖는 재분배적 요소를 계승하고자 한다. 일단 누스바움은 중립적인 국가의 역할을 비판하면서 약

자 혹은 소수자를 특별히 고려하지 않는 것은 부정의(injustice)의 조건
을 형성하고 영속화한다고 비판한다. 현실의 불평등한 조건 속에서
사회적으로 주변화된 사람들을 동일하게 취급하는 것이 오히려 부정
의를 발생시킨다는 것이다. 그러므로 인간의 가능성을 촉진하기 위한
차별적 대우는 정당화될 수 있다. 따라서 누스바움은 사회적으로 낙
오된 계층이나 개인적으로 문화적으로 소외된 집단 혹은 이방인들이
공공 영역에서 주류집단과 동일한 조건에서 자신의 목소리를 내도록
해야 한다는 주장에 전적으로 동의할 것이다. 그리고 이것은 사회적
으로 소외된 계층이나 배제된 개인과 집단에게 자신들의 운명과 환
경을 바꿀 수 있는 실질적인 정치적 힘을 부여한다는 것을 함의한다.
특히, 누스바움은 다양한 삶의 영역에서 사람들이 실제로 할 수 있고
(capability to do) 어떤 존재가 될 수 있는 능력(capability to be)을 함양
하는 것이라고 강조하면서 시장주의가 개개인의 잠재능력을 제약할
수 있다는 점을 경고하고 있다.

마사 누스바움 Martha C. Nussbaum (1947~)

미국의 법철학자, 정치철학자, 윤리학
자, 고전학자이자 여성학자이다. 누스바
움은 미국 뉴욕에서 필라델피아 변호사인
아버지와 인터리어 디자이너인 베티 워렌
어머니에게 태어나며, 이른바 백인, 앵글
로색슨, 신교도, 엘리트 사회에서 성장했다. 1966년 뉴욕대학교에 진
학하여 서양고전학과 연극학으로 학사학위를 받고, 1972년 하버드대
학교에 진학하여 고전철학 석사학위를 받았다. 당시 누스바움은 여학
생 최초로 주니어 펠로로 선발되며 두각을 드러냈다. 누스바움은 영국
의 저명한 고전철학자이자 아리스토텔레스 전문가 G. E. L. 오언
(Gwilym Ellis Lane Owen)의 지도를 받으며 아리스토텔레스 연구로 박

사학위를 받는다. 졸업 후 하버드대학에서 조교수에 이어 부교수로 재직하다가, 1984년 브라운 대학으로 옮겨 정교수에 부임했다. 누스바움은 1986년 운명과 선의지의 상관관계에 대한 고대 그리스 철학자들의 논의를 다룬 「선의 연약함」을 출판하며 학문적 명성을 얻게 된다. 더불어 누스바움은 UN대학 부설 세계개발경제연구소(World Institute for Development Economics Research, WIDER)에서 연구자문으로 활동하며 GDP보다 인간의 행복에 집중하여, 진정한 발전과 사회적 정의란 인간이 역량을 발휘할 자유를 가지는 데에 있다고 설명하는 '역량이론'을 창시하며, UN의 인간개발지수(HDI: Human Development Index)의 초석을 마련하였다. 정치철학과 윤리학에 대한 관심을 바탕으로 미국 외교전문지 「포린폴리스 (Foreign Policy)」가 선정하는 세계 100대 지성에 노암 촘스키(Avram Noam Chomsky), 움베르트 에코 (Umberto Eco)와 함께 2차례 선정되기도 했다. 누스바움은 1988년 미국 학업우수 대학생 모임인 파이베타카 협회의 초청으로 미국 내 여러 대학을 방문해 강연과 토론을 진행하며 대학 현장에서 교수진과 학생들을 만나며 면밀한 조사와 성찰을 거쳐 「인간성 수업」을 출판하기도 했다. 이 외에도 한국에 2008년 한국학술진흥재단의 주최로 열린 인문강좌를 통해 강연을 진행하기도 했으며, 국내에서는 교육 현안부터 혐오문제까지 다양한 사회적 현안을 분석할 때에 함께 읽히는 고전의 집필가로서 명성을 얻고 있다.

주요 저서로 「인간다움의 함양」, 「정치적 감정」, 「성과 사회정의」, 「혐오에서 인류애로」 등이 있다.

급진적 공화주의자인 선스타인(Cass Sunstein)은 자본주의 시장경제 사회가 주체로서 개개인들의 시민성을 파괴하고 있다고 비판한다. 그는 실존적 관점에서 시장의 논리와 상품화의 욕망 지배에 몸과 마음을 내맡기게 된 개인들의 시민성 몰락을 비판하면서 그런 비극적인 종속적인 시민성의 운명을 바꿔야 한다고 주장해 왔다. 선스타인은 시장만능주의(자)를 비판하면서 사회적 정의는 자유 시장에 대한 보호보다 훨씬 상위의 개념이며 시장은 오직 그 효용성에 의해서만 평가되는 수단일 뿐이라고 역설해왔다. 시장은 정치적 제도적 고안물이기 때문에 현재 시점에서 소유 및 분배 원리는 정의할 수 없으며 그 원리는 얼마든지 달라질 수 있다. 따라서 민주주의 국가들은 부정의한 지배관계를 극복할 수 있도록 분배 조치를 취해야 하며 국가는 언제나 시장보다 우위에 있어야 한다. 그러므로 선스타인은 사적 이익집단들 간의 '거래'로서 혹은 협상으로서 입법이나 정책을 추진하는 체제 및 정치세력은 정치공동체에 해악을 미친다고 비판한다. 충분조건은 아니지만 파벌이나 이익집단들로부터 정부가 자유로워야 한다는 것은 필수적인 조건이다.

또한 강한 민주주의자들은 시장경제에 작동하는 정치 왜곡의 논리, 즉 정치에 대한 경제학적 모델을 거부한다. 경제학적 모델에 의하면, 개인들과 이익집단들은 이미 고정된 자신의 선호를 정치적 시장에서 가져오고, 그 정치적 시장에서 그들은 정치적 자본과 협상 능력을 사용하여 그들을 위한 최고의 거래를 이루어낸다. 쉽게 설명한다면, 다운스(Anthony Downs)는 선거에서 후보자(생산자), 공약(물건), 유권자(소비자) 간의 경제적 거래가 이루어진다고 주장했다. 유권자(소비자)는 후보자(생산자)의 공약(물건)을 보고 선택한다는 것이다. 공화주의적 관점에서 이런 종류의 정치는 제 아무리 개방적이고 합법적으로 이루어진다 해도, 시민들을 소비자로 환원시키는 부패의 한 형태이다. 이런 시장에 종속된 정치적 공간 속에서 시민은, 심지어 이익 투표일 때조차도, 굳이 후보자에 대한 정보를 알아야 하는지, 더구나 '수고롭게' 투표를 하면서 공공적인 업무에 참여해야 하는지 의문을 갖는 소비자ー시민(consumer−citizen)에 머무르기를 선호할 것이며 자유주의적 정체성을 극복할 기회를 가지지 못할 것이다.

시장 관계에 대해 가장 비판적인 공화주의자로서 가우스(Gerald Gaus)는 아리스토텔레스적인 정치적 주체의 형성과 진정한 정치의 복원을 위해서는 사적 소유 관계의 일정한 철폐가 필요하며 거대 규모의 기업은 급진적으로 국가 소유로 전환시켜야 한다고 주장한다. 물론 이들이 시장의 폐기를 요구하거나 중앙집권화된 계획경제를 요구하는 것은 아니다. 다만 경제의 핵심에 있는 시장과 화폐가 모든 가치의 중심이 되는 시장중심적인 공동체를 비판하는 것이다.

대거(Richard Dagger) 역시 시장 관계의 초월적 군림(reign su-prenme)을 비판하면서 삶의 영역에 침투하고 정치사회적 의식을 부패시키는 시장사회를 극복해야 한다고 주장한다. 소비자−시민은 상품의 논리가 자극하는 소비욕과 사치품의 지배를 받으면서 공공선에 대한 희생에는 무관심한 채 무임승차, 편법 같은 기회주의적 요령들에 익숙해질 것이며 이러한 시민성의 부패는 배타적인 사회적 분열로 이어질 것이다. 물론 대거를 포함한 자본주의 비판자들 역시 특정한 미덕을 증진시킬 수 있는 시장의 원리는 옹호될 수 있다고 인정한다. 예컨대, 재화들을 공급하는 도구적 의미에서 그리고 시장의 참여가 자극하는 신중성과 장기적인 안목이라는 미덕의 관점에서 시장 자체는 옹호될 수 있다. 실제로 신중한 소비자는 질문하고 비교하고 숙고하는 기질과 같은 좋은 시민으로서 덕을 가질 수 있다. 그러나 시장 참여를 통해 소비자는 공공선을 위해 자신의 이익을 양보 혹은 희생할 수 있는 합리적 이유를 가지지 못할 것이다. 예를 들면, 공공업무에 참여하지 않고서도 다른 이들의 노력으로부터 파생되는 무임승차 기회를 포기할 이유가 전혀 없다. 장기적인 안목을 가진 신중한 소비자는 시장에서 사고파는 능력이란 법에 의해 강제되는 계약들과 같은 복잡한 관행들의 집합을 요구한다는 것, 그리고 그가 세금을 지불하고 타인들의 재산을 존중해야 한다는 것을 이해할 것이다. 그러나 이러한 소비자는 역설적으로 그런 관행들이나 법을 손상시키지 않고서도 보상과 이익을 극대화시킬 수 있는 편법이나 요령을 숙지하고 활용하는 데 특별한 양심의 가책을 느끼지 못할 것이다.

이렇게 유대와 연대, 시민적 책무성을 위축시키고 소비주의적 경향을 조장하는 자본주의에서 부의 불평등은 정치로 스며들어 정치적 불평등의 기원이 된다는 점에서 교정의 대상이다.

　　공화주의적 공동체미덕을 명료화시켜온 샌델(Michael Sandel) 역시 신자유주의가 지배적인 시장원리로 확산되기 시작한 오래전부터 『민주주의의 불만(Democracy's Discontent)』이라는 상징적인 제목의 저서를 통해 현재 지배적인 대의민주주의를 강도 높게 비판하면서 자유주의적 한계를 가진 분배 개념을 버리고 '시민성의 정치경제(political economy of citizenship)'를 증진시켜야 한다고 주장해왔다. 샌델에 의하면, 민주적인 시민적 덕성은 '사회적 평등'의 정신과 기풍에 의해 강화될 수 있다. 만약 불평등이 커진다면 시민들은 더 이상 그들이 동일한 운명을 공유하고 있다고 생각하지 않을 것이고 정의와 연대에 대한 그들의 의무감을 이행하는 데 태만해질 것이다. 불평등은 사회 내 정치적 영향의 격차를 증가시키고 평등한 시민성이라는 자치의 토대를 침식할 것이다. 이런 맥락에서 샌델은 개인의 자유는 공동체의 자치(self-government)에 따라 그 실현 여부가 달라진다고 주장한다.

　　샌델은 그의 저서 『돈으로 살 수 없는 것들(What Money Can't Buy)』에서 시장지상주의 문제점을 지적한다. 현재 우리 사회가 시장경제를 가진(having a market economy) 시대에서 시장사회를 이룬(being a market society) 시대로 이행됨에 따라 기존에 시장논리의 영역에서 배제되었던 분야들마저 시장논리를 바탕으로 화폐로 거래가 가능하여 불평등과 부패를 양산하게 된다. 돈으로 사고팔 수 있는 요소가 증가할수록 불평등 및 부의 분배 문제는 더욱 심화되고 있다. 동시에 시장은 그 자체로 부패하는 성향을 가지고 있는데, 이는 시장가치가 비시장가치인 윤리를 밀어내고 삶 속에 나타나는 올바른 가치들을 상품화하여 그 가치를 변질시키거나 저평가하게 되는 결과를 가져오게 되기 때문이다. 샌델 역시 시장경제자체는 생산 활동을 조직하는 효과적인 도구라는 사실을 인정한다. 하지만 시장사회는 시장가치가 인간 활동의 모든 영역에 퍼진 바람직하지 않은 생활방식이라고 정의 내렸다. 결국 두 개념을 구분 짓고, 나아가 현대 사회가 시장의 역할과 영향력의 범위를 적절한 방식으로 논의해야 한다고 주장한다. 공적 미덕을 강조하면서 부의 평등 자체가 정치적 목표는 아니지만 공공선에 대한 대중의 무관심과 무능력을 유발하고 결과적으로 정치적 불평등과 정치적 소외를 확산시키는 현실을 직시하고 구원하는 것이 현대정치의 가장 중요한 과제라고 강조한다.

시민과 시민의 관계에서 그 누구도 주인이 되어서는 안 된다고 주장하는 패팃(Philip Pettit)의 연장선에서 화이트(Stuart White) 역시 개인들의 경제적 독립성이 자본주의의 폐해를 최소화하고 민주주의 이상을 실현할 수 있는 토대임을 강조한다. 생산수단을 소유하고 있지 못한 개인들이 노동력이라는 상품을 공급하는 능력이나 기회와 상관없이 최소한의 수준에서 자신의 기본적인 물질적 필요를 충족시킬 수 있는 독자적인 가능성을 확보해야 한다고 주장한다. 특히 종속적인 고용관계나 관료적 의존관계로부터 자유로운 재원을 확보할 수 있어야 한다는 것이다. 직장의 유지 및 박탈 여부는 한 인간의 자존감 및 독립성에 지대한 영향을 미치기 때문에 고용주의 직접적이고 자의적인 지배로부터 어느 정도는 자율성을 가져야 할 뿐만 아니라 자본의 논리에 대한 종속을 최소화시키기 위해서라도 일정 기간은 생계 걱정을 하지 않으면서 '고용되지 않을 자유' 혹은 '노동하지 않을 자유'를 가질 수 있어야만 '타인의 자의적 의지에 종속되지 않는 상태'인 비지배(non-domination)자유 관계를 유지할 수 있기 때문이다. 예를 든다면 조선시대 소작인이 지주와 가깝게 지내서 소출의 일부를 면제해주었다고 하자. 자유주의자들의 입장에서는 더 이상 경제적 수탈 즉 간섭이 없어졌으므로 자유로워졌다고 할 수 있다. 하지만 비지배자유의 측면에서는 지주가 갑자기 마음이 바뀐다면 소작인의 경제적 수탈은 다시 시작되어 자유를 잃게 될 것이다. 이처럼 자유를 비지배로 본다면 국가가 개인의 자유를 보장하기 위하여 개입하는 것은 문제가 되지 않는다는 점이다. 앞부분에서 설명한 자유시장주의자들에게는 국가의 개입을 개인의 간섭받지 않아야 할 자유를 침해한다고 볼 수 있지만, 공화주의적 전통에서는 빈곤 때문에 타인의 의지에 예속되는 것을 방지하기 위하여 국가가 복지를 제공하는 것은 결과적으로 개인의 자유를 신장하는 길이라는 것이다. 그런 지원의 핵심적 동기는 정치적 평등성과 자기통치를 사회의 거의 모든 구성원에게 가능하게 한다는 점이다.

VI.
정치경제학의 시대적 사명

우리는 지금까지 자본주의의 진화와 발전 과정에서 시장경제와 정치(민주주의)의 관계 그리고 경제적 불평등의 극복과 재분배의 정당화 논리, 민주주의의 특징과 범주, 통치의 주체와 자격 등을 살펴보았다. 그 과정에서 고대 사상가부터 근대의 정치철학자들 그리고 현대 정치경제 이론가들을 중심으로 자유주의, 공화주의, 사회주의, 공리주의, 민주주의 등의 상호적 관계와 영향, 쟁점들을 역사적, 시대적으로 고찰했다. 특히 현대 정치경제를 조율하는 지배적인 흐름으로서 자유주의와 민주주의의 관계를 둘러싼 다양한 스펙트럼을 비교, 분석했다.

19세기 전까지만 해도 초기 계몽주의 사상가들은 자본주의와 민주주의는 함께 공존하기 힘든 체제라는 주장이 주류였다. 그러나 19세기 이후부터 공리주의의 등장과 함께 자본주의와 민주주의는 상호보완이 가능하다는 주장들이 나오기 시작하였다. 자본주의는 성장을 가져오고 성장의 결과물을 분배하여 불평등을 완화시키므로 민주주의와 공존한다는 것이다. 두 이념은 지향점이 다르지만 시대의 흐름에 따라 조정되고 교정되는 공존의 논리가 개발되기도 했고 현재도 진행형이다.

현대 정치경제의 지배적인 정치이념이자 정책철학으로서 자유주의는 이데올로기적 스펙트럼의 관점에서 구체적이고 대표적인 경제적 제도(자본주의)와 정치적 제도(민주주의)의 관계를 중심으로 분류할 수 있다. 현대국가에서 자본주의와 민주주의는 가장 중요한 공적 제도일 뿐만 아니라 가장 심오한 정책이념과 정책수단을 둘러싼 뜨거운 논쟁의 대상이 되어왔다. 물론 서구의 자유주의 사회에서 자본주의 시장경제와 민주주의가 오랫동안 병존해 왔다는 사실은 자본주의와 민주주의가 양립 가능하거나 정합적인 관계를 이룰 수 있다는 것을 의미하기도 한다. 그러나 외견상 공존과 달리 서구의 많은 자유민주주의 국가들에서는 자본주의와 민주주의와의 모순과 갈등, 충돌 등이 표출되었고 많은 정치경제적, 사회적 병폐를 양산해온 것도 사실이다. 많은 정치경제학자들이 지적한 것처럼, 심지어 인간의 존엄성 및 유대와 연대의 공동체적 토대를 위협한다는 비판도 제기되고 있다. 서구의 선진자본주의 국가들의 역사와 현대 정치문제들은 근본적으로 자본주의와 민주주의의 관계 설정과 집단적 대응이 중대한 정치, 사회적 결과를 산출한다는 것을 증명하고 있다. 그러므로 자본주의와 민주주의의 일시적인 절충을 넘어서서 내적이고 구조적으로 통합적인 정치경제 질서와 원리를 창출하는 것이야말로 향후 인류에게 중대한 시대적 과제가 될 것이다.

지금까지 논의한 것처럼, 현대 정치경제학은 자본주의 형성기와 밀접히 연관되어 있으며 이후 자유주의, 사회주의, 보수주의 등과 상호영향을 받으면서 다양한 흐름으로 진화해왔다. 18, 19세기 자본주의 발전과 산업혁명을 배경으로 등장한 자유주의는 이기적 개인주의를 당연시하는바, 합리적 자기이익 추구자로서 자족적인 개인들로 구성된 원자론적 사회를 배경으로 사유재산의 신성화, 국가는 필요악이라는 최소국가론, 자유방임이라는 기둥으로 구성되어왔다. 특히, 근대적인 사유재산권의 신성화는 자유주의 정치경제학의 중요한 주춧돌로 남아 있는바, "나의 적이 나의 목숨을 뺏을 수는 있어도 나의 재산을 뺏을 수는 없다"는 로크의 연설은 봉건 영주와 귀족 계급, 무산대중의 수탈과 공격으로부터 보호받아야 하는 재산을 인간의 존엄성과 동일시하는 자유주의 정치경제학을 웅변하고 있다. 고전적 자유주의를 계승하고 있는 현대의 신고전파 경제학 역시 분배와 불평등 문제를 금기시하는바, 1995년에 노벨경제학상을 수여한 거시경제학자인 루카스(Robert E. Lukas Jr.)는 "건전한 경제학에 유해한 경향들 중에서 가장 유혹적이고, 내 생각에 가장 유독한 것은 분배문제에 초점을 두는 것이다"라며 자유경쟁 시장의 불평등에 대한 정치(국가)의 개입을 단호하게 비판했다.

고전적 자유주의를 계승한 자유지상주의 혹은 우파자유주의는 사회를 고대철학에서처럼 개인보다 상위의 가치, 고유한 특성을 지닌 존재로 파악하지 않고 단순한 개인의 합으로 간주하는바, 기계의 부속품이 마찰하지 않고 잘 돌아가듯이 이익추구적인 개인들 간에 서로 무간섭을 보장하면 사회가 잘 돌아가며 정부는 이익의 상호교류만 잘 관리하면 된다는 입장을 제시한다. 이는 시장(경제)과 정치사회의 작동원리는 본질적으로 다르지 않다는 전제로서 정치적 영역의 고유한 역할을 축소하고 경제적 논리와 동일시하는 주장으로 나아간다. 때문에 국가의 역할은 최소한에 그치며 민주주의 역시 최소한의 절차적 정의로 한정한다. 그 결과, 고전적 자유주의는 재산을 가진 남성만이 사회계약의 주체로서 정치를 담당해야 하며 재산권을 지키는 것이 정치공동체의 중요한 역할임을 주창해왔다. 특히 자본주의가 발전하면서 고전적 자유주의는 민주적 다수결주의에 대한 거부감을 강조하고 있는바, 이는 소수 유산자 계급의 재산을 강탈할지도 모를 대중에 대한 공포, 다수의 횡포에 대한 두려움이 뿌리깊이 놓여있다는 것을 의미한다.

이러한 정치와 경제에 대한 대립적인 관점은 현대 우파 자유주의(신자유주의, 자유지상주의)에 변용되어 재생산되고 있다. 물론 신자유주의 혹은 자유지상주의 역시 자본주의 시장과 민주주의를 동시에 중시하지만, 민주주의에 대한 시장의 우선성을 강조하며 시장경제에 근본적인 중요성을 부여한다. 이들은 로크의 자기소유권 개념에 기반하여 생명이나 자유의 중요성과 동등하게 사유재산권을 중시한다. 어떤 맥락에서 보자면, 개인의 생명과 자유를 보장하기 위한 사유재산권이 민주주의(민주적 권리)보다 더욱 근본적인 중요성을 가진다. 이들에게 민주주의는 통제받지 않는 대중의 힘으로 타락할 가능성이 높기 때문에 민주주의는 '게임의 룰'처럼 최소한의 절차로 한정되어야 한다. 민주적 권리는 대의제와 투표권으로 한정되고 정부가 공공선이나 사회복지를 위해 재산권을 결코 제약해서는 안 된다. 빈부격차 등 자본주의 시장의 폐해는 불가피한 것이며 이를 시정하기 위한 국가의 어떤 노력도 정당화될 수 없다. 극단적인 예를 든다면, 사유재산권과 경제적 자유를 보장하는 전체주의와, 시민권은 보장하면서 경제적 권리를 제약하는 민주주의 사회 중에서 이들은 전자를 채택할 가능성이 있다. 실제로 이런 자유지상주의적 입장에 속한 이론가들의 논의 속에는 민주적 정치과정에 적극적으로 참여할 수 있는 자격으로서 정치적 권리에 대한 논의를 발견하기 어렵다. 민주주의를 공동체의 공존방식과 경제체제까지도 결정할 수 있는 포괄적 참여라는 의미로 이해한다면, 이들에게 그런 민주주의는 포퍼(Karl Popper)식의 "열린 사회의 공공의 적"으로 간주될 것이다. 실제로 이들은 의회의 다수결에 의한 결정이 사유재산권과 거래의 자유를 침해한다면 이것은 정당성을 결여한 결정이며 무효라고 주장한다. 이들에게 정치적 권리에 기반한 민주적인 의사결정과정은 오직 사적인 자유 혹은 사유재산권을 안전하게 보호하는 역할에 한정되는 것이다.

벤담과 밀의 공리주의와 칸트의 규범적 자유주의의 영향을 받은 현대의 복지주의적 자유주의는 개인의 자유를 보호하고 증진하는 고전적인 국가의 역할을 강조한다. 하지만 시장경제, 사적 영역 등에 대한 최소 개입이 아니라 재분배 정책 또는 기회의 평등을 통해 모든 사람의 자유를 적극적으로 증진하는 적극적 역할을 강조한다. 때문에 시장경제, 자본주의에 대한 민주적 통제와 감독의 필요성을 인정하는 평등주의적 자유주의로 불리기도 한다. 특히, 이런 현대적 자유주의 는 정치참여의 자격을 확장하고 공적인 의사결정의 통로를 확장하면 서 민주주의의 질적인 발전에 큰 기여를 하였다. 시장경제와 민주주 의의 균형을 지향하는 현대 자유주의 입장에 의한다면, 민주적 정치 과정에 참여하는 정치적 권리는 재산권과 경제적 자유만큼이나 중요 한 권리로 간주된다. 그 귀결로서 시장의 불평등한 분배가 민주주의 를 왜곡하고 위협하는 현상을 비판하며 정치적 평등을 위한 국가의 (제한적인) 개입주의적 분배정책을 지지하는 것이다. 롤스 등과 같은 균형적 자유주의자들이 복지권을 강조하는 것은 복지 자체의 평등 때문이라기보다 사실상 민주적 정치과정에 참여할 수 있는 기본권의 평등한 향유를 위한 것이다.

좌파 자유주의 혹은 급진주의적 정치경제학은 시장에 대한 민주 주의의 우선성을 강조하면서 강한 민주주의를 통해 자본주의 시장경 제의 모순과 폐해를 적극적으로 통제하여 민주주의가 가진 역할과 역량을 극대화해야 한다는 입장이다. 민주주의가 충분히 발전하지 못 한다면 자유주의는 온전하게 실현 불가능하며 민주적 권리는 사적·경제적 권리와 시장 원리보다 더욱 근원적인 기반이다. 특히, 공동체 전체에 영향을 미치는 정책결정 권력의 평등한 분배는 민주주의의 심화와 확장을 의미하는바, 이는 시장 경쟁보다 훨씬 더 중요한 가치 이며 민주주의의 확장으로서 사회경제적 평등과 참여를 강조하고 있 다. 이러한 좌파 자유주의는 마르크스주의와 사회주의로부터 큰 영향 을 받았는바 정치적, 경제적으로 급진적인 정책을 지지하는 경향이 있다.

루소의 전통을 이어받는 좌파 자유주의 혹은 신공화주의에 의하 면, 인간은 선천적으로 이기적이거나 공격적이지 않다. 어떤 경우라도 인간은 사회적이며 공동체적인 본성을 가지고 있다. 따라서 급진 주의는 각각의 개인들이 협력과 공유에 가장 높은 가치를 두고, 집단 적 선의 증가를 가장 중요한 목표로 삼게끔 정치경제적 환경을 조성 하는 국가의 역할을 강조한다. 물론 급진주의 역시 개인의 자유와 권 리를 강조하지만 가장 중요한 가치는 전체 사회의 공동의 이익이다. 따라서 가족과 지역 조직, 그리고 국가 조직 등에 이르기까지 모든 집단들은 공공선에 대한 협력과 봉사의 태도를 장려해야 하며 이는 강한 평등주의적 정책과 공적인 의사결정에 대한 다수 대중의 직접 적인 참여를 요구하는 것이다. 정부는 모든 시민들이 교육, 거주, 건 강, 직업, 재정적 안정성 등 삶의 여건에 동등하게 접근할 수 있도록 최대한 평등한 물질적 여건을 제공해야 한다. 나아가 급진주의는 모 든 구성원들의 정치적·사회적 평등의 실현뿐만 아니라, 전체의 물질 적인 생산을 증가시키기 위하여 시장에 적극 개입하는 국가의 정책 을 지지한다. 나아가 좌파 자유주의는 자본주의의 시장원리에 보다 많은 제약을 두려워하며 동시에 주요 기업의 공적인 소유와 민주적 통제를 강력하게 지지하는 경향이 있다.

이처럼 이념적으로 다양한 부류에도 불구하고 정치경제학은 부 의 생산 및 분배와 민주주의의 관계를 중심으로 보다 바람직한 정치 공동체를 고찰하고 모색하는 실천적 학문이라고 볼 수 있다. 아리스 토텔레스가 민주적인 정치공동체의 경제적 토대를 논의한 이후로 인 류의 역사는 경제적 영역과 민주주의의 바람직한 관계와 조화를 추 구해온 실험과 도전이라고 평가할 수 있다. 이러한 인류의 여정은 지 금도 여전히 진행 중이며 때문에 다음의 질문과 화두는 앞으로도 여 전히 시대적 과제로 제기될 것이다. "과세는 상당히 정치적이며 철학 적인 문제이고, 아마도 모든 정치적인 문제 가운데 가장 중요할 것이 다."(데이비드 리카도(David Ricardo)) "경제체제를 민주화하지 못하는 정 치적 민주주의는 본질적으로 불안정하다."(캐롤 굴드(Carol Gould)) "부 의 분배의 역사는 언제나 매우 정치적인 것이었으며, 순전히 경제적

그림 | 6-1

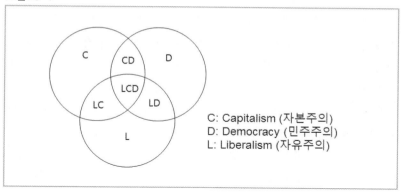

C: Capitalism (자본주의)
D: Democracy (민주주의)
L: Liberalism (자유주의)

인 메커니즘으로 환원될 수 없다."(토마 피케티(Thomas Piketty)) "정치통합을 위한 국가의 역할을 무시하는 스미스의 자유무역은 성공할 수 없다."(프리드리히 리스트(Friedrich List)) "사람들을 동등하게 대하는 것과 모든 사람을 똑같이 만드는 것은 전혀 다르다."(프리드리히 하이에크 (Friedrich Hayek))

그렇다면 자본주의와 자유주의, 민주주의가 상호보완적으로 조화를 이룬 정의로운 정치공동체의 구성 원리는 어떠해야 하는가? 다소 도식적이지만, 충분히 성숙한 근대적인 산업자본주의 사회를 배경으로 우리는 아래 그림에서 세 가지 원이 중첩되어 있는, 자유주의적 자본주의에 민주주의가 결합된 LCD(Liberalism Capitalism Democracy)의 정치공동체가 바람직하다는 주장에 큰 틀에서 동의할 수 있을 것이다.

현실적으로는 자본주의, 자유주의, 민주주의는 고유의 논리를 가지면서 밀접하게 연결되어 있고 시대적, 국가적, 지역적, 상황적 맥락에서 어떤 가치나 원리가 강조되거나 약해지거나 배제될 수 있다. 그리고 기본적으로 현대 사회가 자본주의 경제체제를 공통적인 물질적 토대로 삼고 있고 자본주의가 자유주의와 친화력이 있다면 궁극적인 문제는 자유주의적 자본주의와 민주주의의 이론적, 현실적 조합이 문제가 될 것이다. 자본주의란 무엇인가에 대하여는 명확한 정의가 있는 것은 아니다.

그러나 자본주의(C=Capitalism)에서는 생산수단의 사적 소유와 사유재산권 보장, 개인의 이익 추구와 시장경쟁, 노동력의 상품화 즉, 임금노동이 일반화된 사회라는 점은 대부분의 현대 국가에서는 공통적인 제도이다. 현대 자본주의의 핵심은 시장경제와 계급분화이며 시장은 경제적인 자원의 활용가능성과 생산성 모두를 증가시키는 데 필요한 메커니즘으로 이해되고 있다. 물론 자본주의가 필연적으로 시민들의 정치적, 시민적 자유와 민주적 참여를 요구하는 것은 아니다(C=비(非)자유주의 비(非)민주주의적 자본주의). 초기 자본주의 시대에 봉건 귀족 계급이나 신흥 부르주아, 혹은 권위주의적인 정치세력이 다수의 시민들을 배제하고 자신들만의 배타적인 정치경제적 독점을 유지하는 체제도 가능할 수 있다. 홉스가 이러한 사회를 묘사하였다. 자본주의 사회이지만 절대적인 리바이어던이 정치체계를 운영하는 사회다. 이것은 시민적, 정치적 자유가 있는 자유주의적 체계가 아니다.

다음은 자유주의(L=Liberalism)이다. 이와 관련해서 소박한 소유주의 경제(simple proprietory economy)를 상상할 수 있다. 이러한 사회는 자본주의적 사회는 아니지만 개인적인 경제적, 정치적 자유가 보장되어 있으며 계급적으로 분화된 사회는 아니기에 평등한 사회일 것이다. 개인의 일정한 권리는 사회나 정부가 침해할 수 없다. 19세기 프랑스 시골에서는 일반적으로 개인의 자유를 가지고 있었지만 완전히 민주주의적이지는 않았다(L=비(非)민주주의 비(非)자본주의적 자유주의). 자유주의와 마찬가지로 소박한 소유주의 경제에서 자유적이며 민주적인 사회를 마음속에 그릴 수 있을 것이다. 무엇보다도 정부의 간섭이 배제된 형태를 얘기할 수 있다.

그렇다면 민주주의(D=Democracy)는 무엇일까? 민주주의 역시 명확한 정의가 있는 것은 아니다. 고전적 정의는 모든 개인이 자유롭게 그리고 평등하게 정치에 참여하는 대중의 지배라 할 수 있다. 이상적인 사례로서 아테네의 직접 민주주의를 상상할 수 있다. 계몽주의 등장 후 민주주의는 두 가지 전통으로 나뉜다. 자유주의적 측면은 개인의 자유를 우선시하여 정부의 간섭을 최소화하는 것을 주장한다면 공화주의적 측면은 공공선을 보호하기 위하여 제한적인 정부개입을 인정한다. 민주주의에 대한 공통된 현대적 정의는 자유와 평등이라는 규범적 해석과 정치현실에 바탕을 둔 경험적 해석의 조합 속에서 발전되어 왔다. 민주주의는 '국민을 누가 통치할 것인가를 결정하는 권리를 국민 스스로가 지니는 것'이라고 정의내릴 수 있다. 이를 위해서는 사회적 불평등이 개인의 정치적, 경제적, 시민적 자유를 제한하여 동등한 정치참여의 기회와 기회의 평등을 침해해서는 안 된다는 전제를 필요로 하고 있다. 경험적 측면에서, 매디슨(Madison)은 정부가 개인의 자유와 권리를 위해 운영되도록 하면서도 민주주의의 폐해를 막기 위한 방법을 제안한다. 다수지배인 민주주의 큰 해악은 특정 파벌(faction)에 의해 정부가 통제됨으로써 소수자의 권리가 침해받게 되는 것이다. 다수를 차지하는 파벌은 다른 세력들의 자유를 희생시키면서 자신의 이익을 추구할 위험성이 있기 때문이다. 매디슨은 다수의 폭정을 막기 위해 권력의 분립과 서로 중첩되기 힘든 다양한 이익을 반영함으로써 다수 세력이 구성되기 힘든 입헌적인 제도를 제시하였다. 즉 자기이익의 추구는 시민의 덕성을 교육함으로써 해결될 수 있는 것이 아니라는 것이다. 중요한 것은 정부가 특정 세력의 독점적인 통제 하에 들지 않게 방지할 수 있는 제도적 배열이며 '분리된 제도 안에서 권력의 공유'이다. 동시에 레비츠키(Steven Levitsky)와 지블랫(Daniel Ziblatt)은 민주적 규범의 핵심인 상호관용(mutual toler-ance)과 이해(understanding) 그리고 제도적 권리를 행사할 때 신중함을 잃지 않는 자제(tolerance)가 이루어지지 않으면 형식적 법치주의만으로는 민주주의를 지킬 수 없다고 지적한다.

다음은 자유주의와 민주주의의 접목이다. 루소나 제퍼슨 혹은 마르크스가 꿈꾸었던 자족적인 사회에서는 시민적, 정치적, 그리고 경제적 자유가 존재했지만 반드시 노동력의 상품화와 시장경쟁의 원리

를 요구하지 않는 소유주의의 경제일 것이다(LD=비(非)자본주의적 자유
주의적 민주주의). 제퍼슨은 동일한 버전의 수정된 형태를 주장했다. 왜
냐하면 제퍼슨의 것은 순수한 소유주의 경제는 아니었으며 노예제와
자본주의가 섞인 것이었다. 그러나 제퍼슨식의 경제는 자유주의와 민
주주의가 결합된 지배적인 소박한 소유주의 경제였다.

다음은 고전적 자유주의자와 신자유주의자들이 주장하는 자유주
의와 자본주의가 접목된 모델이다. 스미스가 꿈꾸는 '보이지 않는 손'
에 의하여 시장 스스로 균형점을 찾아가는 자유로운 시장 경쟁 속에
서 시민의 정치적, 경제적 자유를 허용하는 자유주의적 자본주의 사
회가 존재할 것이다(LC=비(非)민주적인 자유주의적 자본주의). 개인들은
정부의 간섭 없이 국경을 넘어서 자유롭게 상품을 사고팔고, 직장과
시장을 찾으며, 자신들이 원하는 곳에서 저축과 투자를 정부의 간섭
없이 할 수 있는 경제 체제를 말한다. 벤담과 제임스 밀은 자유주의
적 자본주의안에서 정치적, 시민적 자유의 요소들인 표현의 자유, 결
사의 자유, 최소한 특정 사람들에 한해서 피선거권, 의회의 존재 등
을 얘기한다. 그 이유는 그들이 자유주의적 자본주의를 지키기 위하
여, 정치적인 요인들을 상정하며 논의를 시작했기 때문이다.

그렇다면, 민주주의와의 접목을 주장하는 다음의 논의로 넘어가
자. 민주주의와 자본주의의 접목(CD=비(非)자유주의적인 자본주의적 민주
주의)은 앞에서 얘기한 벤담과 밀의 공리주의와 연관지어 생각할 수
있다. 자유주의가 없는 자본주의와 민주주의의 조화는 어렵지만 논리
의 구성을 위하여 이런 사회를 상정해보자. 자본주의적 민주주의는
민주주의를 자본주의에 접목시키는 것이다. 하지만 여기서 주장하는
민주주의는 완전한 형태가 아니라 단지 자본주의 체제하의 계급지배
와 사유재산을 보장하는 차원의 정치제도일 것이다. 즉 모의민주주의
라 볼 수 있다. 그 후 산업 자본주의의 발달과 함께 찾아온 빈곤의
확대는 노동자들을 포함한 다수 시민들의 정치적, 경제적, 시민적 자
유를 제한하게 되어 사회적 갈등을 야기하였다. 벤담이 주장하듯 갈

등의 해결책으로 등장한 민주주의는 정부의 역할을 통한 빈부격차의 해소 그리고 개개인의 정치참여를 보장하였다. 이후에 자유주의와 타협한 민주주의는 제도로서 사유재산을 보호하면서도 모든 사람이 평등한 삶의 기회를 향유하도록 보장함으로써 개인의 자유를 증진시키는 정치제도로 등장하게 된 것이다.

우리는 좋은 결론을 만들어 낼 수 있을 것이다. 자본주의적 민주주의(CD)와 자유주의적 자본주의(LC)의 공통분모는 경제적 자유(economic freedom)와 개인의 자유(personal freedom)가 보장된 자본주의이다. 결국 자본주의는 자유주의와 민주주의와 공존할 수 있다는 결론을 도출할 수 있다. 그렇다면 우리가 이상적으로 생각하는 사회는 세 가지 원리가 균형 있게 조합을 이룬 자유민주주의적 자본주의 또는 자유주의적 자본주의 민주주의(LCD)라는 점에 잠정적 합의가 존재할 수 있다. 즉 자본주의, 자유주의, 민주주의가 균형적인 조합을 이룬 정치경제를 구성하는 것이 바람직한 정치공동체의 역사적인 조건이라고 볼 수 있다. 즉, 자유주의적 자본주의 모델에 동등한 목소리를 낼 수 있는 정치적 참여와 기회, 그리고 경제적 자유가 보장되는 민주주의가 접목되는 모델이다. 그 이유는 지금까지 서술한 자유주의적 자본주의와 관련된 저작들 대부분이 인간과 사회의 상호관계에 초점을 맞추고 있으며 모든 인간은 부와 권력을 극대화하기 위하여 노력하는 존재이기 때문이다. 그렇기 때문에 자유주의적 자본주의 체제 안에서 민주주의는 인간과 사회의 상호관계를 제도로써 조정할 수 있다.

민주주의가 제도로써 작동하기 위하여서는 '권력의 거리'가 필요하다. 조사결과에 의하여 항공기 사고는 부기장이 조정할 때보다 기장이 조정할 때 사고가 많다고 한다. 왜 그럴까? 부기장이 조정할 때는 기장이 옆에서 반론을 제기할 수 있지만 기장이 조정할 때는 부기장이 반론을 제기하기 어렵다는 것이다. 바로 권력집중을 배제하는 원칙이 필요하다. 사법부의 정치적 독립이 요구되는 이유이다. 선거를 통하여 보호받는 다수의 요구라는 '권위에의 복종' 현상이 행정부와 입법부 외에 사법부에도 발생하게 된다면 사회적 소수의 권익은 보호받기 어렵다. 이런 이유로 사법부 구성원은 선출직이 아닌 것이다.

이러한 세 가지 원의 조합 비율에 관해 시대적, 국가적 상황과 맥락을 초월하는 '최상의', '유일한' 방식은 없다는 것이 타당할 것이다. 자유주의와 자본주의, 민주주의 관계는 특정하고 구체적인 사회적 문화적 맥락 안에서 잠정적으로 조정되어야 할 원리로 분석되어야 한다. 이들의 관계는 상호보완적 관점으로 평가되어야 하며 이론적, 현실적 조합을 고민할 때 우선적인 원칙은 현실의 모순과 병리를 해결하기 위해 세 가지 이념들이 서로를 제약하거나 상쇄하지 않으면서 서로의 상호적, 순환적 발전을 고무하는 최적의 상생을 위한 조합을 모색해야 한다는 것이다.

현대사회에서 상생의 조합을 모색하는 데 있어서 현실적으로 이해해야 할 부분이 있다. 사유재산권으로 상징되는 경제적 권리와 평등한 정치적 권리의 갈등이다. 이미 앞에서 반복해서 강조했지만, 경제적 영역의 불평등에 대한 국가적·정치적 개입과 효과, 정당성이 갈등의 핵심이다. 시장경제와 사유재산권은 사적인 영역이기 때문에 국가가 함부로 개입해서는 안 된다는 주장은 전통적으로 설득력을 얻어 왔다. 그러나 자유주의, 자본주의, 민주주의가 복잡하게 얽혀 있는 현대 사회에서 문제는 그렇게 단순하지 않다. 무엇보다도 시장 자체가 순수하게 작동하지 않는다. 시장은 신자유주의자들이 기대하듯이 모두에게 동등한 기회를 만들어 주지 않는다. 그 이유는 다음과 같다. 현대 자본주의 시장경제에 대하여 물질만능주의를 비판한 베블런의 제자 갤브래이스(John Galbraith)는 신자유주의자들이 주장하는 노동이 상품으로서의 가치에 대한 자발적인 교환과 신용평가에 있어서 모두에게 적용되어야 하는 자산의 중립화는 이루어지지 않으며 오히려 계획경제에 가깝다고 강조한다. 시장은 수요와 공급에 영향을 받지 않을뿐더러 임금과 가격 역시 시장의 산물이 아니라는 것이다. 그 이유는 다음과 같다. 생산과 노동은 교환이 아니라 기업소유주의 통제 하에 있다. 또한 투자는 시장의 효율성보다는 기업 이익이 우선이므로 기업 소유주에 의하여 결정되곤 한다. 국가의 경제정책 역시 성장과 효율성 위주로 집행되어 시장이 스스로 균형점을 찾을 시간을 주질 않는다(신고전학파는 실업은 개인의 선호와 경기순환과정에서 나오는 자발현상으로 보아 수요와 공급의 균형점에서 해결될 것이라고 주장한다). 투자, 생산, 노동, 국가정책 모두 시장을 인위적으로 조정하며 이러한 조정은 사회 구성원 모두에게 영향을 미치게 된다. 결국 경제영역은 더 이상 개인의 범위가 아니라 대중의 범위(공적 영역)로 이해되어야 하고 민주주의 원칙의 적용이 고려될 수 있다.

주지하듯이, 20세기 동안 그리고 지금까지도 선진국과 개발도상국 모두에서 자본주의 성장과 경쟁을 통한 효율성 추구의 과실이 모든 사람에게 자연적으로 공평한 분배를 이룩한 것은 아니었다. 대부분의 자본주의 국가에서 국내적 불평등은 심화되어 왔다. 특히 1980년대 이후에는 소득 불평등뿐만 아니라 자산의 불평등도 악화되기 시작하였다. 개발도상국가들의 문제로 치부되어왔던 불평등 문제가 2008년 세계 금융위기 이후에는 선진국들에서도 심각한 문제로 부상하고 있다. 2010년 유럽 재정위기에 영향을 받은 국가들이 긴축재정정책을 강력하게 추진하면서 복지제도가 비교적 잘 갖춰진 유럽 국가들에서도 많은 사람들의 가난과 복지 위기가 심각한 사회문제로 대두되고 있는 현실이다. 이처럼 불평등과 분배 문제는 복지, 연금, 노동, 기업지배, 자본통제, 국부펀드, 이민, 금융규제, 지역통합, 기후변화 등등 일국적, 국제적 정치경제적 문제들의 핵심을 차지하고 있다.

정치경제학의 중요한 시대적 사명 중 하나가 현실의 문제점을 지양하고 보다 살기 좋은 공동체를 만들어가는 것이라면, 자본주의 경제성장이 공동체 구성원들의 능력과 재능을 자동적으로 신장시키고 시민적 도덕성을 발현시켜준다는 경이로운 수단이라는 통념은 경계해야 한다. 이런 관점은 어느 정도는 옳지만, 바로 그런 생각이 19세기 초 이후에 양산된 불평등과 양극화, 유대와 연대의 해체 등을 정당화하면서 오직 시장경쟁에서 승자들의 미덕을 미화시키는 정치적 수사로 사용되었다는 측면을 무시해서는 안 된다. 그러므로 누군가의 지적처럼, '고삐 풀린' 자본주의가 얼마나 인류 전체의 생존과 안녕을 위협할 수 있는지를 우리가 간과해서는 안 된다. 개인의 자유와 권리가 존엄한 인간으로서 자율성을 실현하는 필수적인 조건이라는 자유주의는 하나의 공리로 간주될 수 있지만, 그런 자율성을 누릴 수 있는 사람들이 소수이고 사회의 다수 사람들이 어려운 물질적 조건에서 실질적인 정치적, 경제적 자유의 행사에 제약을 받고 있다면 그런 자유주의 사회는 교정되어야 할 것이다.

다른 관점에서, '선거와 투표'로 상징되는 절차적 민주주의를 넘어서 공동체의 의사결정에 다수의 인민들의 실질적인 참여를 통해 공동체의 운명을 결정해야 한다는 규범적 민주주의 요구는 타당하다. 그러나 다수의 참여 또는 소수의 조직화된 이익집단이 경쟁적인 자본주의 원리를 제약하여 시장의 효율성을 상쇄하거나 기업가의 진취적인 정신과 더 많은 부를 추구하는 경제적 행위자를 위축시킨다면 그런 민주주의 역시 교정되어야 할 것이다. 증오와 대립의 정치보다는 관용과 타협 그리고 진영논리 없이 균형적으로 권력이 사용되어야 한다. 무엇보다 절차적 정당성도 중요하지만 민주주의 정신과 규범을 파괴하지 않으며 대중의 감성에 의존하기보다는 전문성 있는 정책적 운영이 요구된다.

그러므로 자본주의, 자유주의, 민주주의가 최적의 조합을 이루고 서로의 긍정적인 기능과 역할을 극대화하는 상생의 정치경제학을 구성하는 것은 학문적인 차원을 넘어서 시대의 병리와 모순을 치유하고 더욱 정의롭고 행복한 삶과 사회의 진보를 향해 나간다는 실존적인 함의까지 갖는다. 그럼에도 아리스토텔레스(Aristotle) 이래로 인류역사와 사회의 진보를 위한 이런 과제에 대해 인류가 단기간에 대안을 수립한다는 것은 무리한 기대이다. 그러므로 책을 마무리하는 시점에서 필자는 만인이 살기 좋고 평화로우며 정의로운 공동체를 만드는 과업에 기여할 수 있는 정치경제학적 지혜를 제시하고자 한다.

첫째, 민주적인 자유주의적 자본주의 경제는 시민구성원 개개인에게 일정 정도의 사회적 지원을 보장해야 한다. 달리 말해, 모든 시민에게는 노동력 상품을 공급하는 능력이나 기회와 상관없이 최소한의 수준에서 존엄한 인간으로서 자신의 기본적인 물질적 필요를 충족시킬 수 있는 조건을 제공해야 한다. 그런 지원의 핵심적 동기는 존엄한 인간으로서 자존감과 정치적 평등성을 위해서이다. 아리스토텔레스와 루소 등을 거쳐 현대 좌파 자유주의에 이르기까지 정치경제에 대한 일련의 사상가들의 긴 계보에 의해 명시된 핵심사상은 자유와 독립은 물질적 기반을 가진다는 것이며 만약 시민들이 자유와 자립을 위한 사회적 자원에 대한 접근권, 즉 기회의 평등을 갖고 있지 못하다면 그는 타인에 대한 종속적인 지위로 전락할 가능성이 높다는 것이다. 시민 간 인격적 종속관계는 개인과 사회에 대한 자유주의와 민주주의 양자의 원리를 위반하는 것이다. 자유주의와 민주주의 양자의 원리를 보호할 수 있는 현실적 방안은 무엇일까? 조건부로 혜택을 주는 기존의 복지제도와 달리 최근 들어 우리나라에도 선보이기 시작한 '기본소득 제도'를 생각해 볼 수 있다. 기본소득 제도는 모든 사람들에게 조건 없이 지급되기 때문에 개인의 노동시간을 단축할 수 있게 되어 노동과 자기 개발을 위한 교육 및 자원봉사 등의 사회활동을 병행할 수 있다. 결과적으로 자립이 가능해져 사회적 자원에 대한 자유로운 접근이 가능하게 될 것이다. 하지만, 이런 원칙은 기존 보장제도(연금, 실업수당 등)와 조세제도의 손질과 더불어 우리 모두의 능동적 책임의식이 고려되어야 할 것이다.

능동적 책임의식은 보수주의적 관점에서 주장하는 사회적 책임으로 국가의 복지제도보다 가족으로부터 시작하여 다양한 집단들의 '상호부조' 형태의 원조제공으로 볼 수 있다. 그러기 위해서는 비영리

부문이 활성화되어야 하며 현재 세계적 추세 역시 사회 공동체 활동 (건강, 교육, 연구, 예술, 스포츠, 서비스, 여가활동, 종교, 사회활동)이 늘어나고 있다. 이 분야의 고용의 활성화를 위하여 정부의 재정부담을 줄이면서 기업의 사회적 책임을 실행할 수 있는 자원 확보 방안으로 세금전가(tax shifting: 기업법인세를 낮추기 위해 환경·오염세 등을 증액)를 고려할 수 있다.

또 한편 고려해야 하는 방안은 다음과 같다. 보편적 복지를 논할 때 스칸디나비아(스웨덴, 노르웨이, 핀란드 등) 국가들의 예를 든다. 좋은 사회정책들이 존재한다. 하지만 스칸디나비아 국가는 우리나라보다 더 시장자본주의에 가깝다. 법인세는 평균 20%, 최저임금도, 공용보장제도도 없으며 보유세와 상속세는 거의 없다. 그렇다면 재원 확보는? 사회 전체 즉 중산층에게 50%대의 세금을 부과한다. 모두가 사회 간접자본의 부담자이며 수혜자가 되므로 서로 사회적 책임을 지는 것이다. 동시에 사회적 유대감도 강화될 수 있다.

둘째, 경제적 번영과 결실이 개인의 자율성과 창조성을 격려하고 지지하는 방향으로 확산되도록 노동과 복지의 상호연동적인 시스템이 필요하다. 물론 이런 입론은 새로운 이야기는 아니지만 종종 근시안적인 성과에 치우쳐 정책철학이 실종되는 경우가 적지 않다. 경제적 축적 과정이 소수의 부의 축적과 증식에만 기여하고 노동자들의 자율성과 주체성을 위축시키는 노동방식을 강요한다면, 그 결과 시민적 자유와 민주적 평등이 축소될 가능성이 높다. "미국 베버리 힐의 고급 주택지에 사는 사람들의 자유"가 시민들이 공유하고 있는 자유와 큰 격차를 가진다면, 더구나 대다수의 시민들이 상대적인 소외와 박탈감에 빠진다면 그런 사회는 고전적인 정치경제학자들이 그렇게도 우려했던 분노와 적대, 갈등과 저항을 확산시킬 수 있다. 그러므로 시장경쟁의 효율성의 분배의 원리는 최대한 보장되어야 하겠지만 그것이 개인이나 집단의 경제적 보상에 대립적이거나 삶의 기회를 제약하는 불평등을 양산한다면 경제적 부의 생산과 분배에 대한 국가의 개입은 정당화될 수 있다. 궁극적으로 산업혁명 모델의 맹목적인 생산성주의가 아니라 노동과 노동시장의 자율성이 보장되고 경제발전의 기제가 개인의 실존적 성장, 시장의 공정성에 대한 신뢰, 타인과의 조화와 대립되지 않는 방향으로 경제성장을 인도해야 한다. 이런 원칙은 사회와 국가의 책임뿐만 아니라 시장과 근로자의 능동적 책임을 수반하는 것이다.

이러한 책임의식은 일률적으로 근로시간 단축/탄력근무제를 노동시장에 적용하기보다는 업종에 따라 노동자의 선택 또는 지역산업 구조에 탄력 있게 적용할 때 더욱 강화될 수 있다. 그 외로 노동의 유연성과 여성근로 확대를 위하여 파트타임제와 재택근무제 등을 고려해 볼 수 있다. 근로시간 단축 등을 주장하는 유연적 노동정책을 위하여서는 간단한 예로, 「노동의 종말」을 쓴 리프킨(Jeremy Rifkin)이 주장하는 건강에 유해한 기호식품 또는 사회 상품 등의 세금을 증액하여 기업이 부담하는 노동자의 사회보장 부문(퇴직, 건강보험, 실업보험 등)에 보조금을 지급하는 방안을 고려할 수 있다. 유해식품 과세는 국민 건강에 도움이 되며 국민의료보험 재원의 부담도 줄일 수 있다.

셋째, 사회복지와 관련하여 성장과 분배의 선순환으로 나아가는 성장전략을 추진해야 한다. 성장과 분배의 관계는 낙수효과(top-down track)와 분수효과(bottom-up track)의 선순환 관계로 설명된다. 낙수효과는 선도 산업의 성장 효과가 다른 부문으로 흘러 다수의 생활수준이 향상될 수 있다는 논리이다. 분수 효과는 중소기업이나 비정규직 노동자, 소상공인 등 국민 대다수의 고용과 소득 증대가 대기업 등의 발전으로 이어져 궁극적으로 국가경제 전체가 번영할 수 있다는 논리이다. 경제적 현실 속에서 낙수효과와 분수효과의 선순환의 결합은 지난한 과제가 될 것이다. 특히 후발 국가로서 대한민국은 경쟁적인 세계경제체제에서 생존하기 위해 복지보다는 성장이 필요하고, 성장하기 위해서는 시장논리에 충실해야 한다는 경제정책의 논리가 더욱 힘을 얻어온 것이 사실이다. 그러므로 낙수효과에 편중된 지난 경제정책을 성찰하고 경제적 토대 향상이 사회 전체의 생산과 부를 증대시키는 방안을 모색하는 것이 중요하다.

　여러 가지 정책적 대안이 있을 수 있다. 그중에서 우선적으로 고려되어야 할 정책은 국가주도 성장위주의 경제정책으로 시장의 거대 지주가 된 대기업의 지대추구(rent-seeking)행위를 일정 부분 제한하는 것이다. 대기업은 인수합병(M&A) 그리고 정관계로비등을 통하여 몸집을 키우며 후발주자들의 기회를 앗아가는 현상이 반복되어 건전한 경쟁을 제한하곤 했다. 반독점규제 강화로 대기업의 독점을 조정한다면 신생기업과 중소기업들에게 공정한 기회가 만들어질 것이며, 그 결과는 지속가능한 성장과 분배의 성장전략 즉, 산업혁신과 일자리 창출로 확대될 수 있을 것이다. 하지만 중소기업 간의 경쟁력이 강화되어 자생력을 가질 수 있도록 중소기업 정책은 보호보다는 육성적 방향으로 손질되어야 한다. 동시에 제조업의 경쟁력이 떨어지고 있는 기업의 실정을 직시하고 서비스, 유통 등 다른 영역으로의 진출에 대한 제한이 고용창출에 부작용이 될 수 있다는 점 역시 고려되어야 한다. 이러한 모든 강조가 사유재산권을 지나치게 제한한다든지 낙수효과를 이끄는 경제적 엘리트와 기업의 투자와 활동을 위축시키는 규제로 확대되어서는 안 된다.

　넷째, 민주주의 확장과 관련하여 원자화되고 고립된 개인들의 자유주의적 공동체의 병폐를 치유하기 위해서는 연대와 유대의 공동체를 수립해야 하며 국가는 자유주의와 자본주의에 의해 손상된 공동체적 연대를 복원하는 적극적인 역할을 수행해야 한다. 이런 문제의식은 시장에 의해 추동되는 자기이익 추구적인 소비자들이 진정한 시민으로서 어떻게 공통의 사회적 연대와 실천에 참여하는가를 모색하는 사회적 프로젝트를 의미한다. 달리 말해, 기껏해야 가족의 범위를 크게 벗어나지 않는 이익 추구에 매몰되고 상충하는 이해관계를 가진 개인들이 어떻게 동료시민들을 향한 시민적 의무나 감정적 애정을 가지게 할 것인가? 이익의 거래가 아닌 정서적이고 정치적인 소속감에 기반해 공적 업무에 참여하면서 서로에 대한 우정과 연대의 의무를 가진 공동체의 운영 원리를 어떻게 창출하고 조정할 것인가? 동시에 개인의 자유가 침해되는 포퓰리즘의 등장으로 민주주의가 소수의 과두제로 변환되는 현상을 어떻게 방지할까? 아마도 이는 뭉크(Yascha Maunk)가 제안하는 것처럼, 민주적인 시민의 역량을 함양하는 시민교육(civic education)을 통해 공공정신과 집단주의보다는 존엄을 가진 독립된 존재인 개인 스스로 판단하고 행동하고 책임지는 자유민주의식을 지닌 시민을 육성하는 기획과 프로젝트를 요청할 것이다. 이런 기획에는 이윤과 경쟁의 논리가 아무리 지배적인 자본주의 사회일지라도 상호이해와 존중 그리고 협동의 도덕적 원리에 의해 유지되는 개인적 관계들과 집단을 육성하고 확산시키는 프로젝트를 포함할 것이다.

구체적으로 살펴본다면, 이러한 시민교육 내용에는 정부나 사회적 권위로부터 보호받는 언론·사상·종교·집회·결사의 '자유(free-dom)', 민주적 권리와 자유는 누구에게도 차별 없이 보장되는 '포괄(inclusion)', 민주적 권리와 자유는 모두에게 동등하게 분배되어야 하는 '평등(equality)', 개인의 경제적 번영과 안녕에 있어서 기회의 '공정·공평(equity)', 사회적 소수자에 대한 '존중(respect)', 다른 사람의 견해를 이해하고 그들과 조화를 이루는 '관용(tolerance)', 경제적 불평등의 심화를 방지하는 '복지(welfare)', 다양한 이익집단과 지도자들 간의 끈질긴 거래·타협·조정의 '협력(cooperation)', 선출된 정치인이나 정부의 관료들의 '신뢰성(trust)', 그리고 국방을 포함한 개인의 신체와 소유권에 대한 '안보(security)' 등의 가치가 포함 되어야 할 것이다. 무엇보다도 시민교육은 '정치적 중립성과 다양성', '시민주도형', '시민사회의 적극참여', '참여자 중심', 그리고 운영주체는 '독립성과 자율성', '공적지원', '개방성과 접근성'의 기본적 원칙이 유지되어야 할 것이다. 불확실성의 시대 속에 신자유주의 경쟁사회를 살아가는 원자화된 개인들 간에 거래에 기반하지 않은 신뢰와 유대를 어떻게 만들어 갈 것인지에 대한 국가적, 사회적 차원의 대응을 의미한다. 그러므로 이러한 신뢰와 연대를 위한 정치를 위해 정부 및 시민사회에서는 능동적 신뢰가 창출되고 유지될 수 있는 상황을 형성해야 할 것이다. 또한, 보편적 가치 기준을 유지할 법의 원리가 원칙적으로 작동될 때 신뢰는 더욱 강화될 수 있다. 로버트 퍼트넘(Robert Putnam)은 사회적 자본의 중요성을 강조한다. 신뢰와 시민참여를 기반으로 하는 사회적 자본은 집단적 문제(내가 안 해도 다른 사람이 책무를 수행할 거라는 기대감)를 해결하며 공동체를 부드럽게 움직임으로 상호신뢰를 강화하며 타인과의 관계수립으로 인식의 폭을 넓혀줄 수 있다.

대한민국은 해방 이후 미군정과 더불어 미국의 자유민주주의적 정치체제가 도입된 이후에 권위주의 통치체제 하에서도 시장의 원리와 사유재산 보장은 최대한 존중하고 실현하는 중상주의에 가까운 정부가 지원하는 민간기업 중심의 경제체제를 유지하였다. 그 결과 대기업이 탄생할 수 있었고 성공신화도 만들 수 있었다. 그러나 정치적 영역에서 자유주의 원리는 충분히 실현되지 못했으며 민주주의는 1990년대까지도 상당 수준으로 제약받아 왔다. 자유민주주의체제에 접목된 미국의 시장경제 모델이 한국에서는 민주주의에 기반하지 않은 채, 시장경제는 민주주의를 강화할 것이라는 거대담론 속에서 자본과 대기업에 친화적인 자유주의 경제발전 모델로 편중되어 왔다. 이는 한편에서 노동자 및 중소기업의 많은 양보와 희생을 요구하면서 부의 불평등과 빈부격차를 심화시키고 정치적 민주주의를 왜곡시키는 결과를 야기했다. 1987년 민주화 운동의 승리와 노동운동의 성장에 힘입어 이제 정치적 민주주의는 어느 정도 공고화의 단계에 진입한 것으로 보인다. 그러나 여전히 자본주의 시장경제와 민주주의 관계, 달리 말해 시장경제의 효율성과 민주적 평등의 가치를 놓고 분배를 중심으로 많은 논쟁이 계속되고 있다.

특히, 1998년 외환위기 이후 신자유주의적 이윤주도 성장모델이 지배적인 정책이념이 되면서 계층 간 격차가 늘어나게 되고 2008년

글로벌 금융위기를 거치면서 우리 경제의 기업부문과 가계부분의 양극화는 심화되는 상황이다. 일각에서는 서구의 복지제도 후퇴를 예로 들며 복지국가의 비효율성을 주창하기도 하지만, 한국에서는 선진국과 비교할 때 복지주의 원리가 광범위하게 실험된 경험이 적으며 서구의 축소된 복지수준에 못 미치는 경우가 많다. 아무리 경제가 성장하여도 그 혜택이 골고루 돌아가지 않고, 상당수의 사람들이 가난과 상대적 박탈감에 시달리게 된다면 정치사회의 건전한 토대는 뿌리부터 위험에 처하게 될 것이기에 정치공동체의 분열과 위기는 보수와 진보를 막론하고 적극적으로 대응해야 할 공동의 과제인 것이다. 그러므로 이제 한국사회에서도 경제적 영역에서 민주적 가치를 실현시키자는 주장은 진지한 토론의 주제이고 광범위한 동의를 받을 것으로 보인다. 우리나라의 지속가능한 성장을 위하여 사회적 양극화와 시장의 불평등 등 분배의 공정성이 개선되어야 한다.

정치세력들은 지지세력 공고화를 위하여 종종 진영갈등을 부축인다. 갈등은 대중을 분열시키는 동시에 통합한다. 통합과정은 분열과정만큼이나 갈등에 필수적이며 갈등은 격렬해질수록 상호적대적인 두 진영의 내적 통합은 강화된다. 샹탈 무페(Chantal Mouffe)는 경합적(agonistic) 모델을 제안한다. 반대자의 요구를 합당한 것으로 인정해주며 갈등상태를 다룰 방법을 찾는 것이다. 정치행위자들이 해야 할 과제는 무엇인가? 사회적 분열을 강화하는 좁은 정체성의 갈라치기 정치가 아니라 통합적이고 넓은 성격의 국가 정체성을 구축해 나가는 아우르기 정치를 지향해야 한다.

촛불시위는 한국의 부정의와 불공정에 대한 저항과 새로운 대한민국을 위한 국민적 행동으로 해석할 수 있다. 그렇다면 향후 한국사회의 역사적 진보를 위한 우선적인 과제는 자유와 평등뿐 아니라 정의와 공정의 원칙을 실현하고 "함께 더불어 성장"하는 동시에 사유재산권을 인정하면서 상호신뢰가 바탕이 되는 "공존과 분배를 전제로 해야만 지속가능한 성장이 가능하다"는 주장이 중요한 포용적 담론이 될 것으로 전망된다. 이 책의 맥락에서는 한국적 상황에서 자유주의에 기반한 자본주의와 민주주의의 생산적인 균형과 조정이 요구된다는 것이다.

그 누구도 부정할 수 없는 정치경제 구성의 원칙은, 민주공화국에서 모든 시민이 각각의 구성원들의 존엄성을 서로 인정하고 보호하기 위해서는 모두가 존엄성을 누릴 수 있는 조건과 환경이 구비되어야 한다는 것이다. 더불어 정치경제학적 모색 역시 이런 조건의 향상에 기여해야 한다고 본다. 강조할 것은 우리가 자유주의적 자본주의 시장경제에 대해 보내는 지지 못지않게 국민주권을 보장하는 민주주의의 확장에 대한 요구 역시 강력하게 분출하는 것이 현재의 상황에서 경제와 정치의 선순환을 위해 현실과 시대의 요구를 적극적으로 반영할 필요가 있을 것이다. 물론 그 어떤 위대한 사상가의 제안이나 선진 국가의 정책 역시 특정하고 구체적인 사회적 문화적 맥락 안에서 잠정적으로 조정되어야 할 원리이자 한시적이고 반복적으로 재조정되는 정책이념으로 간주되어야 할 것이다.

김성수. 2019. 새로운 패러다임의 비교정치(개정판). 서울: 박영사.

김수행. 2004. 알기쉬운 정치경제학. 서울: 서울대학교 출판부.

김비환. 2005. 자유지상주의자들 자유주의자들 그리고 민족주의자들. 서울: 성균관대 출판부.

김창희. 2005. 비교정치론. 서울: 삼우사.

김형기. 2004. 새정치경제학. 서울: 한울아카데미.

스티븐 레비츠키, 대니얼 지블랫. 2018. 박세연 옮김. 어떻게 민주주의는 무너지는가. 서울: 어크로스.

정재각. 2018. 가장 아름다운 나라: 플라톤의 국가. 서울: 오렌지도서.

오명호. 1990. 현대정치학이론. 서울: 법문사.

임혁백. 1999. 민주주의의 기본원리와 정치개혁 과제. 한국개발연구원.

야마구치 슈. 2019. 김윤경 옮김. 철학은 어떻게 삶의 무기가 되는가. 서울: 다산초당.

Akerlof, George A. and Robert Shiller. 2009. Animal Spirits. Princetan: Princeton University Press.

Alford, Robert R. and Roger Friedland. 1992. Powers of theory : Capitalism, the State, and Democracy. N.Y.: Cambridge University Press.

Arrow, Kenneth. 1951. Social Choice and Individual Values. New Heaven: Yale University Press.

Ball, Terrence and Richard Dagger. 2005. Ideas and Ideologies: A Reader. N.Y.: Longman Publishing Group.

Barnard, Chester I. 1966. The Functions of the Executive. Cambridge,

Mass: Harvard University Press.

Bastiat, Frédéric. 1850. Economic Harmonies. N.Y.: Foundation for Economic Education, Inc.

Buchanan, James M. 1977. The Limits of Liberty. Chicago: University of Chicago Press.

Buchholz, Todd G. 2007. New Ideas from Dead Economists: An Introduction to Modern Economic Thought. N.Y: Penguin.

Caporaso, James A. and David P. Levine. 1992. Theories of Political Economy. N.Y : Cambridge University Press.

Carnoy, Martin. 1984. The State and Political Theory. Cambridge: Princeton University Press.

Clark, Barry S. 1998. Political Economy: A Comparative Approach. Westport : Greenwood Publishing Group.

Cohen, Carl. edited. 1972. Communism, Fascism, and Democracy: The Theoretical Foundations. 2nd edition. N.Y : Random House.

Cook, Terrence E. 1991. The Great Alternatives of Social Thought: Aristocrat, Saint, Capitalist, Socialist. MD: Rowman & Littlefield Publishers.

Crane, George T. and Abla Amawi. 1997. Theoretical Evolution of International Political Economy. N.Y : Oxford University Press.

Dagger, Richard. 1997. Civic Virtues. Oxford: Oxford University Press

Dagger, Richard. 2006. "Neo-republicanism and Civic Economy", Politics Philosophy and Economics. 5(2).

Dahl, Robert A. 1986. A Preface to Economic Democracy. California: University of California Press.

Dahl, Robert A., and Charles Edward Lindblom. 1953. Politics, Economics, and Welfare: Planning and Politico-Economic Systems Resolved into Basic Social Processes. N.Y.: Harper.

Downs, Anthony. 1957. An Economic Theory of Democracy. N.Y.:

Harper.

Foucault, Michel., Edited by Paul Rabinow. 1984. The Foucault Reader. N.Y: Pantheon Books.

Friedman, Milton. 1962. Capitalism and Freedom. Chicago: University of Chicago Press.

Galbraith, John K. 1983. The Anatomy of Power. Boston: Houghton Mifflin.

Gaus, Gerald F. 2011. The Order of Public Reason: A Theory of Freedom and Morality in a Diverse and Bounded World. Cambridge: Cambridge University Press.

Green, Thomas H. 1986. Lectures on the Principles of Political Obligation and other Writing, Paul Harris and John Morrow eds., Cambridge: Cambridge University Press.

Habermas, Jürgen. 1996. Between Facts and Norms: contributions to a discourse theory of law and democracy. Cambridge MIT Press.

Hall, Peter A. and David Soskice. 2001. Varieties of Capitalism: The Institutional Foundations of Comparative Advantage. N.Y: Oxford University Press.

Hamilton, Alexander. 1791. Report on Manufactures. (submitted to Congress on December 5, 1791)

Harrington, James. 1992. 'The Commonwealth of Oceana' and 'A System of Politics' (Cambridge Texts in the History of Political Thought) (J. Pocock, Ed.). Cambridge: Cambridge University Press.

Hayek, Friedrich A von. 1944. The Road to Serfdom. Chicago: University of Chicago Press

Held, David. 1998. Global Transformations: Politics, Economics, and Culture. Stanford: Stanford University Press.

Hobbes, Thomas., Edited by C. B. Macpherson. 1981. Leviathan. N.Y:

Penguin.

Hobson, John A. 2009. Problem of Poverty. an Inquiry into the Industrial Condition of the Poor. Charleston: Biblio Life.

Hospers, John. 2013. Libertarianism: A Political Philosophy for Tommorrow. California: Nash Publishing.

Jefferson, Thomas. 1776. The Declaration of Independence. Historic American Documents

Kim, Sungsoo. 2008. The Role of the Middle Class in Korea Democratization. New Jersey: Jimoondang

Klosko, George. 1994. History of Political Theory Volume 1: Ancient and Medieval Political Theory. FL: Harcourt Brace.

Klosko, George. 1995. History of Political Theory Volume 2: Modern Political Theory. FL: Harcourt Brace.

Lijphart, Arend. 1999. Patterns of Democracy: Government Forms and Performance in Thirty−Six Countries. New Haven: Yale University Press.

Lindblom, Charles E. 1977. Politics and Markets. N.Y: Basic Books.

List, Friedrich. 2017. Translated by Lloyol Sampson. The National System of Political Economy: All Four Books and the Appenclices in a Single volume. London: Pantianos Classics.

Locke, John, Edited by C. B. Macpherson. 1980. Second Treatise of Government. Indianapolis: Hackett Publication Co.

Lord, Carnes. 1984. Aristotle. The Politics. Chicago: University of Chicago Press.

Lowi, Theodore Jay and Benjamin Ginsberg. 2000. American Government. N.Y.: W.W. Norton & Company.

Machiavelli, Niccolò. 1971. The Prince and Selected Discourses. Bantam: Bantam Matrix Edition.

Macpherson, Crawford B. 1977. The Life and Times of Liberal

Democracy. N.Y.: Oxford University Press.

Marx, Karl. 2004. Translated by Ben Fowkes. Capital, Volume I . N.Y.: Penguin.

Marx, Karl. 1992. Translated by David Fernbach. Capital, Volume II . N.Y.: Penguin.

Marx, Karl. 1993. . Translated by David Fernbach. Capital, Volume 3. N.Y.: Penguin.

Marx, Karl, Friedrich Engels, Edited by Samuel Moore, and David McLellan. 1992. The Communist Manifesto. Oxford: Oxford University Press.

McKeon, Richard. 1973. Introduction to Aristotle. Chicago: Univeristy of Chicago Press.

Mill, John Stuart. Edited by David Spitz. 1975. On Liberty. N.Y: Norton.

Mill, John Stuart. 1848. Principles of Political Economy. London; Longmans, Green and Co.

Moore, Barrington. 1966. Social Origins of Dictatorship and Democracy: Lord and Peasant in the Making of the Modern World. Boston: Beacon Press.

Nietzsche, Friedrich. 1977. A Nietzsche Reader. N.Y.: Penguin.

Nussbaum, Martha Craven. 1995. Poetic Justice: The Literary Imagination and Public Life. Boston: Beacon Press.

Olson, Mancur. 1971. The Logic of Collective Action. Oxford: Oxford University Press.

Pettit, Philip. 1997. Republicanism: A Theory of Freedom and Government, N.Y.: Clarendon Press.

Piketty, Thomas. 2013. Translated by Arthur Goldhammer. Capital in the Twenty−First Century. Mass: Havard University Press.

Plato, 1980. Edited by Thomas L. Pangle. The Laws of Plato. N.Y.: Basic Books.

Plato. 2003. The Republic. N.Y.: Penguin.

Polanyi, Karl. 2001. The Great Transformation: The Political and Economic Origins of Our Time. Boston: Beacon Press.

Putnam, Robert D. 2020. Bowling Alone. N.Y.: Simon & Schuster.

Rawls, John. 2005. A Theory of Justice. Cambridge: Harvard University Press.

Rifkin, Jeremy. 1996. The End of Work. N.Y.: Mimumsa Publishing Co.

Rossiter, Clinton. 1955. Conservatism in America. N.Y.: Alfred A. Knopf.

Rothloard, Murray. 1973. For a New Liberty: The Libertarian Manifesto. London: Macmillan Publishers.

Rousseau, Jean—Jacques. Translation and introduction by G.D.H. Cole. 1992. The Social Contract and Discourses. N.Y.: Everyman Paperback.

Sabine, George H., Edited by Thomas L. Thorson. 1973. A History of Political Theory. N.Y.: Rinehart and Winston.

Sachs, Jeffrey D. 2006. The End of Poverty. N.Y.: Penguin Group.

Sandel, Michael J. 2012. What Money Can't Buy. N.Y.: Farrar, Straus and Giroux.

Sandel, Michael J. 1996. Democracy's Discontent: America in Search of a Public Philosophy. Cambridge: Belkrap Press

Schmaker, Paul. 2010. From Ideologies to Public Philosophies. Oxford: Blackwell.

Schumpeter, Joseph A. 1950. Capitalism, Socialism and Democracy. N.Y.: Harper.

Schumpeter, Joseph A., and Redvers Opie. 1934. The Theory of Economic Development; an inquiry into profits, capital, credit, interest, and the business cycle. Cambridge: Harvard University Press.

Sherman, Howard J. 1995. Reinventing Marxism. Baltimore: Johns Hopkins University Press.

Smith, Adam. Edited by Edwin Cannan. 2003. The Wealth of Nations. New York, N.Y.: Bantam Classic.

Smith, Adam. 1759. The Theory of Moral Sentiments. London: Printed for A. Millar, and A. Kincaid and J. Bell.

Sraffa, Pierro. 1951. Works of David Ricardo. Cambridge: Cambridge University Press.

Sterba, James P. 2003. Justice: Alternative Political Perspectives. Belmont: Wadsworth and Thomson

Tilly, Charles. 2007. Democracy. Cambridge: Cambridge University Press.

Tucker, Robert C. 1978. The Marx−Engels Reader. N.Y.: Norton.

Walzer, Michael. 1983. Spheres of Justice: a defence of pluralism and equality. Oxford: Robertson.

Walzer, Michael. 2005. Politics and Passion: Toward a More Egalitarian Liberalism. Hew Heaven: Yale University Press

Weber, Max. 2004. The Protestant Ethic and the Spirit of Capitalism. N.Y.: Penguin.

Weber, Max. 2005. Edited by Stephen Kalberg. Max Weber: Reading and Commentary on Modernity. Oxford: Blackwell Publishing.

Winstanley, Gerrard. 1983. The Law of Freedom. Cambridge: Cambridge University Press.

Wolff, Jonathan. 2002. Why Read Marx Today? N.Y: Oxford University Press.

김성수

한양대학교 정치외교학과를 입학한 후 American University에서 정치학학사, Marymount University에서 인문학석사 그리고 University of Southern California (USC)에서 정치학석사와 비교정치, 정치경제, 정치이론으로 박사학위를 취득하였다. 대학원 재학 중 USC Graduate Fellowship, Phi Beta Kappa Honor Society Dissertation Scholarship, Jesse M. Unruh Institute of Politics Dissertation Fellowship 등의 연구지원과 더불어 Korean Heritage Foundation Scholarship Award를 수상하였다. 현재 한양대학교 정치외교학과 교수와 한국연구재단의 장기과제인 신흥지역연구사업 후 연속으로 대학중점연구소 지원사업에 선정된 유럽-아프리카 연구소 소장으로 재직 중이다. 해외연구 활동으로 한국학중앙연구원 지원 탄자니아 다르에 살렘대학 한국학 연구센터(KSC-USDM) 코디네이터를 맡고 있다. 대표적 학회활동으로 한국정치학회 대외협력이사, 한국국제정치학회 연구이사, 한국평화연구학회부회장 등을 역임하였다. 2017년에 연구성과 우수자로 교육부장관, 2019년에 국회 외교통일위원장과 농림축산식품해양수산위원장 표창을 받았으며, 2018년에는 한양대 우수 R&D 교원으로, 유럽-아프리카 연구소는 한국연구재단으로부터 우수연구기관으로 선정되었다. 주요저서로는 『새로운 패러다임의 비교정치』, 『세계 속의 아프리카』, 『현대아프리카의 이해』, 『The Role of the Middle Class in Korea Democratization』 등 다수의 서적을 집필하였으며 비교정치와 정치경제 그리고 아프리카지역 연구에 관한 상당수의 논문을 KCI와 SSCI에 게재하고 있다.

자본주의와 민주주의, 상생(相生)의 정치경제학을 위하여

초판발행	2018년 5월 18일
제2판 발행	2020년 10월 8일
지은이	김성수
펴낸이	안종만·안상준
편 집	박송이
기획/마케팅	오치웅
표지디자인	조아라
제 작	우인도·고철민
펴낸곳	(주) **박영사**
	서울특별시 종로구 새문안로3길 36, 1601
	등록 1959. 3. 11. 제300-1959-1호(倫)
전 화	02)733-6771
f a x	02)736-4818
e-mail	pys@pybook.co.kr
homepage	www.pybook.co.kr
ISBN	979-11-303-1089-3 93300

* 파본은 구입하신 곳에서 교환해 드립니다. 본서의 무단복제행위를 금합니다.
* 저자와 협의하여 인지첩부를 생략합니다.

정 가   16,000원